학생부 종합전형
HELPER

저자 소개 1

김기복

이학박사. 교육학 석사, 대학교수출신이며 "학교수업에서의 통계학"등 다수의 국내 국제학회의 논문이 있음. 입시데이터 분석을 통하여 연간 500명 이상의 수시 정시 지원 컨설팅을 진행하고 있습니다. 네이버 지식인 엑스퍼트 진로진학컨설턴트, UWAY중앙교육 컨설턴트, 데오럭스교육그룹 교육위원, 지자체진로진학 전문 상담위원, 고등학교 수시지원컨설팅, 교원연수교육, 학부모 아카데미, 수학클리릭 및 과제탐구전문강사로 활동중에 있으며, 지자체 진학 및 진로 박람회의 상담컨설턴트로 활동하고 있습니다.

공동저서로 「학생부를 부탁해」, 「세특을 부탁해」, 「2024, 2025 대입수시정시 입시컨설팅의 모든 것」이 있습니다.

저자 소개 2

류승찬

저자는 에듀테크기업 (주)와투비에듀 대표이며, 중고등학생용 온라인 진로진단 서비스 PADI 개발, AI학생부가이드 Tool개발, 진로진학 컨설팅 500회 이상, 진로진학 학교 강의 500회 이상, (주)와투비에듀 진로진학 40여 종 책 기획을 진행하였습니다. 학생부 브랜딩 및 가이드, 과제탐구&심화과제탐구 보고서, 면접, 자소서, 계열&성향찾기, 2022개정교육과정 설명, 2022개정교육과정 교과선택 강사로 활동하고 있으며 지자체 입시설명회 및 박람회를 개최하고 있습니다.

심규진

저자는 박사과정에서 교육공학, 문화기술경영학, 인공지능을 공부했으며 현재 한동대학교 교수로 재직 중입니다. 또한 에듀테크 서비스 기획자 및 청소년·청년진로 강연가로도 활동 중입니다. 저서로는 「창업은 일상이다」, 「상처 받고 싶지 않은 내일」, 「어른 동화」 등이 있으며 대표 논문은 「Studying the Traits of Contents Startups and Their Approaches to Raising Capital through In-depth Interviews」, 「인공지능 기반 진로진학교육 프로그램 개발 및 적용」, 「콘텐츠 스타트업의사내 기업가정신이 창업성과에 미치는 영향」 등이 있습니다.

저자 소개 4

지현우

저자는 유웨이 대표 입시전문가로 유웨이 평생교육위원장을 역임하고 있으며 국내 및 해외 입시컨설팅과 유웨이 입시전문가 교육과정 강사로 입시전문가를 양성하고 있습니다. 데오럭스 교육그룹 교육전문위원, 연우심리개발원 학습유형 및 진로탐색 전문가, NAVER Ex-pert 입시, 진학, 유학 분야 상담 1위이며 지현우 생각 수학 학원 대표로 입시, 진로, 진학, 자녀 학습법 관련 강연·저술·컨설팅 활동을 하고 있습니다. 저서로는 『학생부 세특을 부탁해』『한 권으로 끝내는 2025 대입 수시·정시 입시 컨설팅의 모든 것』 등이 있습니다.

머리말 1

김기복

학생부 종합전형은 어느새 대학 입시의 핵심 축이 되었습니다. 그러나 여전히 많은 학생과 학부모는 "학생부 종합전형이란 정확히 무엇인지", "대학은 학생의 어떤 점을 중요하게 보는지", "평가 기준이 명확하지 않다"는 혼란을 토로합니다. 심지어 교사조차 생활기록부를 어떻게 작성하고 지도해야 하는지 어려움을 느끼는 경우가 많습니다.

이 책은 그런 막막함 속에서 실제적인 기준과 방향을 제시하고자 기획되었습니다. 학생부 종합전형의 구조와 평가 요소, 대학의 평가 방식, 그리고 실제 합격 사례까지, 학생과 학부모, 교사가 함께 읽고 이해할 수 있는 실용서를 지향합니다.

1장은 학생부 종합전형의 기본 철학과 평가 요소를 중심으로 구성했습니다. 대학은 학생의 단편적인 성과가 아니라, '학업 역량', '진로 역량', '공동체 역량'이라는 세 가지 핵심 축을 기준으로 한 학생의 성장 흐름을 평가합니다. 이 장에서는 각 역량이 실제 학생부의 어떤 기록을 통해 나타나고, 어떤 방식으로 해석되는지를 구체적인 예와 함께 소개합니다.

2장에서는 주요 대학 입학사정관들의 평가 기준과 시선을 다룹니다. 서울대, 연세대, 고려대 등 주요 대학의 입학사정관들이 인터뷰나 평가보고서에서 언급한 평가 방식, 강조하는 요소, 중요하게 보는 기록의 흐름 등을 정리해 입체적으로 비교합니다. 특히 대학마다 '좋은 학생부'를 판단하는 방식이 어떻게 다르고, 어떤 요소에서 공통점이 있는지를 중심으로 풀어냅니다.

3장은 "대학은 학생을 어떤 화면으로 평가할까?"라는 질문에서 출발합니다. 대학 입학사정관들은 우리가 보는 생활기록부 원본과는 다른 전산화된 평가 시스템을 통해 학생을 읽습니다. 이 장에서는 실제 입학사정관이 활용하는 화면 구조, 정보 배열, 평가 방식 등을 소개하고, 대학이 '전체 흐름'과 '연계성'을 중시한다는 사실을 강조합니다. 기록의 순서, 문장의 무게, 공란 여부가 주는 메시지를 설명함으로써 생활기록부 작성과 해석의 기준을 구체화합니다.

4장에서는 고교학점제 전면 도입과 함께 강조되는 과목 이수와 성취도 평가를 다룹니다. 단순히 전공 관련 과목을 선택했다고 유리한 것이 아니라, 선택의 이유와 그 선택이 진로 및 탐구로 어떻게 이어졌는지가 핵심입니다. 이 장에서는 대학이 과목 선택과 성취도를 어떻게 연계해서 해석하는지, 일반선택·진로선택 과목이 평가에 미치는 영향 등을 실제 사례와 함께 다룹니다.

5장은 최근 관심이 높아지는 무전공(자율전공학부) 전형에 대한 안내입니다. 이 전형은 단순히 전공을 미정으로 두는 것이 아니라, 융합과 통섭, 자기주도적 진로 설계를 강조하는 새로운 유형의 종합전형입니다. 따라서 이 장에서는 무전공 전형의 평가 기준과 함께, 폭넓은 학문적 관심과 교과 간 연결성을 어떻게 생활기록부로 보여줄 수 있는지에 대해 다룹니다.

마지막 6장에서는 실제 학생부 종합전형 합격 사례를 분석합니다. 특별한 대외활동 없이도 수업 기반의 충실한 탐구와 기록으로 합격한 일반고 학생들의 사례를 중심으로, 평가자가 신뢰를 갖고 바라보는 생활기록부의 구성 방식, 강점이 드러나는 문장 구성, 활동의 연결성과 진정성을 중심으로 소개합니다. 사례를 통해 "어떻게 쓰였는가?"보다 더 중요한 "왜 이렇게 쓰였는가?"를 이해할 수 있을 것입니다.

학생부 종합전형은 결과보다 과정의 진정성과 일관성을 평가하는 제도입니다. 학생이 수업을 통해 배우고, 질문하고, 탐구하고, 실천한 과정이 교과세부능력특기사항과 자율활동, 독서활동, 진로활동 등을 통해 기록되고, 그 기록이 대학의 입학사정관에게 신뢰 있게 전달되는 것이 이 전형의 본질입니다.

이 책이 학생부 종합전형을 준비하는 많은 이들에게 불확실성을 줄이고, 가능성을 넓히는 실질적 도구가 되기를 바랍니다. '특별한 학생'이 아닌, '수업에 충실한 학생'이 주인공이 되는 전형 그 가능성은 충분히 현실이 될 수 있습니다.

학생부는 단순한 생활기록부 그 이상입니다. 한 명의 학생이 고등학교 3년 동안 어떤 고민을 했고, 무엇을 탐구했으며, 어떤 방향으로 성장하고 있는지를 가장 생생하게 보여주는 기록이기 때문입니다.

이 책은 그동안 제가 실제로 고민하고 정리해

온 학생부 관련 글들을 바탕으로 만들어졌습니다. 글마다 담긴 경험과 조언은 단순한 이론이 아니라, 변화하는 입시 환경 속에서도 흔들림 없이 학생의 '학업역량',' 진로역량', 공동체역량을 중심에 두고 방향을 잡아가기 위한 실천의 흔적입니다.

특히 대외활동이나 스펙에 의존하지 않고도, 수업과 탐구 중심의 성실한 기록만으로도 충분히 의미 있는 학생부를 만들 수 있다는 메시지를 담고자 했습니다. 학생 개개인의 진로와 관심사, 그리고 수업에서의 작은 질문과 탐구가 어떻게 진정성 있는 기록으로 발전해 가는지 다양한 사례를 통해 소개합니다.

"이 학생은 수업 시간에 정말 많이 고민한 흔적이 보여요."
"어떤 활동을 했는지가 아니라, 그 활동에서 무엇을 배우고 확장했는지가 중요하죠."
입학사정관들이 실제로 평가 과정에서 자주 나누는 이야기입니다. 학생부는 단순한 활동 목록이 아니라, 학생이 '어떻게 배우고 성장했는지'를 입학사정관에게 설득력 있게 전달하는 기록입니다.

이 책은 그동안 제가 꾸준히 써온 학생부 관련 글들과 강의를 바탕으로 구성되었습니다. 복잡하고 불확실한 입시 환경 속에서도 중심을 잃지 않고, '학업역량'과 '성장과정'을 충실히 담아내는 방법에 대해 고민한 흔적들입니다. 외부 스펙 없이도 수업 속 질문과 탐구만으로도 충분히 좋은 평가를 받을 수 있다는 것을, 실제 합격 사례들을 통해 증명하고자 했습니다.

예를 들어, 한 학생은 과학 수업 시간에 나왔던 화학 결합에 대한 질문을 바탕으로 보고서를 작성했고, 이후 다른 교과와의 연계를 통해 깊이 있는 탐구로 발전시켰습니다. 이 과정이 고스란히 학생부에 기록되었고, "자기 주도적 학업 태도와 탐구력이 돋보인다"는 평가와 함께 상위권 대학에 합격할 수 있었습니다.

또 다른 학생은 독서 활동을 통해 진로에 대한 방향성을 잡고, 그 흐름이 여러 교과와 세부능력특기사항에 자연스럽게 녹아들었습니다. 입학사정관은 "진로에 대한 고민이 단순한 흥미를 넘어 구체적 계획으로 이어졌다는 점이 인상적이었다"고 밝혔습니다.

이 책은 이러한 사례들을 통해 학생부가 단순히 채워야 할 문서가 아니라, 스스로의 배움과 성장을 설계하고 표현하는 '과정의 기록'임을 전하고자 합니다. 학생과 학부모, 그리고 지도하는 교사 모두에게 실질적인 길잡이가 되기를 바랍니다.

머리말 2

류승찬

(주)와투비에듀 대표로서, 진로 진학 콘텐츠를 만들고 에듀테크 기업으로서 조금 더 사용자 친화적으로 진로 진학 콘텐츠에 테크를 입혀 사용하기 편하도록 노력하고 있습니다. 2022 개정 교육과정에서 감히 가장 중요한 요소가 학생부라고 꼽고 싶습니다. 많은 선생님들과 학생들이 학생부로 힘들어하는 요즘, 이 책을 통해 조금이나마 도움이 되었으면 좋겠습니다.

학생부 종합 전형은 수도권 지역 학생들만 해당되는 전형이 아닙니다.
400회 이상 학교 강의와 컨설팅을 진행해 보았을 때, 대부분의 학생들의 질문은 "지방 일반계 고등학교 학생부가 경쟁력이 있을까요?"라고 물어봅니다. 저는 "수도권 학생부는 금박지로 출력되고, 지방권 학생부는 일반 종이로 출력되니?"라고 답을 합니다. 지역이 중요한 것이 아닌, 학생부 내용과 나만의 학생부로 브랜딩되었느냐가 중요합니다.
2022 개정 교육과정이 들어오면서 실제로 진로 역량이 중시되고 있습니다. 이에 맞추어 학생들은 조금 더 자신의 진로에 포커스를 두고 활동을 해야 할 것입니다. 고교학점제와 그 안에 교과 선택까지 진로를 염두에 두고 신중해야 합니다.

이 책은 나만의 학생부 브랜딩을 어떻게 해야 하는지, 그리고 어떤 학생부가 경쟁력이 있고 좋은 학생부인지 알려 주기 위해 만들었습니다.

여러 가지 학과의 실제 합격 사례, 그리고 어떤 활동을 하였고 입학 사정관은 어떤 점을 매력적으로 평가하였는지 고스란히 담았습니다.

나의 진로와 정확히 매칭되는 사례가 없다 하여도, 같은 계열이라면 충분히 참고가 가능한 자료들이니 도움이 되시길 바랍니다.

심규진

"학생부는 '내 인생이 담긴 책(It's Mine)'이다."

월요일 오후에 만난 대학교 3학년. 군대를 다녀오고도 1년 반이 지난 시기였지만 여전히 진로에 대해서 고민 중이었습니다. 취업과 창업 사이 고민하고 있었고, 사회적 요구와 개인의 호기심 사이 갈등하고 있었습니다. 알뜰살뜰 본인의 삶을 성실하게 가꾸어왔건만 눈앞에 봉착한 것은 A+ 학점 너머의 '내 인생의 나침반 오작동'이었습니다.

평균적으로 일주일에 2~3명 정도 대학생들을 꾸준히 상담하고 있는데, 그들 모두 진로를 찾아가느라 바빴습니다. 작금의 현상은 누구의 잘못이 아닌 스스로의 인생을 곱씹을 수 있는 기회의 부재 때문이라고 생각됩니다. 학교와 학원에서 의무를 다하는 것만으로 본인의 방향을 찾기란 쉽지 않습니다. 다만, 고등학생들은 '학생부'를 통해 '자기주도적으로 미래를 설계'해 볼 수 있는 기회를 만날 수 있습니다.

이때 중요한 것은 누군가의 지시나 가르침이 아닌 본인만의 관심사에 집중하고 탐구하는 것입니다. 대한민국의 학생들은 너무 정답을 요구받는 시대에 살고 있습니다. '이렇게 해야 저기 대학교에 갈 수 있어', '합격한 거 봤지? 그대로 따라서 준비해', 이러한 정답 중에 분명 참고해야 할 부분이 있다는 것은 잘 알고 있습니다. 하지만 학생들의 관심사나 꿈까지 정해주려는 조언은 폭력적이고 위험할 수 있습니다.

출산율 감소, 고령화로 인한 인구 구조의 변화가 학령인구 감소에 영향을 미쳤습니다. 이러한 변화 속에 대학은 학교 통폐합을 추진하는가 하면 학생 모집을 위해 다양한 혜택을 부르짖고 있습니다. 즉, 앞으로 대입 경쟁은 완화될 수밖에 없고, 이 덕분에 학생들 개개인의 관심사와 꿈이 더욱 각광 받을 수 있게 되었습니다. 내가 원하는 분야에 더욱 용이하게 도전해볼 수 있는 시대가 열렸습니다.

대입을 위해서 학생부종합전형을 잘 준비하는 것은 누구나 하겠지만, 이 책을 읽는 학생들은 본인의 진짜 꿈과 관심사를 찾아 자기주도적으로 미래를 설계해봤으면 하는 마음에 글을 씁니다. 그러한 '진짜 도전'은 결국 우수한 '학생부'로 이어지게 마련입니다.

학생부는 다른 사람의 흔적이 아닌 내 인생이 담긴 책이라는 것을 명심하고, 주도적으로 설계해보길 바랍니다.

CONTENTS

학생부 종합전형과 평가 요소

(학업 역량·진로 역량·공동체 역량)

1 학생부 종합전형과 평가 요소

학생부 종합전형이란?

학생부 종합전형은 여러분이 고등학교 생활을 통해 쌓아온 다양한 능력과 성장 과정을 종합적으로 평가하는 전형입니다. 단순히 성적만 보는 것이 아니라, 어떻게 배우고 성장했는지, 그리고 어떤 방향으로 나아가고 있는지를 종합적으로 살펴보는 방식이죠. 이 전형에서는 학업 역량, 진로 역량, 공동체 역량이 핵심 평가 요소로 작용합니다. 이 세 가지는 여러분이 학교생활에서 얼마나 의미 있는 경험을 쌓았는지를 보여주는 중요한 기준이 됩니다.

이 장에서는 각 역량이 구체적으로 어떤 의미를 지니는지, 대학은 이를 어떻게 평가하는지, 그리고 여러분이 어떤 전략으로 준비하면 좋을지를 차근차근 안내하겠습니다.

학생부 종합전형의 평가 요소

(1) 학업역량

학업 역량이란?

학업 역량은 쉽게 말해, 여러분이 전공 공부를 잘 해낼 수 있는 기초 실력과 준비 정도를 의미합니다. 단순히 내신 성적만 보는 게 아니라, 자기주도적인 학습 태도, 탐구 능력, 논리적 사고력 등 여러 요소가 종합적으로 평가돼요. 대학은 이런 학업 역량을 통해, 여러분이 고등학교에서 어떻게 공부에 임했는지, 그리고 지원한 학과의 수업을 잘 따라갈 수 있는지를 살펴보게 됩니다.

즉, 학업 역량은 여러분이 지식을 어떻게 배우고 확장해 왔는지, 또 어떤 방식으로 탐구하고 문제를 해결하려 했는지를 보여주는 중요한 기준이기 때문에 단순히 '점수가 높다'는 것만으로는 충분하지 않아요.

이 학업 역량은 크게 학업 성취도, 학업 태도, 탐구력으로 나뉘는데 이 세 가지를 통해 여러분이 얼마나 성실하고 체계적으로 학습했는지, 그리고 얼마나 깊이 있고 주도적으로 탐구해 왔는지를 종합적으로 평가하게 됩니다.

학업역량의 핵심 평가 요소

① 학업성취도

학업 성취도는 학생이 선택한 교과목에서 어떤 성과를 냈는지, 그리고 그 과목을 얼마나 깊이 이해했는지를 평가하는 요소입니다.

성적은 학생의 학문적 역량을 객관적으로 보여주는 지표이며, 전공과 관련된 과목에서의 성취도는 해당 분야를 얼마나 깊이 있게 공부했는지를 판단하는 데 중요한 기준이 됩니다.

과목별 성적

국어, 수학, 영어, 과학, 사회 등 주요 교과의 성적은 기초 학문 능력과 종합적 사고력을 평가하는 데 중요한 요소입니다. 특히 진로와 관련된 과목에서의 성적은 해당 학생의 전공 적합성과 학문적 준비도를 보여주는 핵심 자료로 활용됩니다.

전공 관련 과목 성취도

진로 목표에 맞는 심화 과목이나 탐구 과목에서의 성취도 중요한 평가 요소입니다. 예를 들어, 이과 계열을 목표로 하는 학생은 수학, 물리학, 화학 과목에서의 성적이 중요하고, 인문계열을 목표로 하는 학생은 사회탐구 과목에서의 성적이 중요합니다.

과목 간 연계 학습

전공 관련 내용을 다양한 과목과 연계해 심화한 학습의 흔적도 학업 성취도를 뒷받침해요.

학기별 성적 변화

성적 변화는 학생이 지속적으로 노력했는지, 아니면 짧은 기간에 성적을 끌어올렸는지를 평가합니다. 성적을 꾸준히 유지하거나 점진적으로 향상시킨 경우, 학업에 대한 지속적인 관심과 자기 관리 능력을 보여주는 긍정적인 사례로 평가됩니다.

구체적인 사례

- 수학 과목에서 상위 등급을 유지하며, 과학 관련 과목에서도 꾸준히 우수 성적을 거둔 학생
- 영어 과목에서 원어민 수준의 높은 독해 능력을 발휘하며, 사회탐구 과목에서 심화 학습을 통해 우수한 성과를 낸 학생

② 학업태도

학업 태도는 학생이 학업에 얼마나 진지하게 임했는지, 그리고 문제를 해결하기 위해 어떤 방식으로 접근했는지를 평가하는 요소입니다. 성적이라는 결과뿐만 아니라, 그 이면에 있는 노력의 과정과 학습에 대한 태도가 중요한 평가 기준이 됩니다.

세부능력 및 특기사항

교사가 평가한 수업 참여 태도와 과목별 성취도는 학업에 대한 태도와 이해도를 평가하는 중요한 지표예요.

자기주도적 학습

학생이 수업 외 시간에도 스스로 학습 계획을 세우고, 목표를 설정해 학습에 임했는지 그 과정을 평가합니다. 예를 들어, 독서활동이나 온라인 강의를 활용한 심화 학습, 자기 주도적 학습 프로젝트를 진행한 경우등은 학생의 적극적이고 능동적인 학습 태도를 보여주는 근거가 될 수 있어요.

성실성

과제제출, 시험 준비, 수업 참여 등 일상적인 학습 활동에 얼마나 성실하게 임했는지를 평가해요. 작은 과제 하나도 책임감 있게 해내는 태도는 꾸준한 학업 역량을 드러내는 중요한 요소입니다.

비판적 사고와 문제 해결

학생이 학문적 문제를 해결하기 위해 어떤 방식으로 사고하고 접근했는지를 평가합니다. 예를 들어, 수업에서 다룬 문제를 자기만의 관점으로 분석하고, 다양한 해결 방안을 탐색한 경험은 학생의 비판적 사고력과 문제 해결 능력을 잘 보여주는 사례입니다.

③ **탐구력**

탐구력은 학생이 학문적 호기심과 문제 해결 능력을 바탕으로 지식의 범위를 확장하고, 심화된 탐구를 통해 자기주도적 사고를 발전시킨 정도를 평가하는 요소입니다. 수업 외의 연구, 탐구 활동, 질문 등을 통해 얼마나 깊이 있는 지식을 쌓고, 창의적인 해결 방안을 도출했는지가 핵심 평가 기준이 됩니다.

평가 요소

탐구 활동 참여

자기주도적 연구나 주제 중심의 탐구 활동에 참여하여 깊이 있는 학습 경험을 쌓았는지를 평가합니다. 예를 들어, 과학 실험 프로젝트나 수학 연구에서 새로운 시각이나 해법을 제시한 경험은 학생의 사고력과 주도성을 보여주는 좋은 사례가 됩니다.

호기심과 질문

교과 수업 중 심화된 질문을 제기하고, 교사나 친구들과의 토론을 통해 지식의 깊이를 확장한 경험을 평가합니다. 학문적 호기심을 바탕으로 새로운 지식을 탐색하고, 문제를 해결하려는 사고 과정이 중요합니다.

독립적인 학습

수업 외 시간에 궁금한 점을 해결하기 위해 스스로 책이나 온라인 자료를 찾아 탐구하고 해결한 경험도 중요해요.

탐구력 및 논리적 사고력

수업 참여 태도, 발표·토론·보고서 작성 등을 통해 드러난 사고 능력이 평가의 중요한 요소입니다.

구체적인 사례

- 과학 탐구 프로젝트에 참여해, 자기주도적 연구를 통해 새로운 실험 방법을 제안한 학생
- 수학 탐구 과정에서 공식이나 이론을 단순히 적용하는 데 그치지 않고, 실험적 접근을 통해 창의적인 해결 방안을 도출한 학생

학업역량을 강화하는 방법

- 전공과 관련된 과목에서 꾸준히 높은 성취도를 유지하고, 심화 학습에 도전해보기
- 연관된 과목을 융합하여 학습하는 연계 학습 시도하기 (예: 물리+수학, 국어+사회 등)
- 독서 활동, 주제별 탐구 프로젝트, 보고서 작성 등을 통해 교과 관련 심화 학습 기록 남기기
- 논리적 글쓰기 연습(보고서 작성 연습) 및 발표 경험을 통해 사고력과 표현력 함께 키우기

결론

학생부 종합전형에서 학업 역량은 학업 성취도, 학업 태도, 탐구력이라는 세 가지 요소를 중심으로 평가됩니다. 이 세 가지는 여러분이 이 학문적 목표를 이루

기 위해 얼마나 성실하고 자율적으로 학습했는지, 탐구와 문제 해결에 얼마나 창의적이고 능동적인 태도로 임했는지, 그리고 학업 성취가 얼마나 깊이 있고 지속적인지를 보여주는 핵심 지표예요.

- 학업 성취도는 학생이 선택한 과목에서 얼마나 깊이 이해하고, 우수한 성과를 거두었는지
- 학업 태도는 학습 과정에서 자기 주도성과 성실한 태도, 문제 해결을 위한 적극적인 자세를
- 탐구력은 새로운 문제를 창의적으로 접근하고, 심화된 학습을 통해 지식을 확장해 나간 경험을 중심으로 평가합니다.

이 세 요소는 단순한 성적을 넘어, 학생의 종합적인 학문 역량을 입증하는 중요한 기준이 됩니다.

따라서 여러분이 쌓아온 학습의 과정과 태도, 탐구의 흔적을 구체적이고 진정성 있게 드러내는 것이 무엇보다 중요해요.

학생부 종합전형의 평가 요소

(2) 진로 역량

진로역량의 핵심 평가 요소

진로 역량이란?

진로 역량은 여러분이 자신의 진로를 탐색하고 목표를 세운 뒤, 그 목표를 이루기 위해 어떤 준비 과정을 실천해 왔는지를 평가하는 중요한 요소예요.

대학은 여러분이 관심 있는 분야에서 얼마나 꾸준히 탐구하고 노력해 왔는지, 그리고 그 활동들이 지원 전공과 어떤 관련이 있는지를 중점적으로 평가합니다.

진로 역량은 다음 세 가지 영역을 중심으로 평가돼요

① 전공(계열) 관련 교과 이수 노력

② 관련 교과 성취도

③ 진로 탐색 활동 및 경험

이 요소들은 여러분이 진로 목표에 맞춰 얼마나 체계적으로 준비해 왔는지, 그리고 그 과정에서 진로에 대한 깊은 이해와 자기주도적 탐구 역량을 어떻게 보여주었는지를 평가합니다.

---

① 전공(계열) 관련 교과 이수 노력

이 요소는 여러분이 진로 목표에 맞춰 전공(계열) 관련 어떤 과목을 이수했고, 그 과정을 통해 얼마나 체계적이고 깊이 있게 학습해 왔는지를 평가해요. 그 분야에 대한 전문적 지식을 쌓아온 과정을 평가하는 요소입니다. 이를 통해 학생은 진로 목표와 관련된 분야에서 심화 학습을 하고 있다는 점을 입증할 수 있어요.

평가 요소

전공 관련 과목 선택 전략

진로에 필요한 과목을 어떻게 선택했고, 어떤 전략으로 학습했는지를 평가합니다. 예를 들어, 과학 계열을 목표로 한 학생이라면 물리학, 화학, 생물학 같은 심화 과목을, 인문 계열을 목표로 한 학생은 사회탐구 과목 중심의 심화 학습을 선택한 경우가 해당돼요.

심화 학습

진로와 관련된 심화 과목을 선택하거나, 자율 학습을 통해 진로 관련 분야에 대한 깊이 있는 지식을 쌓은 경험도 평가 요소입니다. 예를 들어, 경제학을 전공하고자 하는 학생은 수학 또는 경제 관련 심화 과목을 선택하여 이수하거나, 전공 관련 서적을 찾아 독서한 경험이 여기에 포함됩니다.

자기주도 학습

진로 목표와 관련된 분야에서 자기 주도적 학습을 진행한 노력도 평가됩니다. 예를 들어, 수업 외 시간에 온라인 강의를 수강하거나, 개별 주제 탐구 과제를 통해 심화 지식을 스스로 익힌 경우도 이에 해당합니다.

구체적인 사례

- 의학 계열을 목표로 한 학생이 생물·화학 과목을 심화 학습하고, 수학과 과학 중심으로 학습을 이어간 사례

- 경제학 계열을 목표로 한 학생이 미시경제학이나 거시경제학 등의 심화 과목을 선택하여 이수한 사례

② 관련 교과 성취도

관련 교과 성취도는 여러분이 선택한 진로와 관련된 과목에서 얼마나 우수한 성과를 거두었는지를 평가하는 요소예요. 단순히 높은 점수를 받았는지만 보는 것이 아니라, 해당 과목에 대한 이해도와 자기주도적인 학습 결과가 어떻게 나타났는지도 함께 평가됩니다.

평가 요소

진로 관련 교과 성취도

전공과 관련된 과목에서 어떤 성적을 받았는지는 진로 역량을 판단하는 중요한 기준이에요. 예를 들어, 과학 계열을 목표로 하는 학생이 물리학이나 화학 과목에서 상위 등급을 받은 경우, 이는 그 학생이 학문적 역량뿐 아니라 진로 목표에 대해 얼마나 준비되어 있는지를 보여주는 핵심 요소가 됩니다.

진로 관련 활동 경험(교과목 내 활동)

단순한 성적 외에도, 수업 시간 내외에서 진행된 프로젝트, 실험, 발표, 보고서 작성 등에서의 적극적인 참여와 우수한 성과 역시 매우 중요해요. 이런 활동을 통해 학생이 그 과목에 대해 얼마나 깊이 있게 이해하고 있었는지, 또 얼마나 능동적으로 학습에 임했는지를 판단할 수 있어요.

구체적인 사례

- 생물학 과목에서 상위 등급을 받고, 진로와 연계된 교내 연구 프로젝트에 참여해 우수한 성과를 거둔 학생

- 화학 과목에서 상위 성적을 받고, 과학 경시대회에서 우수한 성과를 거두며, 의학 계열 진로 목표에 대한 목표와 준비도를 입증한 학생

③ 진로 탐색 활동 및 경험

진로 탐색 활동 및 경험은 여러분이 진로를 어떻게 설정했는지, 그리고 그 목표를 실현하기 위해 어떤 활동과 경험을 실제로 해보았는지를 평가하는 요소예요. 진로 목표를 실현하기 위한 탐색과 실행 과정을 통해 학생은 자신의 진로에 대한 적합성과 흥미를 입증할 수 있습니다.

평가 요소

진로 목표의 명확성 및 진로 탐색 활동

여러분이 진로와 관련된 활동에 적극적으로 참여한 정도가 평가돼요. 예를 들어, 의료 분야에 관심이 있는 학생이 병원 봉사나 의료 관련 체험 프로그램에 참여한 경우, 이는 진로와의 관련성과 실천적 준비 태도를 보여주는 활동으로 인정받을 수 있어요.

자기주도적인 경험 및 탐색 과정의 깊이

진로와 관련된 분야에서 스스로 계획하고 실행한 경험도 중요한 평가 요소예요. 진로 목표를 위한 전공 도서 읽기, 연구 주제 탐구, 관련 프로그램 참여 등 이런 자기주도적 활동은 진로에 대한 깊은 관심과 깊이 있는 탐구 태도를 입증합니다.

진로 관련 인턴십

진로 목표와 직접 연결되는 현장 경험, 즉 인턴십은 매우 높은 평가를 받아요. 예를 들어, 경제학을 목표로 하는 학생이 금융기관에서 인턴십을 경험하거나, 법학을 목표로 하는 학생이 로펌에서 직무 체험을 한 경우, 이러한 경험은 단순한 관심을 넘어, 진로에 대한 실질적인 이해와 준비가 얼마나 충실했는지를 보여주는 활동이에요.

구체적인 사례

- 의학 분야에 관심 있는 학생이 병원 봉사나 의료 체험 프로그램에 참여하여, 의료 현장을 직접 경험한 사례
- 법학 계열을 목표로 한 학생이 로펌 인턴십에 참여해, 법률 문서 작성, 상담 실습 등을 경험하여 법률적 사고를 발전시킨 사례
- 경제학 진로를 준비하며 금융기관 인턴십에 참여하고, 이를 통해 경제 업무를 직접 체험하고 자기 주도 학습을 이어간 사례

진로역량을 키우는 방법

- 진로에 맞는 과목을 신중하게 선택하고, 목표에 맞는 학습 전략을 세워 실천하기
- 전공 관련 도서나 논문을 읽고, 요약·비교·분석한 내용을 꾸준히 기록해 두기
- 직업 체험, 캠프, 전문가 인터뷰 등 실제 진로와 연관된 체험 활동에 참여하고, 그 경험을 보고서나 기록물로 정리하기
- 진로 관련 주제를 다루는 교내 탐구 동아리, 탐구 프로젝트 등에 적극적으로 참여해 경험 쌓기

진로역량은 학생이 자신의 진로 목표에 맞는 준비를 어떻게 해왔는지를 평가하는 중요한 요소예요.

학생부 종합전형에서는 아래 세 가지 영역을 중심으로 진로 역량을 종합적으로 살펴봅니다:

- 전공(계열) 관련 교과 이수 노력
- 관련 교과 성취도
- 진로 탐색 활동 및 실질적 경험

이 세 가지를 통해, 여러분이 진로 목표를 달성하기 위해 얼마나 체계적으로 준비하고, 얼마나 깊이 있게 탐구했는지를 입증할 수 있어야 해요.

진로 역량의 핵심 포인트 요약

✓ 전공 관련 과목을 심화 학습하고, 우수한 성적을 거두었다면
→ 진로 목표에 대한 준비가 잘 되어 있다는 증거로 평가돼요.

✓ 진로와 관련된 활동이나 경험을 성실히 쌓았다면
→ 자기주도적인 학습과 실행력을 입증할 수 있어요.

✓ 자기 주도적이고 실천적인 진로 탐색 경험은
→ 실제 직무 이해도를 키우고 직업 세계와의 연결성을 높이는 중요한 요소가 됩니다.

학생부 종합전형의 평가 요소

(3) 공동체역량

공동체 역량이란?

공동체 역량은 여러분이 타인과 협력하고 배려하며, 공동의 목표를 위해 책임감 있게 행동하는 능력을 의미해요. 이 역량은 단순히 친구들과 잘 지내는 것을 넘어서, 협업, 소통, 나눔, 배려, 성실성, 규칙 준수, 리더십 등 공동체 속에서 어떤 태도로 행동하고, 얼마나 긍정적인 영향을 끼쳤는지를 평가하는 요소예요. 대학은 여러분이 학교나 사회 공동체 안에서 원만한 관계를 유지하며, 다양한 사람들과의 협력 과정 속에서 보여준 태도와 책임감을 중요하게 봐요. 특히 수업, 동아리, 학급 활동, 봉사활동 등에서 자신의 역할을 어떻게 수행했는지, 그리고 협력적인 환경을 만드는데 어떤 기여를 했는지 등 협업과 소통은 주요 평가 기준이 됩니다. 결국, 공동체 역량은 여러분이 사회적 책임을 다하고 그 안에서 얼마나 조화롭게 살아갈 수 있는지를 평가하기 때문에 이 능력은 학생부 종합전형에서 학업 역량, 진로 역량과 더불어 반드시 갖추어야 할 중요한 요소입니다.

① 협업과 소통능력

협업과 소통 능력은 여러분이 팀 프로젝트나 조별 활동, 토론 등에서 다른 사람들과 얼마나 원활하게 협력하고 소통했는지를 평가하는 항목이에요. 단순히 함께 활동하는 것에 그치지 않고, 다른 사람의 의견을 존중하면서도 자신의 생각을 명확하게 표현하는 태도가 중요한 평가 기준이 됩니다.

평가 요소

협업 능력

여러분이 조별 과제나 팀 프로젝트에서 얼마나 적극적으로 참여하고, 공동의 목표를 위해 다른 사람들과 잘 협력했는지를 평가해요.

팀워크

팀원들과 함께 공동의 목표를 이루는 과정에서 얼마나 적극적으로 역할을 수행하고, 책임감을 발휘했는지를 평가해요. 예를 들어, 교내 프로젝트나 동아리 활동에서 팀원들과 효율적인 협력을 이끌어내 목표 달성을 이루어낸 경험이 해당돼요.

소통능력

소통 능력은 여러분이 다양한 의견을 수용하고, 상호 존중의 자세로 의사소통했는지를 평가하는 항목이에요. 토론이나 그룹 활동에서 자신의 생각을 명확하게 전달하면서도 다른 사람의 의견을 경청하고 조율할 수 있는 능력을 보여주는 것이 중요합니다.

갈등 해결

팀 활동 중 생길 수 있는 의견 충돌이나 갈등 상황을 어떻게 해결했는지도 중요한 평가 항목입니다. 특히 갈등을 피하지 않고 중재하며, 문제를 건설적인 방향으로 이끌어간 경험은 여러분의 협업 능력과 책임감을 잘 보여주는 중요한 요소가 됩니다.

구체적인 사례

- 학급 회의에서 팀원들의 의견을 존중하며 조율하고, 팀 프로젝트에서는 주도적으로 협력해 공동의 목표를 성공적으로 달성한 경험
- 과학 프로젝트에서 다양한 의견을 나누고, 팀원들의 역할을 적절히 분담하여 효율적으로 목표를 이루어낸 경험

② 나눔과 배려

나눔과 배려는 여러분이 타인을 돕고 배려하며, 공동체의 일원으로서 사회적 책임을 얼마나 성실히 실천했는지를 평가하는 항목이에요. 단순한 도움을 넘어서, 자신의 시간이나 역량을 적극적으로 나누려는 자세가 중요한 평가 기준이 됩니다.

평가 요소

나눔

자신의 시간이나 지식, 재능 등을 타인과 나누며 공동체에 기여한 경험을 평가해요. 예를 들어, 봉사활동, 학습 멘토링, 기부 등에서 보여준 적극적인 나눔의 자세가 중요한 평가 요소입니다.

배려 및 소통능력

여러분이 다른 사람의 입장을 이해하고 존중하며, 관계 속에서 배려 깊게 행동했는지를 평가하는 항목이에요. 예를 들어, 학교생활 중 친구나 후배를 도와준 경험, 상대방의 상황을 고려해 배려한 행동한 태도, 또는 갈등이 생겼을 때 문제를 조율하고 원만하게 해결하려고 했던 노력이 대표적인 사례가 될 수 있어요.

사회적 책임감

여러분이 봉사활동이나 캠페인, 공익 활동 등을 통해 사회 문제에 얼마나 관심을 가졌고, 그에 대해 어떤 행동으로 실천했는지를 평가하는 항목이에요.

진로 관련 교과 성취도

전공과 관련된 과목에서 어떤 성적을 받았는지는 진로 역량을 판단하는 중요한 기준이에요. 예를 들어, 과학 계열을 목표로 하는 학생이 물리학이나 화학 과목에서 상위 등급을 받은 경우, 이는 그 학생이 학문적 역량뿐 아니라 진로 목표에 대해 얼마나 준비되어 있는지를 보여주는 핵심 요소가 됩니다.

진로 관련 활동 경험(교과목 내 활동)

단순한 성적 외에도, 수업 시간 내외에서 진행된 프로젝트, 실험, 발표, 보고서 작성 등에서의 적극적인 참여와 우수한 성과 역시 매우 중요해요. 이런 활동을 통해 학생이 그 과목에 대해 얼마나 깊이 있게 이해하고 있었는지, 또 얼마나 능동적으로 학습에 임했는지를 판단할 수 있어요.

구체적인 사례

- 학교 봉사활동에 참여해, 어려운 이웃을 위해 자발적으로 나눔을 실천한 경험
- 학습 멘토링을 통해 후배들의 학습을 도우며, 배려심 있는 태도를 보인 사례

---

③ 성실성과 규칙준수

성실성과 규칙 준수는 여러분이 학교 생활을 얼마나 성실하게 임했는지, 그리고 규칙과 약속을 얼마나 잘 지켰는지를 평가하는 항목이에요. 여러분이 자기 관리와 책임감을 바탕으로 학교 규칙을 잘 지키고, 학습과 생활 전반에서 규범을 성실히 따르는 태도를 보여주는 것이 중요한 평가 요소가 됩니다.

평가 요소

성실성

학업이나 교내 활동에 얼마나 성실하게 임하고, 꾸준히 노력했는지를 평가해요. 과제 수행, 시험 준비, 수업 참여 등에서 보여준 성실한 태도가 핵심입니다.

규칙 준수

학교나 단체 생활 속에서 규칙을 성실히 지키고, 자기 통제력을 발휘한 경험이 평가돼요. 예를 들어, 교내 및 단체 규칙을 잘 따르고 학급 규범을 준수한 사례가 여기에 해당됩니다. 자기 관리 능력시간 관리, 학습 계획, 생활 습관 등을 체계적이고 효율적으로 관리한 모습이 자기 관리 능력을 보여줍니다.

구체적인 사례

- 학교 규칙을 꾸준히 잘 지키며, 학업과 교내 활동에 성실한 자세로 임한 사례
- 자기 관리를 통해 시간을 효율적으로 분배하고, 규칙적인 생활습관을 유지한 학생

④ 리더십

리더십은 여러분이 조직이나 집단에서 책임을 맡아 구성원을 이끌고, 공동의 목표를 달성하는 과정에서 어떤 태도와 역할을 보여주었는지를 평가하는 요소예요. 단순히 반장이나 임원이라는 직책을 맡았다는 사실보다, 그 과정에서 얼마나 책임감 있게 구성원들과 협력하고, 소통하며 역할을 수행했는지가 중요하게 평가됩니다.

평가 요소

책임감 있는 리더십

여러분이 리더 역할을 맡았을 때, 조직이나 팀을 책임감 있게 이끌고, 팀워크를 중시하며 공동의 목표를 달성했는지를 평가합니다.

동료를 이끄는 능력

팀원들의 다양한 의견을 존중하고, 협력적인 분위기를 조성하는 능력도 중요한 요소입니다. 단순히 명령하는 리더가 아닌, 팀을 결속시키고 목표를 향해 나아가는 과정에서의 리서십이 중요해요.

위기 관리 능력

예상치 못한 상황이나 문제가 발생한 위기 상황에서 팀을 이끌어고 문제를 해결하는 능력도 중요한 평가 요소입니다. 예를 들어, 프로젝트나 활동 중 갈등이나 일정 차질이 생겼을 때, 주도적으로 해결 방안을 제시하고 조율에 나섰던 사례가 이에 해당돼요.

리더십과 책임감

반장, 동아리 임원, 팀장 등의 역할을 맡으며 주어진 책임을 어떻게 수행했는지를 종합적으로 평가합니다.

구체적인 사례

- 학교 행사나 동아리 활동에서 리더 역할을 맡아, 팀원들과 역할을 나누고 의견을 조율해 행사를 성공적으로 마무리한 경험
- 학급 회장이나 동아리 회장으로서 구성원들의 참여를 독려하고 이끌며, 공동의 목표를 성공적으로 달성한 경험

공동체역량을 키우는 방법

- 학급, 동아리, 프로젝트 활동에서 단순 참여를 넘어 적극적으로 역할을 수행해 보기
- 다양한 사람들과의 협력 과정에서 생긴 소통의 어려움이나 갈등 해결 경험을 기록으로 남겨보기
- 봉사활동을 단순 '시간 채우기'가 아닌 지속적인 사회 참여 활동으로 확장해 보기
- 서로의 의견을 존중하고, 공동의 목표를 함께 완성하려는 태도를 생활 속에서 실천해 보기

결론

학생부 종합전형에서 공동체 역량은 여러분이 학교나 사회 속에서 다른 사람들과 협력하고, 책임감 있게 행동해 온 태도와 경험을 평가하는 중요한 요소예요.

여러분은 다음과 같은 경험을 통해 공동체 내에서 얼마나 긍정적인 역할을 수행해 왔는지를 보여주어야 합니다.

- 협업과 소통 능력은 조별 과제나 팀 프로젝트, 동아리 활동 등에서 다른 사람들과 협력하고, 다양한 의견을 조율하며 공동의 목표를 잘 이뤄낸 경험이 있는지
- 나눔과 배려는 여러 타인에 대한 배려와 나눔의 자세로 공동체에 기여한 경험을 평가하고
- 성실성과 규칙 준수는 학교 규칙을 잘 따르고, 학업과 활동을 얼마나 꾸준히 책임감 있게 수행하였는지
- 리더십은 여러분이 책임감을 가지고 조직을 이끌며 공동의 목표를 달성한 능력을 보여줍니다.

이러한 공동체 역량은 여러분이 단지 공부만 잘하는 학생이 아닌, 더불어 살아가는 사회에서 책임감과 협업능력을 갖춘 함께 성장할 수 있는 인재임을 보여주는 중요한 근거가 됩니다.

최종 정리

학생부 종합전형에서 학업 역량, 진로 역량, 공동체 역량은 여러분의 잠재력과 성장 가능성을 종합적으로 평가하는 핵심 요소입니다.

단순히 성적이 좋은지만 보는 것이 아니라, 진로 목표를 스스로 설정하고 어떻게 실현해 나갔는지, 공동체 안에서 얼마나 책임감 있게 협력하며 활동했는지 태도까지 함께 평가됩니다. 이 세 가지 역량을 균형 있게 발전시키는 것, 그것이 바로 학생부 종합전형을 성공적으로 준비하는 가장 중요한 포인트입니다.

주요 대학 입학사정관의 평가 기준 및 학생부종합평가 시뮬레이션

2

주요 대학 입학사정관의 평가 기준 및 학생부종합평가 시뮬레이션

주요 대학 입학사정관의 평가

입학사정관의 말말말

서울대학교 편

서울대학교는 학생을 평가할 때 '내신 성적'으로 판단하지 않아요.
실제로 서울대는 내신은 참고 자료일 뿐이며, 보다 중요하게 보는 것은 '학업 외 소양'입니다.

1. '학업 외 소양'이란?

그렇다면 '학업 외 소양'이란 무엇일까요?

이 개념은 다소 모호할 수 있지만, 서울대가 지속적으로 강조하는 '독서' 활동이 대표적인 예입니다. 쉽게 말해, '학업 외 소양'은 교과서에만 갇히지 않고, 교과 밖에서 스스로 탐구하고 배우려는 태도를 의미해요.

저자는 이것을 을 교과 밖 활동 Extra-Curriculum이라고 설명하는데요, 이는 단순히 교과성적을 잘 받는 것을 넘어서, 교과 밖에서 학생이 보여주는 지적 호기심과 탐구 태도를 의미한다고 볼 수 있어요.

고등학교 교육과정 안에서의 학업 역량은 내신으로 충분히 드러나기 때문에 대학 수준의 선행학습이나 과도한 외부 활동을 통해 능력을 증명하려 하기보다는,

교과서와 연계한 교과 밖 탐구 활동, 지역·학교 공동체 안에서의 문제 해결 경험, 그리고 일상에서 드러나는 자기 주도적 학습 태도를 통해 역량을 보여줬는지를 더 중요하게 보고 강조합니다.

정리하자면, "서울대가 말하는 '학업 외 소양'은 특별하고 대단한 활동이 아니라, 교과 수업과 연계된 탐구, 꾸준한 독서, 그리고 공동체 속 문제 해결 경험을 통해 드러나는 지적 태도와 성장 가능성이에요." 그렇기 때문에 이러한 관점에서 보면, '독서'는 단순한 취미 활동이 아니라 학업 외 소양의 핵심을 보여주는 중요한 지표가 되는 거예요. 서울대는 무엇을 얼마나 읽었는지가 아니라, 어떤 계기와 목적을 가지고 읽었으며, 그 내용을 어떻게 학습이나 탐구로 확장해 나갔는지를 더 중요하게 평가합니다.

1. 자기소개서 등 폐지 이후의 평가 방식

자기소개서, 독서, 수상실적, 봉사활동은 더 이상 서류 평가에 활용되지 않지만, 이를 보완하기 위해 학생부의 특정 항목에 가중치를 두거나 더 비중 있게 평가할 계획은 없습니다. 서울대학교는 기존과 마찬가지로 학생부 전반의 내용을 종합적으로 살펴보며, 학업 역량, 학업 태도, 학업 외 소양의 핵심 역량을 중심으로 종합 평가를 해요. 즉, 어떤 항목 하나에만 무게를 두는 것이 아니라, 학생부 전체를 기반으로 균형 있게 종합 평가를 한다는 뜻이에요.

2. 학생부 평가 방향: 특정 항목에 치우치지 않는 종합 평가

서울대학교는 학생부를 바탕으로 학업 역량, 학업 태도, 학업 외 소양 세 가지 역량을 중심으로 서류 평가를 진행해요. 이 중에서 가장 중요하게 평가하는 항목은 '학업 역량'이에요.
즉, 지원자가 해당 학과의 수업을 따라갈 수 있는 준비가 되어 있는지를 가장 우선적으로 본다는 뜻이에요. 학업역량을 평가하지 위해서는 교과학습 발달사항의 정량적 및 정성적 내용, 창의적 체험활동(창체), 행동특성 및 종합의견(행특) 등의 다양한 항목 등 학생부의 여러항목을 함께 참고합니다. 결론적으로, 서울대는 학생부의 특정 부분만 보지 않고, 전반적인 내용을 종합적으로 분석해서 여러분의 학업 역량과 성장 가능성을 다면적으로 평가하고 있어요.

3. 인위적 진로 중심 세특보다, 수업 속 '구체적 모습'이 바람직

서울대학교는 과목별 세부능력 및 특기사항(세특)을 볼 때, 단순히 진로와 연결된 활동 중심의 기재보다는 수업 과정 속에서 학생이 실제로 보인 성취 수준과 구체적인 참여 모습이 잘 드러나는지를 중요하게 봅니다. 만약 세특이 특정 진로에만 초점을 맞춰 인위적으로 작성된다면, 다양한 과목과 수업에서 학생이 보여준 여러 역량이 빠질 수 있어요. 이런 경우 오히려 서류 평가에서 기회를 줄이는 결과로 이어질 수도 있습니다.
즉, '진로 연계'도 중요하지만 각 수업 속에서 드러난 학습 태도와 탐구의 깊이를 세특에 자연스럽게 담는 것이 가장 바람직해요.

4. 결과 중심 세특도 의미 있지만, '균형'이 중요

결과 위주의 나열식 세특은 과목이 어떤 방식으로 진행되었는지에 대한 정보를 제공해요. 또한 구체적인 기술은 수업에서 어떤 활동이 있었는지, 그 활동에서 여러분이 어떤 모습을 보였는지를 보여줄 수 있어요. 즉, 평가자는 세특을 통해 과목의 성적(정량적 정보)뿐만 아니라, 해당 수업이 교육과정에 맞게 진행되었는지, 그리고 수업 속에서 여러분이 어떤 태도로 참여했는지를 함께 살펴보게 됩니다.
그래서 정리하면, 결과 중심의 세특이든 구체적인 활동 중심의 세특이든 두 가지 유형 모두 평가자에게 의미 있는 정보가 될 수 있어요. 오히려 다양한 과목에서 각각의 성격에 맞춰 두 가지 유형의 세특이 자연스럽게 섞여 있다면, 서류 평가에 긍정적으로 작용할 수 있습니다.

5. 성적 하락 ≠ 무조건 불이익

특정 과목의 성적이 일시적으로 낮았다고 해서, 곧바로 학업 능력이 떨어졌다고 단정하진 않아요. 서울대는 과목 성적이 저조한 경우에도 정말로 지원자의 학업 능력이 하향한 것인지 확인하기 위해 원점수, 평균, 수강자 수 같은 정량적인 자료와 세부능력 및 특기사항(세특)과 같은 정성적인 내용을 함께 고려하여 평가에 반영합니다.

6. 전공 관련 활동보다 중요한 건 '기초 학업 능력'

서울대학교는 서류 평가에서 '전공 적합성'을 중요하게 보지 않아요. 그보다는, 해당 학과에서 실제로 수업을 따라갈 수 있는 기본적인 학업 소양을 갖추었는지를 더 중요하게 평가해요. 예를 들어, 화학부를 지원한 학생이라고 해서 화학 관련 동아리 활동이나 진로 활동, 관련 도서 독서를 많이 했는지를 중요하게 평가하기 보다는 ✓화학과 관련된 수학·과학 교과의 이수 현황, ✓해당 교과에서의 성적, ✓수업 시간에 보여준 적극적인 참여 태도가 중요하게 평가됩니다.

7. 자기소개서 폐지 이후, '독서'는 어떻게 보여줄 수 있을까?

자기소개서가 폐지되면서 가장 아쉬운 부분 중 하나가 바로 '독서' 항목이에요. 예전에는 자기소개서 안에서 독서 경험과 그 의미를 자세히 풀어낼 수 있었지만, 이제는 학생부 안에서도 이를 충분히 보여줄 기회가 줄어 들었어요.

그럼에도 불구하고, 단순히 얼마나 많이 읽었는지(다독)보다, ✓ 꾸준히, ✓그리고 필요할 때 스스로 문제를 해결하기 위해 책을 찾아 읽는 '자발적인 독서'를 통해 문제를 해결해 본 경험을 갖는 것이 더 중요하다고 할 수 있어요.

입학사정관의 말말말

고려대학교 편

지원자 대부분이 우수한 만큼, "누가 덜 우수한가"로 변별이 됩니다.
사소한 차이도 합격과 불합격을 가를 수 있어요.

1. 교과 외 활동의 변별력 축소로 교과 성적 영향력은 상승할 가능성

최근 학생부에서 기재가 제한된 항목이 늘어나면서, 고려대학교는 학생부 내 기재 가능한 다른 영역을 더욱 면밀하게 살펴 평가할 예정이에요. 하지만 이런 변화로 인해 교과 관련 활동과 교과 외 활동의 변별력은 이전보다 줄어들었고, 그만큼 교과 성적이 합격에 미치는 영향력은 상대적으로 더 커질 가능성이 있어요. 즉, 고려대는 여전히 학생부 전반을 종합적으로 평가하겠지만 교과 성적의 중요성이 과거보다 상대적으로 높아질 수 있다는 점을 염두에 두어야 해요.

2. '우수함'보다 '결점(부족함) 없음'이 중요한 고려대 평가 방식

고려대학교는 전국에서 최우수 인재들이 몰리는 대학인 만큼, 한두 가지 특정 항목이 특별히 뛰어난 학생이 합격하는 구조보다는, 어느 한 항목이라도 다른 지원자에 비해 부족한 학생이 불합격하는 경우가 많아요. 즉, 고려대는 특정 항목의 강점보다 모든 영역에서 고르게 우수한 지원자를 선발하고 있으며, 작은 결점(부족함)도 치열한 경쟁 속에서 불리하게 작용할 수 있다는 점을 꼭 기억해야 해요.

3. 세부능력 및 특기사항은 '수업 속 모습'을 중심으로

세부능력 및 특기사항은 각 과목 수업 시간에 학생이 보여준 태도, 탐구력, 학업에 대한 열정 등을 파악하기 위한 항목이에요. 따라서 이 항목은 해당 과목의 수행 능력과 수업 참여 과정을 중심으로 기록되는 것이 가장 바람직합니다. 반드시 진로와 연계된 내용만 기재할 필요는 없으며, 수업 안에서 드러난 학생의 학업적 태도와 노력을 솔직하고 구체적으로 보여주는 것이 중요해요.

4. 단순한 나열보다 '핵심 활동'을 깊이 있게 보여주는 것이 중요

학생부를 작성할 때는 다양한 활동을 단순히 나열하기보다는, 의미 있는 활동을 중심으로 구체적이고 깊이 있게 기록하는 것이 좋아요. 이렇게 정리된 내용은 평가자가 학생의 특성, 관심사, 역량을 더 잘 이해하는 데 도움이 되며, 지원자의 진정성과 학습 과정의 깊이를 보여주는 데도 효과적이에요.

5. 과목 선택은 위계에 맞게, 성적 편차는 정량·정성 자료로 함께 평가

과목 간 성적 편차가 있을 경우, 고려대학교는 해당 과목의 원점수, 평균, 표준편차와 세부능력 및 특기사항(세특) 등의 자료를 바탕으로, 해당 과목 성적을 집중하여 평가합니다. 예를 들어, 미적분은 많은 학교에서 인문계열 학생이 선택하기 어려운 과목으로 운영되기 때문에, 단순히 이수했다고 해서 무조건 유리하게 평가되지는 않아요. 특정 과목(예: 미적분)을 이수한 학생들의 비율이나 통계 수치를 따로 분석하거나 기준으로 삼지 않는다는 의미예요. 또한 위계에 맞지 않는 과목을 선택한 경우, 해당 과목을 이수하지 않은 것과 동일하게 평가될 수 있다는 점도 유의해야 해요. 다만, 여러분의 고교 여건상 특정 과목이 개설되지 않아 부득이하게 공동 교육과정 등을 통해 심화 과목을 이수한 경우(예: 화학 II 가 개설되지 않는 고교에서 화학 I 을 이수한 후 고급화학 이수), 이러한 선택은 학생의 추가적인 학습 노력을 인정하고 있습니다.

6. 필수 교과 이수와 진로 관련 활동 참여는 기본

고려대학교는 여러분이 다닌 고등학교에서 개설된 교과목을 기준으로, 어떤 과목을 이수했는지, 그리고 그 성취 수준이 어땠는지를 종합적으로 평가해요. 특히, 지원한 모집단위(학과)에서의 학업 수행을 위해 꼭 필요한 과목을 적절히 이수했는지가 매우 중요한 기준이 됩니다. 또한, 고교 생활 중에 자신의 진로 계열과 관련된 활동 기회가 있다면, 단순히 이수만 하지 말고 적극적으로 참여해 보는 자세도 함께 요구됩니다. 즉, 기본이 되는 교과 이수뿐 아니라, 진로 관련 교내 활동을 통해 관심과 준비 정도를 드러내는 것이 바람직하다는 의미예요.

연세대학교는 서류 평가에서 탐구 활동의 '개 수'와 깊이를 중요한 기준으로 삼는 학교예요.

고려대학교가 '우수한 학생 중 부족한 부분이 있는 지원자를 변별'하는 방식이라면, 연세대학교는 "내신이 우수하고, 탐구 활동도 많이 한 학생"을 더 높은 학업 역량을 갖춘 학생으로 평가하는 경향이 있습니다. 그만큼 여러 과목에서의 탐구 경험이 많다는 것은 학업 여유와 자기주도성이 크다는 의미로 받아들여지기 때문이에요. 단, 고교 유형에 따라 과목별로 깊이 있는 탐구가 어렵거나, 세부능력 및 특기사항의 기재 방식이나 기술의 차이가 있는 경우도 있기 때문에 이런 이유로 일반고 학생들은 추천전형, 그 외 고교유형(자사고, 특목고 등)은 활동우수형 전형을 활용해 지원하는 것이 더 유리할 수 있습니다.

1. 2024학년도 대학입시부터의 평가 기준 변화: 학생부만으로 서류 평가

기존에는 학교생활기록부 외에도 자기소개서, 추천서 등을 다양한 서류를 바탕으로 학생을 평가했지만, 2024학년도부터는 학교생활기록부만으로 서류 평가가 이루어지며 학생부에 기재할 수 있는 내용도 이전보다 축소되었어요. 이러한 변화를 반영해 평가 요소 역시 학업 역량, 진로 역량, 공동체 역량 세 가지 핵심 역량 중심으로 단순화되어 평가가 이루어집니다. 평가의 경우 학업적 측면은 학업 역량 + 진로 역량을 중심으로 평가하고, 활동적 측면은 공동체 역량을 중심으로 평가해요. 이렇게 새롭게 변경된 평가 기준을 바탕으로, 대학이 어떤 세부 역량을 가진 지원자를 선발하고자 하는지를 미리 파악하면 준비하는 데 큰 도움이 될 거예요.

2. 학업 역량, 진로 역량, 공동체 역량을 종합적으로 평가

연세대학교의 서류평가는 학업 역량, 진로 역량, 공동체 역량을 두루 살펴보는 종합적 평가로 서류평가를 진행해요. 단순히 한 가지 역량이 뛰어나다고 해서 그것만을 보고 판단하지 않고, 학교생활 전반에서 드러난 다양한 경험의 의미와 가치를 균형 있게 확인하고자 합니다. 물론, 세 가지 역량 모두를 잘 갖추는 것이 바람직하지만 특정 영역에서 뚜렷한 강점이나 두드러진 우수성을 보이는 경우에도 긍정적인 평가를 받을 수 있어요.

3. 활동의 경중보다 '과정과 의미'가 중요

연세대학교는 학교에서 이루어진 모든 활동은 사회화의 과정이며, 그 자체로 의미가 있다고 봅니다. 어떤 활동이 더 중요하고 덜 중요하다고 나눌 수는 없으며, 그 활동이 지원자에게 어떤 의미를 가졌는지, 그 경험을 통해 어떤 성장이 있었는지가 핵심 평가 포인트예요.

따라서 ✓ 하나의 활동을 깊이 있게 수행하고 그 과정과 의미를 구체적으로 드러내는 방식도 좋고, ✓ 다양한 활동을 고르게 경험하면서 폭넓은 관심과 성장을 보여주는 것도 의미 있습니다. 무엇보다 중요한 건, 이러한 비교과 활동들이 자신의 진로와 어떻게 연결되는지, 그리고 어떤 과정을 통해 자기주도적인 학습과 전공에 대한 역량을 쌓아왔는지를 보여주는 것이에요. 단순히 활동을 나열하기보다, 왜 그 활동을 했는지, 무엇을 배우고 성장했는지를 일맥상통한 스토리로 보여주는 것이 좋은 평가를 받을 수 있는 핵심 포인트입니다.

4. 특정 과목 성적이 지속적으로 낮다면, '학업 태도'로 해석

학생부 종합전형에서는 특정 과목 성적 하나만으로 평가가 좌우되지는 않아요. 하지만 어떤 과목에서 지속적으로 낮은 성적을 받는다면, 해당 과목에 대해 불성실하게 이수한 것으로 해석될 수 있습니다. 주요 교과(국어, 수학, 영어, 사회, 과학) 외의 교과라고 해서 예외는 아니에요. 주요 교과 외 교과에서도 성적이 계속 낮다면, 단순한 실수라기보다는 충실히 수업에 임하지 않은 것으로 판단될 수 있어요. 또한, 과목 선택 시에는 자신의 진로, 관심 분야, 학교의 개설 여건 등을 고려하되, 교육과정의 위계에 맞는 과목을 선택해 이수하는 것이 중요합니다.

5. 전공 적합성보다 넓은 개념, '진로 역량'이 중요한 평가 기준

연세대학교는 모집단위별로 교과 성적을 전공과 직접 연결해 세부적으로 평가하기보다는, 지원자가 속한 계열(인문, 자연 등)에서 기본적인 학업 소양이 갖추어져 있는지를 더 중요하게 봅니다. 특히 올해부터 변경된 평가 요소에 따라, 기존에 사용되던 '전공 적합성'대신, 더 폭넓은 개념인 '진로 역량'을 평가 기준으로 적용하고 있어요. 보다 구체적인 내용이 궁금하다면, 지난해 발표된 5개 대학 공동연구 자료를 참고해 보는 것도 좋아요.

6. 연세대학교 학생부종합전형의 서류평가란?

연세대학교의 학생부종합전형 서류평가는 학생의 학업 역량, 진로에 대한 관심, 공동체 역량 등을 종합적으로 판단하여 학교에 적합한 인재를 선발하는 과정이에요. 서류평가는 단순히 특정 역량 하나만을 기준으로 평가하지 않으며, 학교생활 속에서 여러분이 보여준 다양한 경험의 과정과 의미, 성장의 흔적을 함께 살펴봅니다. 따라서 학업 역량, 진로 역량, 공동체 역량이라는 평가 기준과 요소를 충분히 이해하고, 대학이 찾고자 하는 인재상이 무엇인지 미리 파악한 뒤 그에 맞게 준비하는 것이 무엇보다 중요해요.

성균관대학교는 특목고·자사고 출신 학생들을 매우 선호하는 학교임에는 분명합니다.

또한, 일반고 중에서도 비평준화 일반고 출신학생들을 상대적으로 더 선호하는 모습도 보입니다. 쉽게 말해, '공부를 잘하고, 학업 잠재력이 높은 학생'을 선호하는 학교라고 볼 수 있어요. 이러한 성향 때문에, 성균관대 학생부종합전형에서는 다른 대학처럼 뚜렷한 '합격 유형'이나 '선발 경향'이 드러나지 않는 편입니다.

TIP

- 여러분이 특목·자사고이거나 비평준 일반고 출신이라면, 수시 6장 중 1장은 성균관대를 꼭 고려해 보는 것이 좋아요.
- 최근에는 일반고 최상위권 학생들의 학업 역량이 특목·자사고를 뛰어넘는 경우도 있다는 점을 성균관대도 잘 알고 있습니다.
- 무엇보다도, 과목 선택의 위계보다 더 중요한 것은 도전적인 과목을 이수했는가예요. 자신의 진로와 관련된 어려운 과목에 적극적으로 도전한 이수 기록은 합격 가능성을 높이는 데 긍정적으로 작용할 수 있습니다.

1. 성균관대 학생부종합전형은 '학업 역량' 중심 전형

성균관대학교 학생부종합전형은 학업 역량 우수자 전형으로, 전공 관련 과목에 대한 이해와 성취뿐 아니라, 기초 교과 전반에서 우수한 학업 역량을 보여주는 것이 합격의 핵심 기준으로 작용합니다.

2. 평가 비율에서 드러나는 학업 역량의 중요성

성균관대학교는 학생부종합전형에서 학업 역량(50%), 개인 역량(30%), 잠재 역량(20%)의 비율로 평가를 진행하고 있어요. 이 비율만 봐도 알 수 있듯, 학업 역량이 가장 중요한 평가 요소라는 것을 알 수 있습니다. 여기에서 '개인 역량'은 지원자가 관심 분야에 대해 어떤 학업적 노력과 탐구를 해왔는지를 평가하는 항목이에요. 특히 성균관대학교는 평가 과정에서 전공 적합성이나 계열 적합성의 비중을 최소한으로 반영하기 때문에, 개인 역량 역시 '학업적 역량'이 중요한 평가 요소로 반영됩니다. 참고로, 2025학년도부터는 '개인 역량'이 '탐구 역량'으로 명칭이 바뀌고, '전공 적합성'과 '계열 적합성'은 평가 요소에서 완전히 제외될 예정이에요.

3. 진로 연계 과목과 탐구 역량의 평가 방식

지원자가 개인적으로 설정한 진로와 관련된 과목은, 성균관대학교 학생부종합전형에서 탐구 역량측면에서 평가돼요. 이때 단순한 성적만 보는 것이 아니라, 기초 학업 능력과 탐구 활동을 종합적으로 고려해 평가가 이루어집니다. 반대로, 진로와 직접적인 연계가 없는 과목은 학업 역량 측면에서 평가받을 수 있어요. 물론, 탐구 역량과 학업 역량이 완전히 분리되어 평가되는 것은 아니고, 두 요소는 서로 일정 부분 영향을 주고받으며 종합적으로 판단된다는 점도 함께 기억해 두면 좋아요.

4. 활동의 양보다 중요한 건 '내용과 진정성'

어떤 학생은 한두 개의 중요한 활동만으로도 자신의 우수성을 잘 보여줄 수 있고, 또 어떤 학생은 다양한 활동을 통해 관심 분야에 대한 지속적인 노력과 열정을 드러낼 수 있어요. 즉, 활동의 숫자나 형식에 정답은 없으며, 가장 중요한 것은 개인의 특성과 진로에 맞는 활동을 얼마나 진정성 있게 수행했는지예요. 지원자의 개별적인 상황과 경험에 따라 자신만의 강점이 드러나도록 작성하는 것이 핵심입니다.

5. 완벽한 성적보다 '약점을 포기하지 않는 태도'

학생부종합전형에서 실제로 합격하는 많은 학생들도 하나쯤은 약점이 되는 과목을 가지고 있어요. 특정 과목의 성적이 낮다면 그 과목에 대한 학업역량이 부족하다고 평가될 수는 있지만, 대부분의 지원자들 역시 비슷한 약점을 가지고 있다는 점을 기억해야 해요. 중요한 건, 그 약점을 피하지 않고 끝까지 노력해 왔는가예요. 성균관대 글로벌경영학과, 글로벌경제학과, 경영학부합격자 중에서도 미적분을 이수한 학생의 비율은 10% 내외에 불과합니다. 즉, 위계에 딱 맞지 않는 선택 과목이라 하더라도 지원자의 도전 의지와 학업에 대한 태도가 드러난다면, 그 자체로 긍정적인 평가를 받을 수 있습니다. 결국 중요한 것은 완벽한 성적이 아니라, 끝까지 포기하지 않는 학습 자세입니다.

6. '전공적합성'과 '계열적합성'의 평가 최소화

성균관대학교는 전공적합성이나 계열적합성을 평가에서 최소화하고 있어요. 따라서 성균관대에 지원할 때는 굳이 지원 학과와 관련된 활동이나 경험에 초점을 맞추려 할 필요는 없어요. 중요한 것은, 본인이 관심을 가지고 몰입해온 분야에 대해 얼마나 깊이 있게 탐구했는지, 그리고 그 과정에서 어떤 역량과 태도를 보여줬는지입니다. 결론적으로, 성균관대는 전공에 꼭 맞는 활동이 아니라도, 성실하게 탐구하고 꾸준히 노력해온 과정 자체를 긍정적으로 평가합니다.

한양대학교는 오랜 시간 동안 '누가 선발되는지 기준을 알 수 없는 학교'로 회자되어 왔어요.

그러나 분명한 점 한 가지는, 한양대가 일관되게 고수해 온 '횡단평가'에서 우수하게 평가된 학생들이 선발될 가능성이 높다는 사실입니다. 여기에 더해 '종단평가'도 중요한 요소로 작용하는데요, 이는 단편적인 탐구 주제나 단발성 활동보다는, 활동과 탐구의 연계성을 살펴본다는 의미입니다. 특히 이 연계성은 지원 계열 또는 전공과의 관련성을 전제로 해야 높은 평가를 받을 수 있어요.

또한, 특목고·자사고 학생과 일반고 학생의 합격 비율은 모집 단위에 따라 다소 차이가 있지만, 특목고·자사고 학생이 선호하는 모집 단위의 경우 일반고와 대략 5:5의 합격 비율이라고 볼 수 있습니다.

1. 학생부 중심의 가산 '누적형 평가'

한양대학교 학생부종합전형은 면접이나 수능 최저학력기준 없이, 오직 학교생활기록부 하나만으로 학생을 평가하는 전형이에요. 말 그대로, 학교생활기록부 100%를 반영해 선발하는 구조죠. 학교생활기록부에 기재된 내용을 바탕으로 고교 교육과정의 충실한 이수 여부, 종합적인 성취도, 그리고 4대 핵심 역량을 종합적으로 평가합니다.

학생부는 단일 교사가 아닌, 여러 교사가 수년에 걸쳐 관찰하고 기록한 내용을 담고 있기 때문에, 한양대는 이 누적된 관찰 기록 속에서 학생의 강점을 찾아내는 평가 방식, 즉 '누적형 평가'를 실시하고 있어요. 이 과정에서는 약점을 근거로 점수를 차감하는 방식이 아니라, 강점이 드러나는 부분에 가산점을 부여하는 방향으로 평가가 이루어집니다. 따라서 3년 동안 성실하게 학교생활에 임하며 자신의 강점을 꾸준히 발전시켜 온 학생이라면, 좋은 평가를 받을 가능성이 높습니다.

2. '횡단평가'를 중심으로 한 역량 분석

한양대학교는 학생을 평가할 때, 학생부의 주요 평가 영역을 중심으로 '횡단평가' 방식을 이용하여 해당영역에서의 학생의 역량을 평가하고 있어요. 여기서 말하는 횡단평가란, 학생부에 누적된 다양한 기록 속에서 학생의 역량적 근거를 찾아내고, 이를 학생부 내 다른 영역과 비교·검증하면서 평가 방식이에요.

즉, 여러분의 역량적 근거가 주요 평가 영역에 오랜 기간 동안 반복적으로 기록되고, 그 안에서 발전되는 모습이 보인다면 그만큼 우수하게 평가될 가능성이 높아요.

3. 가장 중점적으로 평가되는 '세부능력 및 특기사항'

한양대학교는 학생부 내 주요 평가 영역(세부능력 및 특기사항, 창의적 체험활동상황, 행동특성 및 종합의견) 중에서도 '세부능력 및 특기사항'을 가장 중요하게 보고 있어요. 이 영역은 최근 학교생활기록부 기재 요령이 축소되고 제한되는 가운데서도 상대적으로 영향을 받지 않는 부분이기 때문에 본교뿐만 아니라 대부분의 주요 대학에서도 강조하는 영역입니다.

'세부능력 및 특기사항'은 한두 교사가 아닌, 여러 교사가 수업 중 관찰한 학생의 학업 성취 과정과 태도를 바탕으로 기록되기 때문에 학생의 학업역량과 성취 수준을 가장 세밀하게 확인할 수 있는 부분이에요. 그래서 이 영역은 학생의 역량을 평가하는 데 있어 매우 중요한 평가 영역으로 보고 있습니다.

4. 전공이 아닌 '계열' 중심의 평가

한양대학교는 학생을 평가할 때 '전공 적합성'보다 '계열 적합성'에 더 초점을 두고 평가하고 있어요. 자연계열 지원자는 수학과 과학 교과에서의 역량을 중심으로, 인문계열은 언어, 외국어, 사회 교과, 상경계열은 언어, 외국어, 사회, 수학 교과 전반에 걸친 학업 역량을 평가합니다.

즉, 특정 전공이나 진로에 대한 명확한 연계성보다 계열에 맞는 교과 성취와 학업적 강점이 있는 학생을 우수하게 평가하죠. 예를 들어, 물리 과목에서 뛰어난 탐구력과 활동, 역량을 보여준 학생이 화학과에 지원했다고 하더라도, 그 역량은 과학 계열 전체에 대한 학업 역량으로 인정받을 수 있어요. 전공과 과목이 꼭 일치하지 않더라도 계열에 맞는 역량을 보여주는 것이 관건입니다.

5. '횡단평가'는 단편적인 활동보다 연계성과 과정 중심이 중요

한양대학교 학생부종합전형의 가장 큰 특징 중 하나는 바로 '횡단평가'예요. 이 방식은 단순히 여러 활동을 단편적으로 나열하는 것이 아니라, 학생부에 나타난 다양한 역량을 '과정중심'으로 서로 연결 지어 살펴보는 평가예요.

즉, 각각의 활동이 어떤 흐름 안에서 연계되어 있는지, 그리고 어떻게 발전하고 심화되어 왔는지를 중점적으로 봅니다. 따라서 여러 가지 역량을 각각 따로 보여주기보다는, 자신이 어떤 주제나 관심 분야에 대해 꾸준히 탐구하고 노력해 왔는지를 '과정 중심'으로 상세히 보여주는 것이 더 높은 평가로 이어질 수 있어요. 활동 하나하나보다, 그 사이를 잇는 맥락과 연결성이 더 중요하다는 점을 기억해 주세요.

6. 계열에 따른 교과 성취 수준이 중요

한양대학교는 계열 적합성에 따라 계열별 과목에 따른 가중치가 존재해요. 예를 들어, 자연계열에 지원하는 학생이라면 수학과 과학 교과에서의 성취 수준이, 상경계열의 경우에는 수학을 포함한 언어, 외국어, 사회 교과의 성취 수준이 중요한 평가 기준이 됩니다.

위계에 맞지 않는 과목 선택으로 불이익을 주지는 않지만, 그 선택이 왜 이루어졌는지 선택의 맥락을 파악하기 위해 학생부를 보다 세밀하게 검토하는 경우는 있을 수 있습니다. 본인의 학업 수준이나 학업 계획과 무관하게 고급과목이나 심화과목을 무리하게 선택한 뒤 좋은 성취를 거두지 못한 경우라면, 공통 및 일반 선택과목에서의 성취도 함께 고려하여 학업역량을 종합적으로 평가합니다.

7. 고교 유형은 평가에 영향을 주지 않음

한양대학교 학생부종합전형은 다양한 고교 유형의 학생들이 지원하는 전형입니다. 따라서 학교 유형에 따라 별도의 차등이나 유불리를 두고 평가하지 않아요.

매년 약간의 차이는 있을 수 있지만, 최종 등록자 기준으로 일반고 학생의 비율은 평균적으로 50% 초중반대를 유지하고 있고, 특목고 학생 비율은 약 15~20% 정도로 형성되고 있습니다.

입학사정관의
말 말 말

서강대학교 편

서강대학교는 모집 인원이 비교적 적기 때문에 대학 또는 고교 내 입결 자료만으로 지원 전략을 수립하기에는 다소 한계가 있어요.

그럼에도 불구하고, 그간의 경향을 보면 모집 단위와 상관없이 '수학'에 무게를 두는 경향이 강하게 나타납니다. 한양대학교까지를 포함한 상위권 지원 라인을 고려할 때 서강대는 5~6번째 선택지로 검토할 수 있어요. 다만, 서강대를 목표로 한다면 전공적합성보다는 학업역량을 드러낼 수 있는 탐구의 깊이와 확장성에 집중하는 것이 유리합니다.

---

1. 서강대의 학생 평가 기준

서강대학교는 학업역량(50%), 공동체역량(20%), 성장가능성(30%)을 기준으로 학생을 평가합니다.

- **학업역량** : 대학 수준의 학업을 수행할 수 있는 학업 수준 및 관련 역량을 평가
- **공동체역량** : 고등학교라는 사회 안에서의 규칙 준수, 사회성의 노력을 평가
- **성장가능성** : 자신의 여건 내에서 어떤 노력과 태도로 학교생활에 임해왔는지를 보고 이를 바탕으로 대학에 진학한 후 어떻게 학문을 이어나갈지를 평가

중요한 것은 학업 성취뿐 아니라, 노력과 태도의 진정성 그리고 사회성 역시 중요한 평가 요소로 작용합니다.

2. 진로 연계 과목에 대한 평가 관점

서강대학교는 특정 과목의 세특만 중점적으로 평가하지 않아요. 진로와 관련된 과목만 잘했다고 해서 좋은 평가를 받는 건 아니라는 뜻이에요. 오히려 학교에서 배우는 모든 교과목은 각각의 교육적 의미가 있고, 학생의 성장을 도울 수 있는 요소들이 담겨 있다고 봅니다. 그래서 진로와의 연계 여부와 관계없이

모든 과목을 평가의 대상으로 보고, 세부능력 및 특기사항을 종합적으로 읽어가며 학생의 학업적 성취와 태도를 유기적으로 파악 하려고 해요. 그렇다고 진로 관련 과목을 잘하려는 노력이 의미 없다는 건 절대 아니에요. 어떤 과목이든 성실하게 임하고자 하는 태도, 열심히 배우고자 하는 자세 자체가 의미 있는 것이고, 그 자체로 충분히 중요한 평가 요소가 될 수 있어요. 따라서, 진로 관련 과목에만 매몰될 필요는 없어요. 모든 과목에 진지하게 임하는 태도와 꾸준한 학습 노력이 평가의 핵심이에요.

3. 세특은 꼭 한 방식으로 써야 할까?

서강대학교는 학생을 평가할 때 특정 과목의 세특만을 따로 떼어 보지 않아요. 하나의 세특만으로 판단하기보다는 여러 과목의 세특 내용을 교차해 읽으며, 학생의 학업적 성취와 태도, 노력을 종합적으로 확인하고자 합니다. 따라서 모든 과목의 세특을 일관된 한 방법으로 기재하기보다는, 과목의 성격과 운영 방식에 따라, 두 가지의 기재 방법을 선택하여 기재하는 것이 학생의 다양한 면모와 학업에 대한 태도를 잘 보여줄 수 있는 방법이에요.

4. 잘 못하는 과목에서도 '노력의 태도'는 중요

모든 학생이 모든 과목을 다 잘할 수는 없어요. 누구나 좋아하는 과목도 있고, 어려워하거나 부담을 느끼는 과목도 있을 수밖에 없죠. 서강대학교는 이러한 현실을 충분히 이해하고 있어요. 하지만 중요한 건, 잘 못하고 싫어하는 과목이라고 그 과목을 포기하거나 무시한 것과, 그럼에도 불구하고 끝까지 노력하고자 한 태도는 평가에서 분명히 다르게 받아들여집니다. 단순한 결과보다 '어떤 태도로 임했는가'를 더 중요하게 보기 때문이에요. 싫어하는 과목이라도 책임감 있게 임하고자 노력한 모습, 그 자체가 평가에서 긍정적인 요소로 작용할 수 있어요.

5. '미적분' 선택 여부는 평가의 절대 기준이 아님

경제나 경영학을 희망하는 학생이라면 "미적분을 선택하면 유리하지 않을까?"라는 고민을 해본 적 있을 거예요. 하지만 서강대학교는 단순히 미적분을 이수했느냐에 평가의 무게를 두지 않아요. 실제로도 미적분을 선택하지 않은 학생들의 비율이 체감상 상당히 높은 편이에요. 물론, 자신의 수준과 여건을 고려해서 도전적으로 과목을 선택하고 의미 있는 성취를 이뤄낸 경우라면 좋은 평가로 이어질 수 있어요. 하지만, 본인의 준비도 없이 무리하게 도전했다가 성과가 낮게 나오는 경우엔 오히려 평가에 불리하게 작용할 수 있다는 점도 염두에 둬야 해요. 이 때문에 해당 비율은 공개하지 않습니다. 또한, 위계에 맞지 않는 과목을 선택했다고 해서 무조건 감점되는 것은 아니에요. 그 선택이 불가피한 환경 때문이었는지, 혹은 본인의 판단에 따른 것이었는지는 학생부만으로는 확인하기 어려워요. 그렇기 때문에 도전도 좋지만, 자신의 수준을 고려한 전략적 선택과 성실한 이수 과정을 통해 역량을 보여주는 것이 무엇보다 중요해요.

6. 전공적합성에 얽매이지 않기

서강대학교는 학생부 종합전형에서 '전공적합성'에 매몰된 평가를 하고 있지 않습니다. 즉, 단순히 "이 과목을 들었으니 이 전공에 적합하다", "이 활동을 했으니 지원 학과와 잘 맞는다"는 식의 평가보다는, 여러분이 고등학교에서 어떤 태도로 학업과 활동에 임했는지를 더 중요하게 본다는 의미입니다.

7. 모든 활동은 성장의 기회

서강대학교는 고등학교에서 이루어지는 교과와 비교과 활동을 단순히 '입시 스펙'으로만 보지 않아요. 이런 활동들은 단지 대학 진학을 위한 수단이 아니라, 앞으로의 삶을 준비하는 중요한 과정이라고 생각해요. 그래서 여러분이 어떤 활동을 하든지, 그 안에서 스스로 의미를 찾고, 고민하고, 노력하는 태도를 갖고 있는지를 중요하게 평가해요. 즉, 입시용 활동이 아니라, 삶과 연결된 활동과 경험을 통해 성장해온 학생을 서강대는 기다리고 있어요.

입학사정관의
···
말 말 말

중앙대 편

* 특목·자사고 : 7
   일반고 : 3

중앙대학교는 학생부종합전형을 두 가지 유형으로 운영하는 대표적인 대학입니다.

바로 'CAU융합형인재전형'과 'CAU탐구형인재전형'인데요, 이 두 전형은 평가 요소와 배점이 서로 다르기 때문에, 본인의 학생부 특성과 잘 맞는 전형을 선택하는 것이 무엇보다 중요합니다.

탐구형 전형은 흔히 '덕후 전형'이라 불릴 정도로 특정 분야에 대한 깊이 있는 탐구와 성취를 중요하게 평가합니다. 그래서 내신이 다소 낮은 과목이 있더라도 전공 또는 계열 관련 과목에서 우수한 성취와 탐구 및 활동을 보여준다면 좋은 평가를 받을 수 있어요. 반면, 융합형 전형은 학업과 활동의 균형을 중요하게 보기에, 전체적으로 고른 성장을 보여주는 일반고 학생들이 주로 지원하는 경향이 있습니다.

물론 고교 유형에 따라 전형을 나눠야 하는 건 아니지만, 실제로는 탐구형에는 특목·자사고 비율이 높고, 융합형에는 일반고 학생들이 많다는 점도 참고해 둘 필요가 있어요. 실제 고교 유형별 합격비율은 *7:3 정도로 분석되고 있으나, 이는 절대적인 기준은 아닙니다. 무엇보다 중요한 건, 각 전형이 요구하는 인재상과 평가 요소에 내 학생부가 잘 부합하는지를 따져보는 일입니다.

---

1. 중앙대학교 학생부종합전형의 기본 구조

중앙대학교의 학생부종합전형은 'CAU융합형인재전형'과 'CAU탐구형인재전형'으로 구분됩니다. 두 전형은 각각 다른 인재상과 평가 요소, 반영 비율이 다르기 때문에 자신의 역량과 학생부의 구성에 따라 자신에게 맞는 전형을 잘 선택해야 합격 가능성을 높일 수 있어요.

- CAU융합형인재전형은 학업과 교내의 다양한 활동을 통해 전반적으로 균형 있게 성장한 학생을 선발하고자 합니다. 이 전형에서는 교과와 비교과 활동에서 고르게 우수한 역량을 보인 학생, 자기주도적으로 교내활동에 참여하여 관심과 사고를 확장해나간 학생, 그리고 공동체 활동에서 리더십이나 협력, 나눔과 배려 등을 적극적으로 실천해온 학생이 이 전형에서 좋은 평가를 받을 수 있어요. CAU어울림전형, 기회균형전형도 이와 같은 선발 모형을 따릅니다.
- CAU탐구형인재전형은 특정 전공(또는 계열) 분야에서 깊이 있는 학업 역량을 보인 학생을 선발합니다. 지적 호기심이 높고, 전공 관련 교과 학습이나 활동에서 적극적인 자세와 성과가 뚜렷한 학생이라면 이 전형에 적합합니다.

2. 평가 요소와 반영 비율의 차이

중앙대학교 학생부종합전형은 세 가지 평가 요소를 중심으로 학생을 평가해요. 다만 전형에 따라 각 요소의 반영 비율이 다르기 때문에, 자신에게 유리한 전형을 선택하는 것이 중요합니다.

- **CAU융합형인재전형은 학업역량 50%, 진로역량 30%, 공동체역량 20%**의 비율로 평가합니다. 학업역량에서는 '학업성취도', 진로역량 중에서는 '진로탐색 활동과 경험', 공동체역량 중에는 '리더십'이 다른 평가 항목보다 강조되는 중요한 평가 포인트입니다.
- **CAU탐구형인재전형은 학업역량 40%, 진로역량 50%, 공동체역량 10%로** 평가합니다. 학업역량에서는 '탐구력', 진로역량 중에는 '전공(계열) 관련 교과 이수 및 노력', '전공(계열) 관련 교과 성취도'가 다른 평가 항목보다 강조되는 중요한 평가 포인트입니다.

3. 모든 교과는 관심과 성장을 보여주는 평가의 대상

학생들은 고등학교 교육과정 속에서 공통과목, 일반선택, 진로선택 등 다양한 교과를 이수하게 돼요. 중앙대학교는 특정 모집 단위와 특정 교과만이 연관되어 있다고 판단하지 않아요. 모든 교과를 통해 관심사를 탐색할 수 있기에 학생부종합전형에서는 교과의 구분 없이, 모든 교과의 세부능력 및 특기사항 전체적를 확인합니다. 이를 통해 각 교과에서 학생의 관심사와, 관심의 깊이와 확장, 그리고 해당교과를 통한 성장까지 모든것을 종합적으로 평가하고 있습니다.

4. 기록의 방식보다 중요한 건, 의미와 성장의 과정

학생부종합전형에서는 제한된 분량 안에서 학생의 역량을 확인해야 하기 때문에, 교사 분들도 학생의 강점을 어떻게 효과적으로 담아낼지에 대해 많은 고민을 하고 계십니다. 대학 역시 학생부를 평가할 때, 단순히 활동을 나열하거나 결과만을 보여주는 방식보다는 학생의 성장 과정을 종합적으로 판단할 수 있는 기록에 더 주목하고 있어요.

특히 다양한 활동이 나열되어 있는 경우보다, 학생에게 의미 있었던 활동을 중심으로 그 과정을 구체적으로 보여주는 기록이 평가에 더 긍정적으로 작용합니다. 다만, 학교마다 운영하는 활동의 성격과, 학생부 작성이 다양한 방식으로 기재될 수 있기 때문에 어떤 한 가지 방식만이 정답이라고 보지는 않습니다. 중요한 건, 그 안에 담긴 활동의 진정성과 학생의 성장 과정이 어떻게 드러나는가입니다.

5. 과목 성적과 선택, 어떻게 평가될까?

- **특정 과목 성적이 낮은 경우**

  CAU융합형인재전형은 학교생활 전반에서 균형 있게 성장한 학생을 선발하고자 하므로, 일부 과목에 소홀함이 드러날 경우 평가에서 불리할 수 있어요. 하지만 그 과목에 대해 보완하려는 노력이 보이거나, 이후 학기에서 성취도가 향상된 기록이 있다면 이를 감안하여 평가합니다. 반면, CAU 탐구형인재전형에서는 특정 과목에서의 성적보다도 전공(계열) 관련 과목에서의 탐구와 우수한 성취가 더 중요하게 작용합니다. 관심 있는 과목에 대해 뚜렷한 역량을 보인다면, 일부 성적이 낮은 과목이 있더라도 좋은 평가를 받은 사례도 있어요.

- **경영·경제계열 학생의 미적분 이수**

  중앙대학교는 경영·경제계열 지원자의 수학 성취도를 중요하게 평가하고 있습니다. 다만, 지원자 및 합격자 분석 결과 미적분을 반드시 이수해야 하는 것은 아니에요. 학교마다 선택과목 편성에 차이가 있을 수 있기 때문에, 특정 과목의 이수 여부보다 자신이 선택한 수학 과목에서 어떤 역량을 보여주었는지가 더 중요하게 평가됩니다.

- **위계에 맞지 않은 선택과목을 이수한 경우**

  위계성이 있는 교과의 경우 일반적으로 학습 단계를 순차적으로 이수하길 기대해요. 예를 들어, 물리학I을 먼저 듣고 물리학II로 이어가는 것이 위계에 따라 역량을 쌓는 자연스러운 흐름이에요. 만약 위계를 건너뛰고 고급과목이나 전문교과를 먼저 이수했다면, 해당 과목을 이수할 학업적 역량이 있는지, 공통과목이나 일반선택과목에서의 성취도는 어떤지를 종합적으로 고려하여 평가해요. 또한, 고교의 과목 편제상 어쩔 수 없이 특정 과목을 이수하지 못한 경우도 있을 수 있기에, 편제표를 함께 검토해 학생의 이수 현황을 종합적으로 판단하게 됩니다.

6. 학업역량, 그리고 계열·전공적합성은 어떻게 볼까?

중앙대학교가 말하는 학업역량이란, 단순히 성적이 높은 것을 넘어선 개념이에요. 우수한 학업 태도를 바탕으로, 종합적인 학업능력과 자발적인 학습 의지, 그리고 교과 수업 속에서 드러나는 다양한 탐구 활동, 글쓰기, 발표, 실험·실습 등을 통해 나타나는 탐구력을 모두 포함하고 있습니다.

- '학업성취도'는 교과학습발달상황을 토대로, 전 교과목 성적의 우수성과 성적의 변화 추이 등을 종합적으로 살펴봐요.
- '학업태도'는 학업을 수행하고 학습해 나가는 학생의 의지와 노력을 평가하는 항목으로 학습과정에서 관찰되는 여러 모습을 평가에 반영해요.

- '탐구력'은 지적 호기심을 바탕으로 문제를 스스로 탐색하고 해결해나가는 과정에서의 노력으로, 교과 학습 과정에서 나타나는 학업과 관련한 탐구력을 의미해요.

한편, 계열적합성과 전공적합성측면에서는 이렇게 봅니다. 중앙대학교는 특정 분야에 대해 관심을 가지고 탐구를 한 학생, 다양한 분야에 고르게 관심을 두고 공부한 학생 모두 각 전형에서 선발하고 있어요. 진로역량 항목에서는 전공이나 계열과 관련된 교과목의 이수 노력과 성취도, 그리고 진로탐색 활동과 경험을 고루 평가하며, 진로 탐색 과정 전반을 중요하게 평가합니다. 즉, 하고 싶은 것을 일찍 찾아 깊이 있게 탐구해온 학생, 다양한 경험을 통해 진로를 모색해온 학생 모두 중앙대학교에서는 각자의 역량을 평가를 받을 수 있어요.

7. 전형별 인재상과 평가 기준을 정확히 이해하기

중앙대학교는 학생부종합전형을 통해 다양한 전형을 운영하고 있으며, 각 전형마다 추구하는 인재상과 평가요소의 반영 비율이 상이합니다. 따라서 자신의 특성과 강점이 각 전형에 어떻게 부합하는지를 꼼꼼히 살펴보고, 보다 적합한 전형을 선택하는 것이 무엇보다 중요해요. 이 책에는 학생부전형에 대한 구체적인 설명과 평가 기준이 자세히 담겨있으니, 관심 있는 수험생이라면 반드시 참고해보세요.

입학사정관의
말말말

─────

경희대 편

경희대 입학사정관의 이야기를 들어보면 다소 두루뭉술하게 느껴질 수 있는 부분이 있어요.

하지만 한 가지 분명한 건 최근 2년간 약학과의 입시 결과를 보면, 단순한 내신 성적보다는 내신으로는 보이지 않는 학생의 역량을 더 중요하게 평가하는 경향이 다른 대학보다 크게 나타난다는 점이에요.

1. 세특과 교과 성적의 중요성

학생부종합전형에서는 제출할 수 있는 자료가 많이 축소되었습니다. 교사추천서에 이어 자기소개서도 폐지됐고요, 독서, 수상, 봉사도 이제는 반영되지 않아요. 그래서 자연스럽게 교과 성적과 세부능력 및 특기사항이 훨씬 더 중요해 졌습니다.

이런 변화에 맞춰 경희대에서는 평가 요소를 진로역량, 학업역량, 공동체역량 이렇게 세 가지로 재설정했어요. 특히 진로역량은 예전이나 지금이나 변함없이 꾸준히 중요하다고 강조합니다. 성실하게 학교생활을 하고, 진로에 대해 꾸준히 탐색해 온 학생이라면 충분히 우수한 평가를 받을 수 있습니다.

2. 진로와 연관된 과목은 선택부터 성적까지 모두 중요

경희대 학생부종합전형은 진로와 관련된 과목을 얼마나 잘 선택하고, 이수했는지, 또 그 과목에서의 성적이 모두 중요해요. 물론, 학교생활 전반을 평가하는 데에는 모든 과목이 의미 있지만, 진로역량을 판단할 때는 관련 과목의 이수 노력과 성취도를 높이 평가합니다.

3. 세특은 '결과'보다 '과정'을 담는 것이 중요

세특을 쓸 때 글자 수 제한 때문에 고민이 많다는 이야기를 잘 알고 있습니다. 하지만 학생부종합전형의 취지상 단순한 활동 나열이나 결과 중심의 기록보다는, 어떤 과정을 거쳤는지, 그 과정 속에서 어떤 의미 있는 성장이 있었는지가 더 중요하게 평가됩니다.

활동이 많은 학생이라면 많은 장점을 보여줄 필요가 있지만, 모든 활동을 나열하고 단순 '결과'로 기록되는 것보다 반드시 '과정'을 중심으로 기록 되는게 좋다는 점을 강조하고 싶어요.

4. 비주요 과목도 성실한 태도가 중요

간혹 어떤 학생들은 수능 과목이 아니라는 이유로, 혹은 주요 교과가 아니라는 이유로 특정 과목을 소홀히 여기는 경우가 있어요. 하지만 학생부종합전형에서는 단순히 성적만으로 평가하지 않기 때문에, 그런 태도가 평가에 영향을 미치며 그런 경우 동일하게 평가하지 않습니다. 경영·경제 등 사회계열로 진학하려는 학생의 경우, 미적분을 이수한 비율이 정시 기준으로 약 45% 수준이에요. 이는 인문계열 지원자 35%보다 높은 수치이고, 대학에서도 이를 참고하고 있습니다. 결국 어떤 과목이든 소홀히 하지 않고, 성실히 이수하려는 태도 자체가 평가의 중요한 기준이 될 수 있다는 점을 기억해 주세요.

5. 계열적합성과 전공적합성은 관점의 차이

예를 들어, 기계공학을 희망하는 학생이 물리 I, II를 이수하고, 관련 실험이나 기계를 다루는 동아리 활동까지 꾸준히 했다면, 전공에 대한 적합성이 충분히 드러났다고 볼 수 있어요. 이런 학업과 활동의 연계성은 긍정적인 평가로 이어질 수 있습니다.

그렇다고 해서 '계열적합성이 더 중요하다', 혹은 '전공적합성이 우선이다'라고 딱 잘라 말하기는 어려워요. 계열적합성은 넓은 범위에서의 준비 정도를 본다면, 전공적합성은 보다 세밀한 관심과 역량을 확인합니다. 대학마다 중요하게 여기는 관점이 다를 수 있다는 점 참고해주세요.

6. 고교 유형에 따른 평가 관점의 차이

특목고 학생은 내신 취득 환경이 상대적으로 불리하다는 점을 고려하여, 그 안에서 충분한 학습이 이루어졌는지를 중심으로 평가하는 반면, 일반고 학생은 교육과정에 맞는 학교생활을 충실히 이수했는지를 중점적으로 살펴봅니다. 비교과 활동의 경우에는 고교 유형 간에 큰 차이를 보이지 않으며, 전반적으로 상향 평준화되었다고 판단하고 있어요.

외대 전형, 입결만 보고 판단하긴 어려워요!

한국외대는 선발 인원은 적은데, 전형이 너무 세분화되어 있어서 단순히 입시 결과(입결)만 보고 지원 여부를 결정하기는 사실상 어렵습니다. 아래 입학사정관의 설명처럼, 학업역량에 중심을 둔 전형은 '서류형', 전공(계열) 적합성에 중심을 둔 전형은 '면접형'이라고 보면 됩니다.

조금 더 쉽게 설명하자면, 학생부를 보고 입학사정관이 "이 활동은 왜 하게 되었을까?", "어떤 과정을 거쳤고, 무엇을 배웠을까?" 같은 질문이 떠오른다면 그건 '면접형' 전형에 적합할 수 있다는 뜻이에요. 결국 '질문할 거리'가 있는 학생, 즉 탐구의 깊이가 잘 드러나는 학생이 면접형에 어울리는 거죠. 입학사정관 입장에서는 동기, 과정, 느낀 점이 궁금한 학생일수록 관심이 가기 마련이니까요.

또 한 가지 기억할 점은, 한국외대는 서울캠퍼스와 글로벌캠퍼스 간 이동이 굉장히 자유롭다는 겁니다. 만약 자연계열 학생이 제2외국어 실력을 무기로 갖추고 있다면, 외대를 진지하게 고려해보는 것도 좋은 전략이 될 수 있어요.

1. 외대 학생부종합전형의 중심은 '성장'

한국외대의 학생부종합전형은 한마디로 '학생의 성장'에 초점을 맞춘 전형으로 '면접형', 'SW인재', '서류형', '기회균형전형' 네 가지로 나뉘어 있습니다. 2024학년도부터는 서류평가 요소가 새롭게 정비됐어요. 이제는 학업역량, 진로역량, 공동체역량이 세 가지로 학생을 평가합니다. 이 변화는 단순히 교과 성적만 보는 것이 아니라, 교내 활동에 얼마나 적극적으로 참여했고, 그 안에서 어떻게 성장해왔는지가 중요해요. 그래서 외대는 그런 모습을 보여주는 인재를 선발하고자 합니다. 특히 학교생활기록부에서는 특정 항목 하나만 중요하게 보지 않아요. 기록된 항목들 사이의 연결성과 흐름을 통해 여러분의 활동 전반에서 드러나는 우수성을 종합적으로 판단해요.

2. 평가 기준은 수치보다 '성장 과정'에 초점

외대의 학생부종합전형의 학업역량에서는 교과 성적을 단순한 수치로 평가하지 않아요. 예를 들어, 원점수나 성취도, 평균, 표준편차, 과목별 이수인원, 성취비율 같은 요소를 정량적으로 계산하기보다는, 이 모든 요소를 정성적으로 살펴보고 판단해요. 따라서 고교의 교육 환경을 고려한 평가가 가능합니다. 그렇기 때문에 학생이 자신에게 주어진 환경 안에서 학업적인 성장과 성취를 잘 보여줄 수 있는 과목을 선택하고, 그 과정에서 성실하게 노력하는 것이 중요합니다.

또한 진로역량에서는 전공(계열)과 관련된 과목을 어떻게 이수했고, 어떤 성취를 이뤘는지, 진로 탐색 활동과 경험을 통해 진로 및 계열에 대한 노력과 준비 정도를 평가해요. 참고로 외대는 진로역량을 꽤 넓은 범주로 해석해서 평가하는 편이에요.

마지막으로 공동체역량은 협업과 소통 능력, 나눔과 배려, 성실성과 규칙 준수, 리더십 등, 공동체 구성원으로서 갖춰야 할 태도와 행동들을 평가하는 거예요. 이건 학생부의 특정 항목만 보는 게 아니라, 전체 기록을 통해 찾아내는 방식이에요.

3. 진로역량을 통한 전공계열 평가

진로역량을 통해서 전공(계열)과 관련된 교과를 어떤 의도와 노력으로 이수했는지, 그리고 그 안에서 어떤 성취와 탐색 활동을 했는지를 평가해요.

특히 전공(계열) 관련 교과의 세부능력 및 특기사항은 진로에 대한 관심과 준비 정도를 보여줄 수 있는 중요한 자료예요. 이 항목을 통해 학생이 해당 분야를 얼마나 능동적으로 탐색했는지, 얼마나 다양한 경험을 쌓아왔는지를 살펴보게 됩니다. 또 하나 기억해야 할 점은, 진로와 직접적으로 연결되지 않은 과목의 세특이라고 해도 평가에서 제외되는 건 아니라는 점이에요. 오히려 그 과목의 활동이나 태도가 다른 항목과 연결된다면, 그 흐름을 통해 학생의 진로 준비 과정을 더 풍부하게 이해할 수 있어요. 즉, 기록된 모든 과목의 세특이 항목 간 연계성을 바탕으로 종합적으로 평가된다는 뜻입니다.

4. 기재 방식보다 중요한 건 '개별성'

학생부에 어떤 활동을 어떻게 기록할지는 학교나 교사에 따라 다를 수 있어요. 어떤 경우에는 학생의 중요한 활동 몇 가지를 중심으로 과정 중심으로 기록할 수도 있고, 또는 학생이 참여한 다양한 활동들을 폭넓게 보여주는 방식도 가능해요. 두 방식 모두 충분히 의미 있고, 어느 쪽이 더 낫다고 단정할 수는 없습니다. 하지만 이 모든 방식에서 가장 중요한 기준은 바로 '개별화'예요. 학생부를 읽는 입학사정관이 이 학생만의 특성을 명확히 이해할 수 있어야 하며, 활동의 내용이나 태도, 의미 등이 개인적으로 드러나야 해요. 결국, 기재 방식보다 중요한 건 학생만의 색깔이 드러나 있는가예요.

5. 특정 과목의 낮은 성적 ≠ 불이익

특정 과목 성적이 낮다고 해서 무조건 불이익을 받는 건 아니에요. 외대는 학생의 학업역량을 평가할 때 단순히 점수만 보지 않고 원점수, 성취도, 과목 평균과 표준편차, 이수 인원 등 여러 요소를 함께 함께 고려합니다. 여기에 더해 다른 과목과의 성적 편차, 그리고 세부능력 및 특기사항에 담긴 내용까지 모든 항목을 정성적으로, 종합적으로 고려해요. 그렇기 때문에, 어떤 한 과목의 성적이나 이수 여부만으로 합격 여부가 결정되진 않습니다. 또한 자연계열의 경우 과목 간 위계가 어느 정도 명확한 편이지만, 인문계열에서는 그런 위계가 모호한 편이기 때문에 각 고교의 교육과정 편성표까지 함께 살펴보면서, 그 학생이 속한 교육 환경 전체를 고려해 평가하고 있어요.

6. 학업역량은 종합적 평가, 진로역량은 넓은 범주로 평가

학업역량 평가의 경우, 학업성취도, 학업태도, 탐구력 등을 평가합니다. 기본적으로 국어, 수학, 영어, 사회, 과학 등 대학 수학에 필요한 핵심 교과목의 교과성적은 적절하지, 그 외 다른 교과들과의 성적 편차는 없는지, 특정 과목을 유난히 소홀히 하지 않았는지 등을 종합적으로 평가해요. 여기에 학업에 임하는 태도, 탐구력, 자기주도성, 문제해결력같은 요소도 함께 살펴봅니다.

예를 들어, 코로나19처럼 예기치 않은 상황에서 사회적 문제에 관심을 갖고 해결하려는 의지와 노력, 성과물등이 문제해결력의 사례가 될 수 있어요.

진로역량 평가에서는 전공(계열)과 관련된 교과 이수 노력과 성취도, 진로 탐색 활동의 경험을 통해 진로 및 계열에 관한 탐색 노력과 준비 정도를 평가합니다. 예를 들어, 공동교육과정, 온라인수업, 소인수 과목등의 이수를 통해 전공(계열) 관련 과목을 적극적으로 이수하려는 노력은 높이 평가받을 수 있어요. 특히 외대는 진로역량은 계열을 고려하여 폭넓은 범주로 평가합니다. 예를 들어, 언어계열을 지원한 학생의 생활기록부가 상경계열 중심으로 작성되어 있더라도, 언어에 대한 기본적인 적성과 소질이 드러난다면 진로역량에서도 충분히 좋은 평가를 받을 수 있어요. 왜냐하면 언어를 전공한 후에 진로를 상경계열로 확장할 수도 있기 때문이에요. 즉, 외대는 '지금까지 뭘 했느냐'도 중요하지만, '앞으로 뭘 할 수 있느냐'라는 가능성까지 열어두고 넓은 범주로 진로역량을 평가하고 있습니다.

7. 전형의 성격에 따라 나에게 맞는 전략 선택하기

한국외대의 학생부종합전형은 '면접형', 'SW인재', '서류형', '기회균형전형'으로 운영되고 있어요. 이 중 '면접형'과 'SW인재' 전형은 2단계 면접 평가 반영 비율이 작년에 비해 10% 상승했기 때문에, 상대적으로 면접의 중요도가 더 커졌습니다.

면접을 왜 볼까요? 면접평가를 실시하는 이유는 여러분이 제출한 서류를 바탕으로 활동 내용을 심층적으로 확인하고, 이를 통해 역량과 진정성, 다양한 모습을 평가합니다. 그러니 면접은 나를 더 잘 보여줄 수 있는 '추가 기회'라고 생각하면 됩니다. 제출서류 기반의 면접이므로, 본인의 활동에 대해 정확하게 설명할 수 있도록 미리 준비해두고, 면접 시간이 길지 않다는 점을 고려해 핵심을 간결하게 전달하는 연습도 꼭 필요해요.

반면 '서류형'과 '기회균형전형'은 면접 없이 서류 100%로 일괄 선발이 이뤄집니다. 그래서 학업역량에 자신이 있는 학생이라면 '서류형' 전형이 적합할 수 있고, 진로와 관련한 활동들이 학생부에 잘 드러나는 학생이라면 '면접형'이나 'SW인재' 전형도 좋은 선택이 될 수 있습니다.

물론, 면접형이 서류형보다 교과 성적이 조금 낮은 경향은 있지만, 실제로는 그 차이가 크게 의미 있는 수준은 아니에요. 중요한 건 각 전형이 강조하는 요소에 내가 가진 강점이 얼마나 잘 맞느냐예요. 나에게 유리한 전형을 잘 선택하는 것이 곧 좋은 결과로 이어질 수 있습니다.

서울시립대 학생부종합전형의 가장 핵심은 '인재상'입니다.

학교 홈페이지에 모집단위별로도 구체적인 인재상을 별도로 제시하고 있어요. 그렇기 때문에 서울시립대를 목표로 한다면, 학교 홈페이지에 들어가서 내가 지원하려는 모집단위의 인재상이 무엇인지 꼭 꼼꼼히 확인하는 것이 중요합니다. 내가 가진 역량이 그 인재상과 얼마나 잘 맞는지 스스로 점검해보는 거죠. 또 하나 중요한 포인트는 입결입니다. 서울시립대는 특이하게도 매년 고교 유형별(예: 일반고, 자사고, 특목고 등) 입시 결과를 따로 발표하고 있어요. 그래서 단순히 전체 평균만 보고 판단하기보다는, 여러분이 다니는 고등학교의 유형에 맞는 입결 자료를 함께 살펴봐야 보다 정확한 판단이 가능합니다. 동일한 합격선 수치라 해도 고교 유형에 따라 결과가 다를 수 있기 때문입니다. 이런 자료를 잘 참고해서 나에게 맞는 지원 전략을 세우는 것이 매우 중요해요.

1. 시립대 합격의 핵심, '모집단위별 인재상'

서울시립대 학생부종합전형의 가장 큰 특징은 '모집단위별 인재상'에 부합하는 인재를 선발한다는 점이에요. 단순히 전반적인 역량만 보는 것이 아니라, 각 학과(모집단위)가 어떤 학생을 원하는지를 아주 구체적으로 제시해두었어요. 그래서 전형 요강 지원자격에서도 '모집단위별 인재상에 부합하는 인재'라고 분명히 밝히고 있을 정도로 중요한 특징입니다.

여기서 말하는 '모집단위별(학부·과) 인재상'이란, 학생부종합전형의 평가 항목인 학업역량, 잠재역량, 사회역량을 각 모집단위에 맞게 구체적으로 설명한 것입니다. 즉, 이 인재상이 곧 각 모집단위의 실제 평가 기준이 됩니다.

서울시립대에 지원하고 싶다면, 무조건! 내가 지원하려는 모집단위(학부·과)의 인재상이 무엇인지 하나하나 꼼꼼히 확인해봐야 해요. 그리고 내 학생부와 활동이 그 인재상과 잘 맞는지 점검해보는 것도 꼭 필요하겠죠. 이건 단순한 팁이 아니라, 서울시립대 합격을 위한 '전략의 시작점'이에요.

2. 인재상 기준으로 '성실한 성장 과정'을 평가해요

앞서 말씀드린 것처럼, 서울시립대 학종의 핵심은 모집단위별 인재상이에요. 이 인재상은 단순한 안내가 아니라, 실제 평가의 기준이 됩니다. 학업역량, 잠재역량, 사회역량 이 세 가지 요소를 각 학과에 맞게 구체적으로 설명해 놓은 것이 인재상이고, 평가도 바로 이 기준을 중심으로 이루어져요.

그런데 최근엔 비교과 영역이 축소되거나 아예 반영되지 않는 항목도 많아졌기 때문에 서울시립대는 세부능력 및 특기사항(세특)에 초점을 두고 평가하고 있습니다. 이 전형에서 평가하고자 하는 건 결국, 고등학교 3년 동안 자신의 진로에 필요한 역량을 함양하기 위해 얼마나 성실하게 노력했는가예요. 여기서 말하는 '성실'은 단순히 착한 학생이라는 의미가 아니에요. 학업 성취도가 우수하고, 관심 분야에 대해 깊이 있게 탐색하고 참여해 온 학생을 의미해요.

시립대가 찾는 '우수한 학업 성취를 이룬 학생'은 내가 어떤 진로를 희망했고, 그걸 위해 어떤 고민을 했고, 그 고민을 교과나 비교과 활동 전반에서 어떤 주도적인 활동을 통해 보여주고 어떻게 노력했는지 그 과정이 잘 보이는 학생입니다.

3. 세특 기록, '무엇을 어떻게 배웠는지'가 중요해요

세부능력 및 특기사항(세특)을 통해 평가자가 보고자 하는 건 해당 과목에서 무엇을 배우고, 어느 정도 성취했으며, 얼마나 주도적인 태도로 학습에 참여했는지를 확인하는 것입니다. 단순히 진로와 연계된 내용이 있다고 해서 좋은 평가를 받는게 아니에요. 예를 들어, 과목의 성격과 전혀 맞지 않는 전공 적합성 내용이 적혀 있다거나, 일반적인 활동만 나열된 세특은 좋은 평가로 이어지기 어렵습니다. 중요한 것은 해당 과목의 목표와 성취 기준을 잘 따라갔는지, 그 과정 속에서 주도적인 학습태도로 어떤 진로 관심사를 키워나갔는지가 조화롭게 드러나는 게 중요해요. 애써 진로와 억지로 연결시키려 하기보다는, 평소 수업을 성실하게 듣고, 꾸준히 학습하며 학업 전반에서 자기 관심 분야를 일관성 있고, 지속적으로 발전시켜 온 과정이 잘 드러나는 기록이 평가에 더 긍정적인 영향을 미친다는 점을 기억해두세요.

4. 많이 했다는 것보다 '어떻게 발전시켰는지'가 중요

서울시립대는 단순히 다양한 활동을 많이 했다고 해서 높은 평가를 주지는 않아요. 활동의 '숫자'보다는 깊이와 확장성에 초점을 맞춰 평가합니다.

예를 들어, 활동이 몇 개 없더라도 자신의 진로와 적성을 계발하기 위해 어떤 과정을 거쳤는지, 그리고 그 활동을 어떻게 심화하고 확장해 나갔는지가 잘 드러난다면 좋은 평가를 받을 수 있어요.

입학사정관들이 실제로 가장 주목하는 건 활동의 양이 아니라 관심 분야를 얼마나 깊이 있게 탐구했는가가 내용의 심화 입니다.

5. 성적은 '미흡함의 정도'에 따라 평가가 달라질 수 있어요

서울시립대 학생부종합전형에서는 특정 과목의 성적이 낮다고 해서 무조건 불이익을 받는 건 아니에요. 다만, 성취도의 수준과 그 차이가 평가에 영향을 줄 수는 있습니다. 예를 들어, 전체적으로 성취도가 높은 학생이 한두 과목에서 '보통' 수준의 성취도를 보이는 것과, '미흡' 수준의 성취도를 보이는 것은 분명 다르게 받아들여져요. 이 차이는 결국 노력의 차이로 해석되기 때문입니다.

물론 모든 과목에서 우수한 성취도를 얻는 건 쉽지 않다는 점은 평가자도 충분히 알고 있어요. 그래서 몇몇 과목의 성취도가 다소 낮다고 해도, 전반적으로 우수한 흐름이 있다면 불리하게 평가하지 않아요. 하지만 어떤 과목에서 성적이 현저히 낮다면 그 이유가 노력 부족으로 평가에 영향을 줄 수 있습니다.

또한, 선택 과목의 위계와 이수 여부도 중요한 평가 요소예요. 예를 들어, 경제나 경영학과를 지망하는 학생이라면 전공 이해를 위해 미적분을 이수하면 좋지만, 학교 여건상 선택하지 못하는 경우도 있기 때문에 실제 합격생들의 미적분 이수 비율은 10% 미만으로 낮게 나타났어요. 선택 과목을 평가할 때는 그 과목이 교육과정 위계에 맞게 선택되었는지 확인하고, 세부능력 및 특기사항을 통해 성취 수준과 참여 정도를 함께 보면서 평가합니다. 평가자 입장에서는 여러분이 위계에 맞지 않게 선택한 경우, 그 과목을 제대로 성취한건지, 배워야 할 수준보다 낮은 수준의 내용을 배운건 아닌지 선택 과목에 대한 신뢰도가 떨어질수 있어요.

결론적으로, 단순히 심화과목, 고급과목을 이수했다는 사실 하나만으로 좋은 평가를 받는 건 아니고, 해당 과목에서 얼마나 충실히 학습했고 성취를 이뤘는지, 즉 내용과 과정의 신뢰성이 핵심입니다.

6. 실제 합격 사례로 본 인재상과 평가 포인트

2023학년도 서울시립대 세무학과에 합격한 한 학생의 사례를 통해 전형의 실제 평가 방식을 살펴볼 수 있어요. 이 학생은 서울 지역 일반고 재학생이었고, 전 과목 평균 2.14 등급, 주요과목(국·영·수·사) 평균 2.05 등급으로 전반적인 학업 성취도가 우수했어요. 다만, 수학 교과의 성취도는 다른 교과에 비해 상대적으로 낮았지만 다른 교과 성취도는 전반적으로 높았습니다. 또한, 경제 수학 성취도는 B였지만 성취도 분포율과 세특 기록을 통해 관심과 탐구 의지를 확인할 수 있었어요. 이 학생은 세무학과 인재상 중 학업 역량인 '기초 및 탐구영역 교과의 성취도가 우수하고 자기주도적 학습 능력을 갖춘 학생'과 잘 부합된다고 평가되었습니다. 뿐만 아니라 잠재역량 평가에서도 긍정적인 평가를 받았는데요, 다양한 과목을 이수했고, 경제·경영·세무 분야에 대한 관심과 융합적 사고력이 관련 세특에 잘 드러나 있었어요. 특히 다양한 법이나 경영 정책에 대해 딜레마 상황을 해결하려는 노력과, 그 과정에서 주장을 뒷받침하기 위한 근거를 다양하게 융합하고 재구성하는 역량이 눈에 띄었습니다. 여기에 더해 폭넓고 꾸준한 독서 활동도 강점으로 작용했어요. 독서 분야가 특정 주제에 국한되지 않고 다양했기 때문에, 학문 간 융합적 사고와 통합적 관점에서 긍정적인 평가를 받았습니다. 이는 세무학과가 추구하는 잠재역량 중 하나인 '통합적 사고 능력을 바탕으로 융합 학문에 대한 이해를 통하여 새로운 가치를 창출하려는 학생'이라는 인재상과도 정확히 맞아떨어졌어요.

이처럼 시립대의 평가 방식은 단순한 성적 수치만이 아니라 과목별 세특, 관심사, 탐구 과정, 학습의 깊이와 넓이까지 종합적으로 반영되고 있으니 인재상과의 부합 여부가 평가의 핵심이라는 점을 꼭 기억하세요.

입학사정관의
말말말

이화여대 편

이화여대, 여학생이라면 반드시 고려해봐야 해요!

이화여대는 여학생이라면 꼭 6개 대학 중 하나로 고려해보길 권합니다. 남학생들과의 경쟁이 없다 보니, 특히 자연계열에서는 이화여대만 학생을 불러주는 일이 꽤 많아요. 여대에 대한 부정적인 인식이 일부 존재하는 것도 사실이지만, 개인적으로는 '성 갈등'이라는 건 일시적이라고 생각합니다. 몇몇 학생의 좁은 가치관이 크게 비춰지는 것 뿐이니까요. 그게 이화여대의 전부라고 오해하지 말아 주세요. 이화여대의 실제 입시를 보면, 전공적합성보다는 심화 학업역량을 더 중요하게 평가하는 경향이 있어요. '똑똑한 여학생'을 선발하려는 학교의 의지가 느껴집니다.

1. 평가요소 비율과 기준은 3 : 4 : 3

이화여대 학생부종합전형의 평가요소는 학업역량 : 학교활동의 우수성 : 발전가능성 = 3 : 4 : 3의 비율로 반영됩니다.

학업역량은 기초학업역량과 심화학업역량으로 나뉘고, 학교활동의 우수성은 지식탐구역량, 창의융합역량, 공존공감역량으로 평가되며, 발전가능성은 성실성과 성장 잠재력으로 구분해 평가해요. 이 세 가지 요소 모두 중요하며, 특정 항목에만 중점을 두는 방식은 아닙니다. 평가 기준에 대한 자세한 내용은 이화여대 입학처 홈페이지에 있는 '학생부위주전형 안내서'를 꼭 참고해보세요.

2. 전공적합성을 따로 평가하지 않음

이화여대는 평가요소나 항목 중에 '전공적합성'을 따로 두고 있지 않아요. 대신 각 평가항목에 따라 전반적인 계열적합성 정도는 함께 보는 방식입니다. 즉, 진로와 관련된 과목만 선택할 필요도 없고, 모든 과목의 세특에 진로와 연계된 내용이 들어가야 하는 것도 아닙니다. 평가요소 및 항목에 우수성이 드러난다면 좋은 평가를 받을 수 있어요.

3. 활동은 '개수'보다 '깊이'가 중요

활동을 많이 했다고 해서 무조건 좋은 평가를 받는 건 아니에요. 오히려 소수의 활동이라도 그 깊이와 심화 정도, 그리고 그 안에서 학생의 역량과 우수성이 얼마나 잘 드러났는지가 중요해요.

4. 한 과목 성적만으로 합격 당락이 결정 되지 않음

한 과목 성적만으로 당락이 결정되지 않아요. 이화여대는 성적 외에도 세부능력 및 특기사항과 같은 정성적 요소를 함께 확인하여 평가합니다. 다만, 특정 과목에 유난히 소홀해 보일 경우에는 '성실성' 항목에 영향을 줄 수 있다는 점은 유의해야 해요. 그리고 특정 교과목의 이수 여부나 위계의 적절성도 바로 점수로 직결되는 것이 아니라, 학생이 속한 교육과정편성표와 이수과목 목록을 바탕으로 해당 교과목의 세부능력 및 특기사항등을 확인하는 등 학생부를 종합적으로 평가하여 반영합니다.

5. 전공보다 계열적합성을 평가

고등학교 3년 동안 학생의 관심사나 진로가 바뀌는 건 자연스러운 일이기 때문에 이화여대는 전공적합성보다는 계열적합성을 평가하고 있으며, 계열적합성 또한 별도의 평가항목으로 배점을 두고 평가하지 않습니다. 다만, 학업역량, 학교활동의 우수성, 발전가능성을 평가할 때 크게는 인문계열/자연계열 정도의 계열적합성을 좁게는 단과대학 수준의 계열 적합성 정도가 반영 될 수 있어요.

6. 최저학력 기준 적용으로, 수능 준비 필수

이화여대는 평가요소나 항목 외에 특별히 중점을 두는 기준은 없어요. 평가요소 및 평가항목에서 우수성이 드러나는 학생이라면 누구든 좋은 평가를 받을 수 있습니다. 단, 학생부종합전형에서도 수능 최저학력 기준을 적용하고 있기 때문에 수능 준비도 꼭 필요해요!

입학사정관의
말말말

건국대 편

진로 내용만 가득한 학생부? 건국대에서는 오히려 마이너스일 수 있어요!

건국대 학생부종합전형은 가천대와는 평가 방식이 다릅니다. 특히 진로 관련 내용으로만 채워진 학생부는 메리트가 없다고 명확하게 이야기하고 있어요.

---

1. 세특, 진로 내용만 담기보단 '수업에서 보인 모습'이 중요

세부능력 및 특기사항(세특)에 진로 관련 내용만 잔뜩 기재되어 있다면, 정작 그 과목에서 학생이 무엇을 배우고 어떤 역량을 키웠는지 확인하기 어렵습니다. 건국대에서는 진로 중심의 기재보다는, 수업 시간에 관찰된 학생의 관심, 흥미, 태도, 역량중심으로 작성되기를 희망하고 있어요. 물론 세특을 통해 진로 관련 역량을 보여주는 건 가능하지만, 그게 진로에 대한 이야기로만 도배되는 건 지양해야 합니다.

2. 나열식 활동내용은 지양

활동 내용을 단순히 줄줄이 나열한 형태로 기록한다면, 학생의 역량을 파악하기 어려워지므로 지양하는 것이 좋습니다.

3. 특정 과목만 소홀하면 불리

이수 과목 중에서 유난히 소홀한 과목이 있다면, 그건 평가에 반영됩니다. 건국대는 단순히 등급만으로 학업성취도를 평가하지 않아요.

- **과목별 이수자 수**
- **원점수**
- **평균**
- **표준편차** 등을 종합적으로 고려해요.

그래서 1학기 정도 성적이 낮은 건 큰 문제가 아니지만, 어떤 특정 과목이 다 과목 대비 지속적으로 저조한 성취를 보인다면 좋은 평가를 받기 어렵습니다.

4. 선택과목, '위계'가 중요

건국대는 단순히 고급이나 심화 과목을 이수했다고 해서 무조건 긍정적으로 평가하지 않아요. 먼저, 왜 위계와 맞지 않는 과목을 선택했는지부터 봅니다.

예를 들어 공동교육과정 때문인지, 학교 편성표 때문인지확인하고, 위계에 맞지 않는 선택과목의 성취도와 세특 내용, 그리고 관련 일반선택과목과의 성취 비교를 통해 평가에 반영해요.

입학사정관의
말 말 말
———
동국대 편

국대 학생부교과전형? 그냥 내신으로 뽑는 전형 아니에요!

동국대학교의 학생부교과전형(학교장추천인재전형)은 이름만 보면 교과전형처럼 보이지만, 실제로는 서류 30%를 포함한 종합평가형 전형입니다. 건국대나 경희대처럼 선택과목 위주로 평가하지 않고, 두드림 전형과 평가항목이 동일하다는 점! 그래서 단순히 '내신 낮으면 두드림, 높으면 교과전형'이라고 이분법적으로 나누면 곤란해요.

---

1. 동국대가 선발하고자 하는 인재는?

동국대는 "고교 교육과정을 바탕으로 자기주도적으로 진로를 설계하고, 학업역량과 전공적합성이 우수한 학생"을 원하고 있습니다. 그래서 학생부교과전형(학교장추천인재전형)에도 서류평가 30%가 포함되어 있고, 이 서류 평가 항목 및 방법도 학생부종합전형과 동일해요. 다만, 평가항목별 배점에 따른 차이가 있습니다.전공적합성은 물론 중요하지만, 동국대학교에서 요구하는 전공적합성은 고등학교 교육을 통해 충분하며, 고교생이 받아들일 수 있는 수준이면 됩니다. 다만, 전공적합성에만 지나치게 치우치는 경우 오히려 학업역량이나 인성, 사회성 영역에서 역량을 확인하기 어려운 경우도 있습니다. 따라서 전체적인 영역에서 학교생활을 성실하게 하는게 좋아요.

2. 전형별 평가 비중 차이

- **학생부 종합전형(Do Dream 전형 포함): 전공적합성 50%**
- **학생부 교과전형(학교장추천인재전형): 학업역량 50%**

전형별로 가장 비중을 두는 평가 항목이 다르기 때문에 본인의 강점에 맞는 전형 선택이 중요합니다.

3. 평가항목을 세특과 연계해서 평가

세부능력 및 특기사항은 진로 관련 과목만 평가하는 게 아닙니다. 전공적합성은 전공 관련 교과 세특과 연결해 평가하고, 학업역량은 국어, 수학, 영어 등 기초교과중심으로 기초학업역량을 바탕으로 '기초학업역량'을, 주도적인 과목 선택과 수업 참여, 비주요 교과의 성취는 '학습의 주도성'영역에서 평가해요. 이 모든 걸 세특과 연계해서 종합적으로 평가하기 때문에 세특을 진로 과목만 평가한다고 오해하면 안됩니다.

4. 행동특성 및 종합의견도 중요

행동특성 및 종합의견은 담임교사가 학생을 전반적으로 평가한 내용이라서 대학 평가자가 학생을 종합적으로 이해하는 자료로 활용됩니다. 특히, 교과·비교과에서 드러나기 어려운 개별적 특성이 잘 나타나는 항목으로 학생의 인성, 성실성, 사회성, 학습 태도, 성장 가능성 등을 종합적으로 평가할 수 있어요. 다만, 행동특성 한 부분만을 근거로 평가하진 않고, 기재된 내용을 바탕으로 창의적 체험활동, 세부능력 및 특기사항 등 다른 항목과 함께 연계해서 종합적으로 학생의 이미지를 구체화 합니다.

5. '수학' 영역을 전공 관련 교과로 설정한 상경계열 6개 학과

사회과학대학 및 경영대학 중 상경계열 6개 학과(경제학과, 국제통상학과, 식품산업관리학과, 경영학과, 회계학과, 경영정보학과 등)는 '수학' 영역을 전공 관련 교과로 설정했습니다. 이 학과들을 제외한 인문계열에서도 '미적분', '경제', '경제수학' 같은 과목의 이수 여부는 확인해 보시길 바랍니다.

특히 자연계열은 학문의 특성상 과목 간 위계가 명확하기 때문에, 위계에 맞는 과목 선택이 매우 중요합니다. 인문, 자연계열 모두 선택과목의 과목명만 중요한 것이 아니라, 그 과목이 학생에게 유의미했고 성장을 가져다준 과목이었는지가 중요하기 때문에 단순히 선택했다는 사실 자체보다는, 그 과목을 통해 무엇을 얻었는지가 평가 포인트가 됩니다.

6. 위계에 맞는 선택과목을 이수로 기초를 탄탄히

간혹, 일반선택이나 진로선택 과목을 이수할 수 있었음에도 불구하고 전문교과를 선택한 경우, 학생이 해당 내용을 충분히 이해하고 성취했는지를 파악하기 어려울 수 있습니다. 이런 경우 세부능력 및 특기사항 및 인접교과에서 학생이 전문교과를 수강할 만한 수준인지 성취수준을 연계해서 평가합니다.

하지만 무엇보다 중요한 건, 위계에 맞는 선택과목을 이수하며 기초를 탄탄히 다지는 것입니다. 기초가 부족한 상태에서 고급 또는 특화된 과목을 수강하면 오히려 성취 수준에 대한 신뢰도가 낮아질 수 있기 때문이에요.

7. 학생부교과전형, 교과 100%가 아님!

동국대의 학생부교과전형은 수능최저학력기준이 없고, 교과 성적 70% + 서류평가 30%로 이루어져 있습니다. 즉, 이 전형은 '교과 100%'가 아니기 때문에 학생부종합전형의 특징을 가지고 있음을 이해하는 게 중요해요. 반영되는 교과는 상위 10과목의 성적이라서 학생부 교과 정량 70%의 지원자간 변별력은 낮으며, 학생부 서류 경쟁력이 얼마나 갖추어졌는지가 당락에 중요한 영향을 미칩니다.

서류평가는 Do Dream 학생부 전형과 동일한 방식으로 진행되며, 평가항목도 동일하나, 가장 배점이 높은 항목에는 차이가 있기 때문에 자신의 강점이 잘 드러날 수 있는 전형을 선택하는 것이 유리합니다.

입학사정관의 말·말·말 ━ 홍익대 편

홍익대 학생부종합전형은 수능최저학력기준이 높은 편이고 면접이 없기 때문에, 일반적으로 2등급 이내의 내신을 갖춰야 합격 가능성이 있습니다.

홍보활동이 거의 없는 학교이기 때문에 입학사정관의 정보가 부족한 점은 아쉬운 부분이에요. 결국 입결 외에 파악 할 수 있는 정보가 적어 내신 성적과 수능 최저 가능 여부 중심으로 지원을 고민하는 경우가 많습니다. 입학사정관의 말.말.말. 편에서도 가장 적은 내용이라 아쉬운점이 많아요.

1. 학생부종합전형의 서류평가는 네 가지, 정성적·종합적으로 평가

홍익대 학생부종합전형의 서류평가 항목은 다음과 같이 구성되어 있어요.

- **학업역량 25%**
- **전공(계열)적합성 30%**
- **발전가능성 30%**
- **인성 15%**

이 요소를 어느 한 부분에서만 평가하는 것이 아니라, 종합적으로 평가하는 전형입니다.

2. 전공 역량과 발전 가능성 중심 평가

홍익대는 전공(계열) 역량과 발전 가능성이 높은 학생을 우수하게 평가하고 있어요. 특히, 주도적이고 적극적으로 학교생활에 임했던 학생, 그리고 지원한 전공(계열)과 진로에 대해 꾸준히 관심을 가지고 노력해 온 학생이라면 더 좋은 평가를 받을 수 있습니다.

3. 세특을 통해 드러나는 진로 탐색과 학교생활의 태도

진로 탐색을 위한 노력과 경험은 진로와 연계된 과목의 세부능력 및 특기사항을 통해 확인할 수 있어요. 또한 진로와 직접적인 연계가 없는 과목이라 하더라도, 해당 과목의 세특에서는 학교생활에 얼마나 충실했는지, 또 얼마나 적극적으로 참여했는지 등의 태도를 확인할 수 있습니다.

4. 활동의 양보다 과정과 느낀 점이 더 중요

단순히 많은 활동을 나열하는 것보다는, 중요한 활동을 하면서 어떤 노력을 했는지, 그리고 그 과정에서 무엇을 느꼈는지를 보여주는 것이 더 좋아요.

5. 단순한 등급보다 과목의 특성과 상황을 함께

단순히 성적(등급)만 보고 판단하지는 않습니다. 이수자 수나 표준편차 같은 요소들도 함께 고려해서 평가해요. 예를 들어, 이수자 수가 적고 표준편차가 작은 과목은 등급 받기 어렵다는 걸 잘 알고 있습니다. 또, 특정 학과 학생들의 미적분 이수 비율은 명확히 확인하기 어려운 부분이고, 위계에 맞지 않는 선택과목을 들었다고 해서 그게 바로 가점이나 감점으로 이어지지는 않습니다.

6. 학업역량은 성적의 흐름과 태도를 함께

학업역량을 평가할 때는 단순히 한 번의 성적이 아닌, 학업성취도, 교과성적 추이, 학업태도와 학업의지를 함께 봅니다. 예를 들어, 1학년 1학기 성적이 다소 좋지 않았더라도 이후에 꾸준히 성적이 상승했다면 긍정적으로 평가되고, 반대로 지속적으로 하락한 경우는 부정적으로 평가될 수 있어요. 또한, 계열적합성 정도로 이해하는 게 적절하며 고등학교 교육과정이나 수준을 대학교 전공의 적합성과 직접적으로 연결해 평가하지는 않습니다.

입학사정관의
말 말 말

국민대 편

프런티어 전형과 학교생활우수자전형의 평가 배점은 유의미하게 살펴볼 필요가 있습니다.

전공적합성의 배점은 오히려 학교생활우수자전형이 더 높고, 자기주도성과 발전가능성은 프런티어 전형에서 더 높은 배점을 가지고 있어요. 그래서 자기주도성과 발전가능성에 해당하는 세부 평가 항목을 잘 확인해보고 자신에게 더 맞는 전형이 어떤것인지 고민해보세요.

1. 전형별 평가항목 배점 변화와 전공잠재력 평가 기준

국민대학교 학생부종합전형은 2024학년도부터 국민프런티어전형과 학교생활우수자전형의 평가 배점에 변화가 있습니다. 기존에는 전형 간 면접 유무에 따라 차이를 두었는데요, 2024학년도부터는 평가 항목의 배점에 차이를 주어서 각 전형의 특성을 잘 살릴 수 있도록 변경했습니다. 2024학년도 기준 서류평가 항목 중 '전공잠재력'의 경우, 국민프런티어전형에서는 25점, 학교생활우수자전형에서는 35점으로 배점되어 있습니다. 여기서 전공잠재력은 학생이 고등학교 생활 중 진로 탐색을 위해 얼마나 노력했는지, 그리고 그 과정에서 어떤 성과를 냈는지를 평가하고자 하는 항목이에요. 진로선택과목이나 세부능력 및 특기사항 등을 통해 이를 확인 하며, 꼭 성과가 좋아야만 좋은 평가를 받는 건 아닙니다. 실패했더라도 그 과정에서 보여준 노력을 평가해요. 또한, 지원한 학과나 계열의 특성에 비추어 봤을 때, 그에 맞는 역량을 충분히 갖추고 있는지도 함께 평가하고 있습니다.

2. 활동의 양보다 교과 역량과 세특이 중요

단순하게 관련 활동을 많이 한다고 해서 무조건 좋은 점수를 받는 것은 아닙니다. 요즘은 평가 자료가 점점 부족해지는 추세라 내신의 비중과 중요도가 높아지고 있는 건 사실이에요. 그렇다고 해서 성적만 보는 건 아닙니다. 교과 역량과 성적, 그리고 과목별 세부능력 및 특기사항의 중요성이 더욱 강조되고 있어요.

3. 세특 연결보다 성취기준 이수가 중요

최근에는 과목별 세부능력 및 특기사항을 진로와 무리하게 연결하려는 경우가 종종 있는데요, 사실 그런 연결보다는 각 교과마다 설정된 성취기준을 학생이 얼마나 이수했는지가 훨씬 중요하다고 판단됩니다. 그래서 세특을 쓸 때도 굳이 억지로 진로랑 연결하려 하기보다는, 그 과목에서 어떤 이수 과정을 거쳤고, 어떤 결과를 냈는지, 혹시 실패한 부분이 있더라도 그걸 어떻게 개선해 나갔는지를 보여주는 게 더 좋습니다. 결국은 여러분이 성취기준에 따라 얼마나 학업능력을 갖추고 있는지가 잘 드러나야 하고요, 그 외에 진로에 대한 관심과 노력도 함께 풀어주면 좋겠습니다.

4. 활동의 '양'보다는 '과정과 의미'가 중요

활동을 많이 했다고 해서 무조건 좋은 점수를 받는 건 아닙니다. 여러분이 한 활동을 진로나 해당 과목에 맞추어, 다양한 활동을 나열하기보다는 중요하고 두드러진 활동에 대해 어떤 과정을 거쳤는지 그 과정부터 함께 보여주는 것이 중요해요. 이런 방식은 여러분을 각 영역별로 평가하고 이해하는데 훨씬 도움이 됩니다.

5. 특정 과목만 보는 것이 아닌, 생활기록부 전체가 평가 대상

학생부종합전형이기 때문에 특정 과목만 따로 떼어 보는 것이 아니라, 고등학교 생활기록부 전체를 대학별 평가 항목에 맞춰 종합적으로 평가하고 있습니다. 경제, 경영학과에 지원하는 학생들에게 수학 과목이 중요할 수는 있으나, 그렇다고 해서 그게 합격자의 결정적인 원인은 아니에요.

새롭게 도입된 '숭실역량'과 인재상 평가

숭실대 평가 항목이 바뀌었습니다. 특히 인재상이 새롭게 추가되었는데요, 모집 단위마다의 숭실역량 평가에 대해서는 숭실대 입학처 홈페이지에 나와 있으니 꼭 참조하시기 바랍니다. 그 중 '창의역량'은 문제해결력과 자기주도성을 의미하고, '융합역량'은 간학문적인 역량을 말합니다. 문제는 숭실대를 지원하는 학생 중 이러한 창의역량과 융합역량을 학생부에 드러내는 학생이 얼마나 될까? 라는 점인데요. 그렇다 보니, 이 부분이 잘 드러난다면 숭실대 서류평가에서 매우 유리할 수 있습니다.

1. 학업역량, 활동역량, 잠재역량
→ 학업, 진로, 숭실역량 평가로 변경

숭실대학교 학생부종합전형 평가 요소에 변화가 생겼습니다. 학업역량, 활동역량, 잠재역량 평가에서→ 학업, 진로, 숭실역량 평가로 변경된 것 입니다.

학생에게 전공 맞춤형 활동의 부담을 덜어주기 위해 활동역량 평가가 진로역량 평가로 바뀌었으며, 진로역량 평가는 전공(계열)적합성, 진로탐색 노력, 선택과목 적절성 및 성취수준을 평가해요. 진로탐색 노력 평가에서는, 꼭 전공(계열)과 관련된 활동이 아니더라도 활동적으로 진로를 탐색해온 학생이라면 충분히 우수한 평가를 받을 수 있습니다.

잠재역량 평가는 숭실역량 평가로 바뀌었는데, 여기서 가장 비중이 큰 항목이 바로 '숭실 인재상 적합성'입니다. 이 항목은 기존의 발전가능성 평가의 연장선상에 있는 항목으로 지원 학과에서 요구하는 핵심역량을 갖췄는지를 중심으로 평가합니다. 각 학과에서 선발역량으로 선정한 핵심역량은 숭실대학교 입학처 홈페이지에 공개되어 있으니 지원자는 자신의 생활기록부에서 해당 역량이 잘 드러나는지를 미리 점검하고 지원할 수 있어 지원자가 스스로 평가를 예측할 수 있다는 장점이 있습니다.

2. 진로역량, 숭실대 평가의 핵심

서류평가에서 진로역량이 차지하는 비중은 무려 50%! 그만큼 숭실대에서는 평가 요소 중 진로역량을 가장 중요하게 보고 있습니다. 하지만 숭실대는 여러분에게 무리한 전공 맞춤형 활동을 요구하지 않으며, 고등학교 교육과정 안에서 학생 수준에서 할 수 있었던 교과와 비교과 활동을 통해 진로를 탐색해 온 학생이라면 충분히 우수하게 평가받을 수 있어요. 단순하게 관련 활동을 많이 한다고 해서 무조건 좋은 점수를 받는 것은 아닙니다. 요즘은 평가 자료가 점점 부족해지는 추세라 내신의 비중과 중요도가 높아지고 있는 건 사실이에요. 그렇다고 해서 성적만 보는 건 아닙니다. 교과 역량과 성적, 그리고 과목별 세부능력 및 특기사항의 중요성이 더욱 강조되고 있어요.

3. 세특, 모든 과목이 평가 대상입니다

세부능력 및 특기사항(세특)은 진로와 연계된 과목만 평가하는 것이 아닙니다. 숭실대는 모든 과목의 세특 내용을 평가 자료로 활용하고 있어요. 특히 수업 안에서 진로와 연계한 탐구 활동은 우수한 평가를 받을 수 있습니다. 하지만 주의할 점은 이수한 과목의 내용에 초첨을 맞추지 않고, 무리하게 진로와 연결시킨 진로 내용만을 강조한 세특 내용은 권장하지 않습니다.

결국 중요한 건 해당 과목에서 무엇을 배우고, 평가과제를 잘 수행했는지예요. 실제 수업과 활동에 기반하지 않은 억지스러운 진로 연결은 평가 과정에서 오히려 부정적인 인상을 줄 수 있으니 유의해야 합니다.

4. 과목별 성적 편차는 주의 깊게 검토

다른 과목에 비해 유달리 성적이 낮은 과목이 있다면, 지원 전공과 직접적인 관련이 없더라도 주의 깊게 검토합니다. 이때는 세부능력 및 특기사항(세특) 내용과도 면밀하게 대조해 보게 돼요. 특히 그 과목이 입학 후 전공 이수에 꼭 필요한 과목이라면, 아무래도 평가에 영향을 줄 수밖에 없습니다. 또한 자연계열의 경우엔 과목 간 위계도 면밀히 보고 있어요. 위계가 맞지 않는 과목 선택이라면, 학교의 교육편성표 때문인지 아니면 학생 개인의 선택이었는지까지 검토합니다. 이 부분은 면접에서도 자주 질문되는 요소라고 하니 꼭 준비하세요.

5. 무리한 전공 맞춤 활동은 필요 없음

숭실대는 학생부종합전형에서 전공(계열)적합성 평가를 실시한다고 이미 공지하고 있어요. 하지만 특정 전공에 과도하게 맞춘 활동을 강요하는 방식은 아닙니다. 오히려 무리한 전공 맞춤형 활동에 대한 부담을 주지 않기 위해 넓은 계열 내에서 관련된 교과·비교과 활동을 충실히 수행한 학생이 좋은 평가를 받을 수 있어요. 실제 사례를 하나 소개하자면, 작가를 꿈꾸던 한 영문과 합격생은 영어와 국어에서 우수한 학업 역량을 보였고 다른 과목에서도 글쓰기를 시도하려는 흔적이 잘 드러났습니다. 수업과 관련된 심화 독서 활동, 문학 동아리에서의 독서 및 글쓰기 노력, 그리고 전반적으로 수업에서는 학습 내용을 심화 발전해 나가는 모습이 공통적으로 보였어요. 교과 외 활동에서도 마찬가지였고요. 이러한 내용은 면접 질문을 통해 확인되었고 결국 최종 합격하였습니다.

6. '숭실인재상적합성평가' 도입!

올해부터는 숭실대 학생부종합전형 평가 항목에 '숭실인재상적합성평가'가 도입되었어요. 각 학과별로 어떤 역량을 선발 기준으로 삼을지를 입학사정센터 홈페이지에 공지하고 있는데, 지원자가 스스로 그 역량에 맞는지를 판단한 뒤 지원하도록 유도하는 평가 방식입니다.

그래서 숭실대 지원자라면 반드시! 입학사정센터 홈페이지에서 자신이 지원할 학과의 선발역량을 확인하고, 자신의 학생부 기록과 비교·검토한 후 지원하시길 바랍니다.

전형은 많고, 인원은 적고!

세종대는 수시 전형이 다양하게 운영되다 보니 전형별 모집인원이 매우 적습니다. 그래서 학생부종합전형의 입결은 참고만 하는 것이 좋다는 것이 입학사정관의 조언이에요. 무엇보다 중요한 건 전형별 평가 요소와 그 비율입니다. 서류형은 학업역량 중심, 면접형은 진로역량 중심으로 평가하기 때문에 자신의 학생부가 어떤 강점을 갖고 있는지에 따라 전형을 선택하는 것이 전략적으로 유리합니다.

1. 2024학년도부터 변경된 평가 요소

2024학년도부터 세종대 학생부종합전형은 다음 네 가지 역량을 중심으로 평가합니다:

- **학업역량(학업성취도, 학업태도, 탐구력)**
- **진로역량(전공(계열) 관련 교과 이수 노력, 성취도, 진로탐색 활동과 경험)**
- **창의융합역량(문제해결력, 리더십, 자기주도성)**
- **공동체역량(성실성, 규칙준수, 나눔과 배려, 협업과 소통 능력)**

이 중에서도 학업역량과 진로역량이 전체 평가의 65~70%를 차지해요. 하지만 각 세부전형의 인재상은 모두 다릅니다. 세종창의인재전형(서류형)경우 학업역량 우수인재, 세종창의인재전형(면접형)의 경우 진로역량 우수인재, 국방시스템공학 특별전형은 진로역량 우수인재, 기타 배려자 전형은 잠재역량 우수인재. 따라서 본인의 역량에 가장 잘 맞는 전형을 선택하는 것이 무엇보다 중요합니다.

2. 서류형 vs 면접형, 무엇이 유리할까?

세종대 학생부종합전형은 학업역량, 진로역량, 창의융합역량, 공동체역량을 평가 요소로 해서 종합평가를 실시하되, 크게 두 전형으로 분리하여 인재상에 맞는 학생을 선발하는것이 특징입니다.

- **세종창의인재전형-서류형**
  - → 학업역량 중심, 학교생활 전반이 우수한 학생에게 유리해요.
- **세종창의인재전형-면접형**
  - → 진로역량 중심, 진로(계열) 적합성이 우수한 학생에게 유리해요.
  - → 1단계 서류 100%, 3배수 선발 후 2단계 면접 30% 반영

→ 면접 평가비율: 진로역량 40%, 창의융합역량 35%, 공동체역량 25%

→ 창의소프트학부(디자인이노베이션 전공, 만화애니메이션텍 전공)는 제시문 기반 면접, 그 외는 서류

   기반 일반서류 기반 면접을 실시합니다.

- 특히 창의소프트학부는 면접 전 '전공적합성 관련 제시문 주제'를 읽고 답변 및 발표 자료를 준비할 수 있는 40분의 시간이 주어지기 때문에 전공적합성이 우수한 학생에게 유리한 전형입니다.

3. 진로와 연계되지 않은 과목도 중요

진로와 연계된 과목의 경우, 진로역량(전공(계열) 관련 교과 이수 노력, 해당 교과의 성취도, 그리고 진로 탐색 활동과 경험)에서 평가가 되는 반면, 진로와 직접적인 연계가 없는 과목이라면 학업역량(학업성취도, 학업태도, 탐구력), 창의융합역량(창의적 문제해결력, 리더십 및 자기주도성), 그리고 공동체역량(성실성 및 규칙준수, 나눔과 배려, 협업과 소통 능력)에서 평가가 이루어집니다.

참고로 세종대는 학생부 항목별로 따로 배점을 두지 않고, 학업·진로·창의융합·공동체역량이라는 네 가지 평가 요소를 기반으로 정량적, 정성적 평가를 함께 진행하는 종합평가(holistic approach)를 하고 있어요.

4. 학생부는 '입체적'으로 해석

세종대 학생부종합전형은 단순히 한두 가지 요소만 보는 게 아니에요. 학업역량, 진로역량, 창의융합역량, 공동체역량 등을 종합적으로 판단하기 위해, 학생부에 기록된 객관적인 사실과 주관적인 평가를 상호 보완적으로 해석해요. 이러한 해석을 통해 지원자를 다면적이고 입체적으로 이해하여 학생을 선발합니다. 그래서 어떤 학생에게나 적용될 수 있는 추상적인 내용보다는, 그 학생만의 역량을 보여줄 수 있는 구체적인 활동이 담겨 있어야 더 긍정적으로 평가될 수 있습니다. 학생부를 쓸 때는 "이 활동이 내 역량을 보여줄 수 있을까?"를 기준으로 생각해 보세요!

5. 성적과 과목 선택, 단순 비교보다 맥락이 중요

성적이 낮다고 해서 무조건 불리한 건 아니에요. 해당 과목의 성격이나 지원한 전형, 그리고 '성적이 낮다'는 정확히 어떤 의미인지에 따라 충분히 다르게 해석될 수 있습니다. 예를 들어, 학업역량 25%, 진로역량 45%가 반영되는 세종창의인재전형(면접형)으로 화학과에 지원한 학생이 전공(계열)과 직접적으로 관련되지 않은 국어, 영어 등 일부 과목의 성적이 다소 낮은 경우라면, 그 부족한 부분은 전공 관련 과목에서 충분히 보완될 수 있어요.

세종대 학생부종합전형에서는 교과 성적을 단순히 등급으로만 보지 않아요. 원점수, 평균, 표준편차, 이수자 수같은 여러 지표를 함께 보고 종합적으로 평가합니다. 그래서 '성적이 낮다'는 것도 절대적인 기준이 아니라, 다양한 요소를 반영해서 판단하게 됩니다.

또 하나, 많은 수험생이 궁금해하는 과목 선택에 대한 이야기도 있어요. 경제나 경영학과에 합격한 학생

들 중에서 미적분을 이수한 비율은 생각보다 높지 않습니다. 자연계열 학생들은 주로 미적분을 선택하지만, 경영·경제 계열 지원자들 중에는 경제수학이나 심화수학을 이수한 경우가 많았어요. 물론 위계에 맞지 않은 과목을 선택했다고 해서 반드시 불리하다고 말할 수는 없어요. 고등학교마다 교육과정이 다르고, 계열에 따라 선택 가능한 과목에도 제한이 있기 때문입니다. 하지만 과학이나 수학 같은 교과에서 명백히 위계에 어긋난 선택을 한 경우에는, 평가에 불리하게 작용할 수 있습니다. 그리고 흔히 오해하는 것 중 하나는 심화 과목을 들으면 무조건 유리하다는 생각이에요. 실제로는 그렇지 않습니다. 세종대는 일반선택 과목의 등급, 진로선택 과목의 성취도, 원점수, 평균, 표준편차, 이수자 수 등을 고려하여 평가하고 있기 때문에, 보통교과의 일반선택과목, 진로선택 과목 등 자신의 진로와 학업 흐름에 맞게 위계 있는 과목을 선택하는 것이 가장 좋은 전략입니다.

6. 전공적합성보다 넓은 개념, 진로역량으로 평가돼요

세종대 학생부종합전형에서 학업역량의 세부 평가 항목은 학업성취도, 학업태도, 탐구력입니다. 그리고 전공적합성의 세부 항목은 전공(계열) 관련 교과 이수 노력, 전공(계열) 관련 교과 성취도, 전공(계열) 관련 활동과 경험이에요.

예를 들어 물리천문학과에 지원한 학생이라면, 교과관련 측면에서 국어, 영어, 수학, 과학 전반의 성취 수준과 성적의 추이는 학업역량으로 평가되고 물리, 지학, 수학 등 전공 관련 교과의 이수 노력과 성취도는 전공적합성 항목에서 평가됩니다.

전공적합성 관련 비교과 측면에서는 진로를 탐색하면서 전공 관련 활동이나 경험을 깊이 있게 확장해 간 경우는 전공적합성이 높다고 판단돼요. 반면, 아직 탐색 단계에 머무른 경우는 그만큼의 준비 과정으로 평가되겠지요.

다만 2024학년도부터는 기존의 전공적합성보다 더 넓은 개념인 '진로역량'이 평가 기준으로 바뀌었습니다. 국어국문학과, 역사학과, 자연과학대학, 생명과학대학처럼 고등학교 교육과정 안에서 전공 관련 과목을 이수하거나 비교과 활동을 할 수 있는 학과는 전공적합성이 중요하게 평가되는 반면에 경영대학, 호텔관광대학, 공과대학, 소프트웨어융합대학 등은 일반 고등학교에서 전공과 직접 연결된 교과목이나 활동을 접하기 어렵기 때문에, 이 경우에는 계열적합성이 더 중요하게 평가됩니다. 즉, 내가 지원하는 학과에서 요구하는 적합성이 '전공 중심인지', '계열 중심인지'를 잘 파악하고 그에 맞는 학교생활 기록을 준비하는 것이 중요해요.

입학사정관의
말말말

광운대 편

학교 유형보다 '과목에서의 특별함'이 중요

광운대는 특목고나 자사고 학생을 선발하고 싶어도 실제로는 해당 유형의 지원자가 거의 없기 때문에, 학교 유형에 따른 유불리를 따로 고려하지는 않습니다.

오히려 중요한 건 학생이 한두 과목에서라도 뚜렷한 강점이나 특별함을 보여줄 수 있는지예요. 특정 과목에서의 두드러진 성취나 태도만으로도 합격이 가능한 학교입니다.

1. 교과와 교내 활동이 핵심

광운대 학생부종합전형에서는 교과학습발달 상황(학업 성취도와 세부능력 및 특기사항)과 창의적 체험활동(교내 활동)의 영향력이 실질적으로 가장 크게 작용합니다. 독서 활동은 이 두 영역 안에서 분산되어 기록되기 때문에, 충분히 평가가 가능해요. 그래서 중요한 건, 수업 안에서 독서나 토론 활동에 적극적으로 참여하는 태도입니다. 이런 활동을 통해 자신의 학업역량을 높이기 위한 노력을 꾸준히 보여주는 것, 그게 바로 좋은 평가로 이어질 수 있는 포인트예요.

2. 관심 전공계열이 생겼다면, 관련 교과 이수 도전이 중요

진로 관련된 분야를 탐색 중에 관심 있는 전공 계열이 생긴다면 성적이 걱정되더라도 도전의식을 가지고 관련 교과를 이수해보려는 노력이 필요합니다. 내신 등급(교과 성취도)이 낮을까 봐 시도조차 하지 않았다면, '진로역량' 평가에서 평가위원을 설득할 타당성이 부족하게 될 수 있어요.

물론 평가위원들은 단순히 이수 여부만 보는 게 아니에요. 지원자가 다닌 학교의 교육과정 단위 배당표(학년별, 학기별, 과목별 개설 현황)를 확인하고 고려하여 평가합니다. 그래서 학교가 과목을 개설하지 않아 이수하지 못한 경우와, 개설되었음에도 본인이 이수하지 않은 경우는 평가에서 다르게 해석됩니다. 또한, 학교에 개설되지 않았더라 진로와 관련된 듣고 싶은 과목을 공동교육과정, 소인수 과목, 온라인 수업등을 통해 스스로 학습하려는 노력을 보여준 경우 이런 자기주도적인 태도와 학습의지는 진로역량 평가에서 분명 좋은 평가를 받을 수 있습니다. 하지만 여기서 간과하면 안되는 부분은 이런 모든 노력이 공통과목과 일반선택과목을 기본적으로 충실히 이수한 기초 위에 이루어져야 한다는 점입니다. 그다음에야 자신의 진로 방향에 따라 진로선택과목을 얼마나 도전적으로 이수했는지가 평가의 핵심이 됩니다.

3. 특정 과목 성적이 낮은경우는 맥락에 따라 다르게 평가

특정 과목의 성적이 낮을 경우 '학업역량'과 '진로역량'에서 평가는 달라질수 있는데 광운대학교는 서류 평가 시 이 둘을 구분해서 평가하기 때문입니다.

먼저 '학업역량'에서는 전반적인 학업 성취도, 학업 발전 가능성, 그리고 성실한 학습 태도를 평가합니다. 그래서 마지막 학기까지 포기하지 않고 성실하게 노력한 자세가 중요합니다.

반면 '진로역량'에서는 지원자가 선택한 전공, 단과대학, 계열과 관련된 교과를 얼마나 노력해서 이수했는지, 그리고 그 과목에서의 성취도를 중심으로 평가가 이루어집니다.

예를 들어, 광운대학교 경영대학 경영학부 합격자들의 미적분 이수 비율은 5.6%로 다른 인문사회계열 모집단위와 비교해도, 교차지원 측면에서 특별히 유의미한 차이는 나타나지 않았습니다. 하지만 한 가지 눈에 띄는 점은 진로선택과목 중 '경제수학'을 이수한 비율은 39%로 꽤 높게 나타났다는 점이에요.

4. '전공적합성'과 '계열적합성'은 모두 '진로역량'에서

광운대학교는 학생의 '전공적합성'과 '계열적합성'을 별도로 평가하기보다는 모두 '진로역량' 안에서 통합해 평가하고 있어요.

두 요소 모두 중요하지만, 평가 방식에는 차이가 있습니다. 지원한 모집단위가 고등학교 교과와 직접적으로 연결된 경우라면, 그 학생이 해당 교과에서 어떻게 준비해 왔는지를 중심으로 '전공적합성' 측면에서 평가합니다. 반대로, 고등학교에서 직접 연계된 교과 없는 모집단위라면 보다 넓은 관점에서 '계열적합성' 중심으로 접근하게 됩니다.

입학사정관의 말·말·말

명지대 편

명지대학교는 한때 정보공개에 소극적인 이미지가 있었지만, 최근 재단 부도 위기설 이후 적극적으로 정보공개에 노력하고 있는 학교예요.

특히 눈에 띄는 건, 진로역량이 매우 우수한 경우 내신이 낮아도 합격하는 사례가 실제로 존재한다는 점입니다. 실제로 일반고 7등급 최초합, 특목고 8등급 최초합 사례도 있었다고 해요. (학과는 개인 정보 상 비공개)

1. 명지대 학생부종합전형 기본사항

명지대학교 학생부종합전형은 대학 교육과정을 이수할 만한 기초학력을 갖추고, 인성이 바르며 학교생활에 충실한 학생, 그리고 지원 전공에 대해 자기주도적으로 열정을 가진 학생을 선발하는 것에 중점을 둡니다.

전형은 크게 두 가지예요.

- **명지인재서류전형(서류형): 면접 없이 학교생활기록부 100%로 평가**
- **명지인재면접전형(면접형): 1단계에서 4배수 선발 후, 2단계에서 면접 진행**

전형에 따라 준비 방식이 달라지니, 자신에게 유리한 방식을 잘 선택하는 게 좋아요.

2. 같은 평가 항목, 다른 반영 비율, 전형별 전략이 중요

두 전형 모두 공통된 평가 항목은 인성, 학업역량, 전공적합성, 발전가능성으로 동일하지만, 반영 비율에는 차이가 있습니다.

인성 20%, 전공적합성 30%는 두 전형 모두 동일하지만, 서류전형은 학업역량 30%, 발전가능성 20%, 면접전형은 학업역량 20%, 발전가능성 30%로 구분돼요.

이 차이 때문에, 면접형은 학업역량 부분이 다소 부족하더라도 교내 활동을 통해 자기주도성과 도전정신을 잘 보여준 학생에게 유리하고, 서류형은 기초 학업역량이 탄탄한 학생이 더 좋은 평가를 받을 수 있습니다.

3. 활동은 '얼마나 많이 했는가'보다 '어떻게 연결되었는가'가 중요

교내외 활동은 학생이 성장하는데 분명 필요한 요소지만, 활동을 많이 했다고 해서 반드시 좋은 평가로 이어지는 건 아닙니다. 무엇보다 중요한 건, 그 활동들이 진로 설정에 어떤 영향을 주었는지, 또는 대학 전공 수업을 따라갈 수 있는 기초 역량으로 연결되었는지예요.

따라서 활동을 단순하게 나열하기보다는, 중요하고 두드러지는 활동을 중심으로 자신의 역량을 부각시켜 보여주는 것이 훨씬 더 효과적입니다. 이런 방식으로 정리된 기록이 평가자에게는 훨씬 인상 깊게 다가갈 수 있어요.

4. 특정 과목 성적이 낮아도 전체적인 흐름이 더 중요

어떤 특정 과목의 성적이 낮은 경우, 그 과목이 전공과 얼마나 관계있는 교과목인지 살펴볼 뿐만 아니라 학생의 성실성을 평가 하는데 있어 고려 됩니다.

명지대 학생부종합전형은 특정 과목만을 가지고 평가하지 않아요. 학교생활기록부 전체를 대학의 평가지표에 따라 종합적으로 평가합니다. 그래서 다른 영역에서 충분히 우수함이 드러난다면, 특정 과목의 낮은 성적이 합불을 좌우할 만큼 결정적인 요소가 되지는 않습니다.

입학사정관의
말말말

가천대 편

가천대학교는 전형별로 내신 등급에 따라 지원 전략이 나뉘는 대표적인 학교입니다.

내신 2등급대는 교과전형, 3등급대는 학생부종합전형, 4등급 이하는 논술전형으로 많이 지원해요. 이번 내용은 특히 3등급대 학생들에게 유용한 팁이 될 수 있습니다.

---

1. 성적보다 인성과 전공적합성이 더 중요

가천대 학생부종합전형의 가장 큰 특징은 평가요소에서 '인성'의 평가 비율이 매우 높고, 반대로 '학업역량'의 비율은 가장 낮다는 점입니다.

물론 학업역량 = 성취도라고 단정지을 수는 없지만, 학업역량의 반영 비율이 낮기 때문에 성적보다는 인성과 계열(전공)적합성의 영향력이 훨씬 크다고 할 수 있어요.

2. 세특이 핵심, 태도와 탐구 의지가 중요

가천대는 세부능력 및 특기사항(세특)을 매우 중요한 항목으로 평가합니다. 왜냐하면 학생이 수업 중 어떤 주제에 관심을 가졌고, 어떤 태도로 탐구하고 과제를 해결했는지를 통해 지원한 계열이나 모집단위에 대한 진정성 있는 관심을 확인할 수 있기 때문이에요.

수업에서 보여준 집중력, 흥미, 개념 이해, 탐구 열정, 그리고 학업 의지나 태도모두 세특에서 확인합니다. 심지어 진로와 직접적인 연관이 없더라도, 인성과 관련된 내용이 기록되어 있다면 평가에 충분히 반영돼요. 평가에 반영할 수 있는 내용이 있다면 진로와 관계가 있든 없든 모두 평가에 반영된다는 의미입니다.

3. 성적이 낮아도 '학업 의지와 노력', '학업태도'가 중요

특정 과목의 성적이 낮다고 해서 곧바로 불이익이 있는 건 아니에요. 가천대는 학생을 공부 기계가 아닌 '사람'으로 이해하고 평가합니다. 그렇기 때문에 특정 과목이 약할 수 있다는 것을 이해하고 있습니다. 그래서 성적이 낮은 과목이 있다면, 그 과목에서 학업태도에 문제가 있었는지,또는 학업 의지와 노력이 있었는지를 함께 확인해요. 특히 지원한 모집단위와 관련 있는 기초나 기반이 되는 과목이라면 학업 태도와 의지를 확인하고 약점을 극복하려는 시도나 태도가 있었는지를 살펴보고 평가에 반영하고 있습니다.

4. 경영·경제학과, 미적분 이수 ≠ 필수

가천대학교는 경제, 경영학과 합격생의 미적분 이수 비율에 대한 통계를 따로 내지 않습니다. 왜냐하면 수학 II 과목 안에 기초적인 미적분 개념이 포함되어 있기 때문이에요. 따라서 경영·경제계열에 지원한다고 해서 굳이 미적분을 꼭 이수해야 유리하다고 보지는 않습니다.

입학사정관의
말 말 말

———

아주대 편

아주대학교는 시립대처럼 '인재상'을 제시하고 있지만, 실제 전형에서 그 인재상에 따라 선발하는 것으로 보이지는 않습니다.
입학사정관 역시 인재상에 대해 강조하지 않고요. 다만, 아주대 입시설명회나 자료를 보면 한 가지는 분명하게 드러나요. 바로 '성실성'에 대한 강조입니다. 그래서 아주대에서는 '출결사항'이 매우 중요해요. 지각이라 해도 '미인정'으로 처리된 경우에는 평가에서 매우 불리하게 작용할 수 있다는 점을 꼭 기억해야 합니다.
또한, 아주대는 합격자의 최저 내신이 매우 낮은 학교 중 하나예요. 평균만 보고 지원을 결정하는 우를 범하지 않기를 바랍니다.

1. 평가요소, 2024학년도부터 3가지 요소로 변경

아주대학교 학생부종합전형의 평가요소는 2024학년도부터 기존 5가지(학업역량, 목표의식, 자기주도성, 공동체의식, 성실성)에서 3가지 평가요소(학업역량, 진로역량, 공동체역량)로 바뀌었어요. 이제는 이 세 가지를 중심으로 학생을 평가합니다. 이 중에서도 가장 기본이 되면서 평가의 중심이 되는 건 '학업역량'이인데요, 이 학업역량을 바탕으로 자신이 관심 있는 분야(진로역량)에 대해 어떻게 '탐색'하고, '참여'하고, '성장'해왔는지를 중요하게 봅니다.

학업역량은 말 그대로 학생이 고등학교 3년 동안 가장 많은 시간과 에너지를 쏟는 '수업' 속에서의 학습 노력과 태도, 성장 과정을 꼼꼼히 살펴보는 거예요. 그 과정에서 학기별, 과목별로 어떤 변화가 있었는지 톺아보고 지원 전공과 관련 있는 기초 교과나 과목들을 실제로 이수했는지, 그 성취 수준이 어땠는지까지 함께 살펴 봅니다. 이 과정에서 학생이 어떻게 성장했는지를 교과 성취 수준과 연결해 평가해요. 즉, 학업역량의 변화가 전공과 어떻게 맞닿아 있는지를 보여줄 수 있다면 긍정적인 평가를 받을 수 있습니다.

2. 과목 세특은 '진로'보다 '과목 성취'가 먼저

아주대학교는 과목별 세부능력 및 특기사항(세특)을 평가할 때, 진로 관련 내용으로 과도하게 채워지는 것을 지양하고 있어요.

물론 진로와 연계된 활동이 드러나는 건 중요하지만, 세특은 과목의 교육 목표와 성취 기준에 따라 해당 학생이 얼마나 도달했는지를 우선적으로 평가합니다. 즉, 그 교과에서 학생이 어떤 역량을 보였는지, 그리고 얼마나 의미 있는 성취 수준에 이르렀는지가 가장 먼저 확인되어야 해요.

예를들어, 생명과학과를 지원하는 한 학생이 화법과 작문 시간에 한 활동과 관련하여 "화법과 작문: 생명과학 분야에 대한 관심을 바탕으로 조를 구성하여 상호소통하며 모의 면접을 진행함. 특히 전공 관련 이슈에 대해~"라고 기록 되어있다면, 입학사정관 입장에서는 이 활동이 화법과 작문 교과의 수업 목표와 어떤 관련이 있는지, 또 학생의 과목 성취 수준과 어떻게 연결되는지를 파악하기 어렵습니다. 결국 아주대는 세특에서 진로를 드러내는 것도 좋지만, 그보다 먼저 과목 자체에 대한 성취와 역량을 보여주는 것을 더 중요하게 본다는 점을 기억하세요!

3. 결과보다 과정과 연결성이 중요한 세특 기록

학생이 이미 정량적인 결과가 좋은 경우, 학생부 기록이 결과 위주로만 채워져 있다면 오히려 특별한 의미를 가지지 못할 수도 있어요. 특히 '세부능력 및 특기사항'은 그 학생만의 특별한 능력과 모습이 드러나는 부분이에요.

단순히 다양한 활동을 많이 했다는 것보다 활동 간에 연계성과 발전, 융합 또는 심화와 같은 흐름이 보이고, 그 과정을 통해 긍정적인 성장과 결괏값까지 함께 보여줄 수 있다면, 다른 학생들과 구별되는 역량으로 '정성평가'에서 긍정적인 평가를 받을 수 있어요.

예를 들어, 단순히 "창의적이다"라는 식으로 결과만 언급되어 있다면, 그 창의성이 어떤 활동에서 어떻게 발휘되었는지, 어떤 배경과 과정을 거쳐 그런 평가가 나왔는지를 확인하기 어려워서 정성평가가 어렵습니다. 그래서 입학사정관은 그런 기록을 보고도 학생이 해당 역량을 정말 갖추고 있는지 판단하기 쉽지 않다고 해요. 즉, 세특 기록은 결과보다도 그에 이르는 '과정'과 학생의 주도성, 성장의 흐름이 드러나야 의미 있는 평가 자료로 활용될 수 있습니다.

4. 교과 간 성적 편차와 성실성 평가의 관계

아주대학교 ACE전형은 '성실한 학생'을 선발하고자 하는 전형이에요. 그래서 학생의 교과 성적을 평가할 때 특정 과목의 성적이 다른 기본교과나 주요교과와 비교해서 편차가 '크게' 발생하는 경우, 단순한 실력 문제인지, 아니면 그 과목을 소홀히 한 건 아닌지를 성실성 측면에서 살펴보게 됩니다.

예를 들어, 전반적으로 2-3등급을 유지하는 학생이 제2외국어 과목에서 6-7등급을 반복적으로 받고 있다면, 입학사정관은 왜 그랬는지를 궁금해합니다. 이럴경우 전체적으로 성실하게 교과를 이수한 학생들과 비교했을 때 상대적으로 좋은 평가를 받기 어려울 수 있어요.

5. 수학·과학 교과에서의 과목 위계와 성취 수준 평가

아주대학교에서는 수학과 과학 교과에 대해서 과목 간 위계를 중요하게 보고 있어요. 먼저, 수학 교과군의 경우에는 교육과정 편성 현황과 함께 학생이 해당 과목을 선택하지 못한 게 어쩔 수 없는 상황이었는지를 먼저 확인합니다. 그다음으로는, 선택한 과목에 대해 어느 정도 성취했는지 '성취수준'을 살펴봅니다. 과학 교과도 마찬가지로 과목 간에 역행이 있는 경우, 학생이 해당 과목을 소화할 수 있는 충분한 기초 역량을 갖추고 있었는지 '성취수준'을 확인합니다. 이를 판단할 때는 학기별 과목 이수 내역뿐 아니라 세부능력 및 특기사항의 기록까지 연결해 살펴보면서 무리한 선택이었는지 아닌지를 확인하고 있어요.

6. 학업역량의 실제 적용 사례 – 수학 수업을 중심으로

아주대학교에서는 학업역량을 평가할 때 수업에서 배운 내용을 실제로 활용하거나 적용한 경험을 알 수 있고 해당 수업이나 활동을 바탕으로, 교과군에서 길러야 할 핵심 역량을 얼마나 잘 갖추고 있는지를 파악할 수 있는 구체적인 사례가 중요해요.

예를 들어, [수학] 수학 교과의 핵심역량은 문제해결력인데요.

한 학생은 수학II 시간에 "그래프의 해석력과 타 과목과의 융합적 사고력이 우수한 학생으로 물리시간에 배운 운동과 미적분 시간에 배운 변화율을 매치시키며 학습하는 태도를 보임. '미적분으로 바라본 하루'라는 책을 읽고,~~ 혈류량의 속도와 혈관의 분기점에서의 저항 등 생명현상에 대한 내용을 함수식으로 나타낼 수 있음을 알고~~~ ***을 함수로 나타내는 '생명과학 속 함수'란 주제로 탐구하여 발표함". 교사는 이 발표에 대해 "음성 피드백과 양성 피드백의 정확한 그래프 형태와 함수식을 잘 이해하고 이를 실제 탐구에 효과적으로 활용했다"고 평가했습니다.

즉, 이 학생은 교과서에서 배운 각 함수의 개념과 특징을 정확히 이해하고, 문제의 핵심을 파악해 가장 효율적인 해결 방법을 찾는 태도를 보여주었고, 이는 교과군에서 함양해야하는 문제해결력 역량을 갖춘 학생임을 잘 보여주는 사례로 평가할 수 있습니다.

7. 전공에 대한 고민과 탐색, 그리고 적극적인 참여

아주대는 지원자가 희망하는 전공이나 지원분야에 대해 스스로 '고민'하고 '탐색'한 흔적이 학생부에 담겨있기를 희망합니다. 단순한 관심 표현이 아니라, 그 고민과 탐색이 실제 학교생활(학업과 학업 외 모든 활동) 속에서 어떻게 드러났는지가 중요해요. 이러한 내용을 확인하기 위해 여러분이 학업과 학업 외 활동 전반에 걸쳐 적극적이고 능동적인 태도로 참여했는지를 살펴보게 되는데 예를 들어, 전공에 대한 관심을 바탕으로 관련 교과를 선택해 적극적으로 이수했다거나, 또는 관련 활동에 꾸준히 참여하며 작은 노력들을 하나씩 쌓아가는 모습이 보인다면, 입학사정관은 해당 지원자의 진로에 대한 고민과 탐색을 긍정적으로 평가할 수 있어요. 즉, 전공에 대한 진지한 고민과 탐색이 학생의 학교생활 속 실천으로 연결되었는가가 핵심입니다.

입학사정관의
말말말
인하대 편

인하대는 설명회에서 자주 강조하는 사례가 있습니다.

내신은 낮았지만 진로역량이 뛰어난 학생을 뽑아 대학 입학 후 외부대회에서 수상하면서 진가를 발휘하는 경우인데요, 이런 점에서 인하대는 전공적합성을 매우 중요하게 평가하는 학교라고 할 수 있습니다.

또한, 박람회나 대학에서 학생부를 봐줄 때 입학사정관이 긍정적인 평가를 했다고 하더라도 기대는 하지 않는 게 좋아요. 실제로 입학사정관이 "학생부가 약하다"고 평가했지만 1단계를 통과하고 최종 합격한 경우도 있기 때문에 인하대학교 학생부종합전형에서는 입학사정관의 평가보다는 그 해 지원자의 수준과 경쟁력이 중요합니다.

1. 변화하는 교육과정을 반영한 평가요소 개편

인하대학교의 학생부종합전형은 변화하는 교육과정을 적극 반영하여 고교교육에 기여하는 전형이라고 할 수 있습니다. 인하대학교는 2015 개정 교육과정에 맞춰, 2023학년도부터 학생부종합전형의 평가요소를 새롭게 개편해 운영하고 있어요. 기존에는 '지성, 적성, 인성, 종합'으로 평가하던 요소를, '기초학업역량', '진로탐구역량', '공동체역량'의 세 가지로 바꾸어 평가하고 있습니다. 이는 고등학교 교육과정에서의 학업역량뿐만이 아니라 학생 개개인의 탐구 과정과 성장 과정까지 평가하려는 인하대의 방향성이 반영된 거예요.

2. 인하대 학종 평가 요소 비율과 중점 평가 내용

인하대학교 학생부종합전형의 서류평가는 기초학업역량 30%, 진로탐구역량 50%, 공동체역량 20%의 비율로 평가합니다.

먼저 기초학업역량에서는 대학 수학에 필요한 기본적인 학업역량을 평가하며, 학업능력과 학습태도를 평가항목으로 평가하고 있습니다.

진로탐구역량은 학생이 자신의 진로에 대해 얼마나 관심을 갖고, 이를 위해 어떤 탐구 활동을 해왔는지를 중심으로 평가해요. 진로에 대한 관심과 탐구역량이 주요 평가 항목이며, 개정 교육과정 이후 선택 교과 이수가 늘어나고, 진로와 관련된 활동도 많아진 만큼 평가요소에서도 가장 높은 비율인 50%를 반영하고 있습니다.

마지막으로 공동체역량은 학교생활 속에서 드러나는 공동체 내에서의 가치관과 태도를 평가합니다. 별도의 세부평가 항목은 없기 때문에 학교생활기록부 전반에 기재된 내용 중 인성과 관련된 모든 내용을 평가해요. 협력, 배려, 책임감 같은 부분들이 평가의 포인트입니다.

3. 진로 관심을 어떻게 보여주었는지 구체적으로

인하대학교 학생부종합전형에서는 학업능력을 기본으로, 진로에 대한 관심을 가지고 선택교과를 이수했는지, 관련 활동을 지속해왔는지를 중요하게 봅니다. 특히 관심 있는 분야에 대해 얼마나 깊이 있게 학습해왔는지를, 연계·확장·응용하는 과정 속에서 주의 깊게 살펴보고 있어요. 그래서 교과에서 배운 내용을 연계·확장·응용해 가는 것은 바람직하다고 볼 수 있습니다. 다만, 모든 교과에는 성취수준과 목표를 가지고 있으므로 단순히 진로와 관련된 키워드를 나열하는 것보다는, 그 교과에서 내가 어떻게 목표를 성취했는지, 그리고 그 성취가 내 진로에 어떤 영향을 주었는지를 구체적으로 기술하는 방향이 훨씬 바람직합니다.

4. 전체 항목을 종합적이고 정성적으로 평가

인하대는 학생부를 평가할 때 각 평가 요소에 따라 우선적으로 살펴보는 항목이 있긴 하지만, 전체 항목을 유기적으로 연결해 종합적이고 정성적으로 평가하는 게 특징이에요. 이러한 평가의 특징을 실제 평가에 반영하기 위해, 각 항목의 내용뿐만 아니라 서로 간의 관계까지 고려해서 전형이 설계되었습니다. 즉, 학교생활기록부에 담긴 전체 내용을 바탕으로, 각각의 평가요소뿐만 아니라 평가항목들 사이의 유기적 관계 속에서 학생이 어떤 노력을 해왔고, 얼마나 성장했는지를 중점적으로 평가하고 있어요.

5. 과목 간 성적 차이가 클 땐 주의가 필요

학생부종합전형에서는 교과별 성적 편차가 클 경우, 학업 성실성 측면에서 부정적으로 해석될 수 있어요. 예를 들어 경제나 경영학과 합격생 중 미적분을 이수한 비율은 2023학년도 기준으로 약 7%였는데, (최초합격자 58명 중 4명) 위계에 맞지 않는 선택 교과를 이수한 경우에는 선수 교과 미이수로 해당 교과를 따라가는 데 어려움이 있었을 것으로 보고 평가에서 불리하게 작용할 수 있습니다.

6. 교과성취도와 진로 관련 노력이 중요

인하대는 학업역량을 교과성취도를 바탕으로 평가합니다. 이때 단순히 한 학기 성적만 보는 것이 아니라, 학년별 성적의 변화 추이와 교과목별 세부 내용까지 종합적으로 살펴보며 긍정적인 요인과 부정적인 요인을 함께 고려해서 평가해요. 또한 전공적합성 평가에서는, 진로와 관련해 어떤 노력을 해왔는지를 전반적으로 살펴봅니다. 진로선택교과의 세특이나 창의적체험활동 기록 등을 통해 진로 관련 관심과 이해도, 탐구 역량이 어떻게 드러났는지를 평가합니다.

7. 탐구역량, 어떻게 준비해야 할까?

'탐구'라는 말을 들으면 막연하게 어렵다고 느끼는 친구들이 많습니다. 탐구역량에서 좋은 평가를 받으려면, 먼저 자신의 공부 방법을 돌아봐야 합니다. 혹시 그냥 수업을 듣고 외우는 데에만 그치고 있진 않나요? 단순히 지식을 받아들이는 '수동적인 학습'보다는, 내가 궁금한 것을 스스로 찾아보고 확인하는 '능동적인 태도'가 필요해요. 요즘은 인터넷과 AI 기술 덕분에 정말 많은 정보를 손쉽게 얻을 수 있게 되었습니다. 하지만 중요한 건, 그 정보를 어떻게 다루느냐입니다. 특정한 주제에 대한 정답만을 찾아 그것을 수동적으로 받아들이려고만 하기보다는 자신이 접한 정보에 대해 주체적이고 비판적으로 질문하고 확인하는 자세가 필요해요. 예를 들어 진로와 관련된 주제로 조사활동을 한다고 했을 때, 인터넷에서 찾은 내용을 그대로 나열하기보다는 "이 내용이 정말 맞는 걸까?"확인해보고, 그것을 실생활에 응용하거나 다른 분야로 확장시켜보는 활동이 의미 있겠죠. 학생부종합전형에서는 바로 이러한 심화, 확장하는 과정을 '탐구'라고 보고, 이러한 노력이 잘 드러난 학생들에게 긍정적인 평가를 내립니다.

입학사정관의
· · ·
말 말 말
———
한동대편

한동대, 어떤 학교인가요?

"성적보다 사람을 봅니다. 인성과 잠재력, 그것이 한동입니다."

한동대학교는 모든 신입생을 자율전공으로 선발하는 독특한 시스템과 공동체 중심의 교육, 글로벌 경쟁력 있는 환경을 갖춘 학교입니다. 이 학교는 단순한 '입시 성적'만 보는것이 아닌 학생의 성장 가능성과 인성을 중심으로 평가해요.

1. 자율전공 기반의 유연한 학사제도

한동대는 모든 신입생을 자율전공으로 선발하여, 입학 후 1년 동안 다양한 전공을 탐색한 뒤, 자신에게 맞는 전공을 직접 선택할 수 있도록 지원합니다. 이 제도 덕분에 학생들은 자신의 적성과 진로를 충분히 고민한 후 전공을 결정할 수 있고, 학업 만족도와 진로 적합성을 높일 수 있어요. 한동대의 유연한 학사제도 운영은 진로 고민 많은 학생들에겐 아주 큰 장점인 제도입니다.

2. 공동체 중심의 인성교육

기숙사 100% 입주 가능!(신청 시) 학생들은 기숙사 생활을 통해공동체 의식을 함양합니다. 또한 무감독 양심 시험, 자율 규칙 운영 등 학생들의 자율성과 책임감을 강조하는 교육환경을 제공하여 자기주도성과 신뢰가 바탕이 되는 교육을 하고 있어요.

3. 글로벌 역량 강화

한동대는 전공 강의의 30% 이상이 영어로 진행되며, 일부 전공은 100% 영어 강의로 운영됩니다. 외국인 교수와 외국인 학생의 비율도 높아 국제적인 감각을 키우기 좋은 환경이에요. 또한, 불합격 없는 교환학생 운영으로 전 세계 66개국 313개교 다양한 국가에서 학업, 인턴연구 연계, 영어실력 향상, 문화체험 및 여행 등을 통해 보다 넓은 세상을 경험하고 얻은 자신감을 바탕으로 글로벌 인재를 양성하고 있습니다.

4. 체계적인 진로 지원

입학부터 졸업 후까지 체계적인 진로를 지원하는 'VIVA 시스템' (Vision–Improvement–Vocation–Advancement)을 운영하여, 학생들의 진로 탐색과 취업 준비를 돕습니다. 졸업생 대상으로는 취업 역량 강화 프로그램(AMJ)을 통해 개인별 상담, 채용 정보 제공, 면접 준비 등도 지원하고 있어요.

5. 입시 전형 및 결과

한동대학교는 수시와 정시 전형을 통해 신입생을 선발하며, 다양한 전형과 장학 제도를 운영하고 있습니다. 입학 관련 프로그램(캠퍼스 투어, 전공 체험 등)도 잘 마련되어 있으니, 관심있는 학생은 입학 관련 프로그램을 신청해서 살펴보길 추천합니다!

6. 한동 융합전공 시스템 : 경계를 허물고, 가능성을 잇다!

한동대학교는 단순히 다전공을 넘어서, 학생이 직접 전공을 설계하고 융합할 수 있도록 아래와 같은 시스템을 갖추고 있습니다.

- **복수연계 전공은 필수 이수 :** 다양한 전공을 함께 공부하며 자연스럽게 융합적 사고력과 문제해결 능력을 키우게 됩니다.
- **모듈형 설계 전공 운영 :** 학교가 제안한 전공 모듈을 조합해 자신만의 심화 전공을 구성할 수 있습니다.
- **학생설계융합전공 제도 :** 학생이 직접 전공을 설계하여 본인의 진로에 맞춘 맞춤형 융합 전공을 실현할 수 있습니다.
- **미네르바 대학과의 협력 커리큘럼 :** 세계 최고의 혁신 교육기관인 미네르바 대학과 협력하여 AI 시대에 필요한 4C 역량과전인지능(Holistic Intelligence)을 키우는 글로벌 교육과정도 운영합니다.

이처럼 한동대의 융합전공 시스템은 학생 스스로 미래를 설계하고, 세상을 이끄는 역량을 키우는 진짜 "학문적 자기주도성"을 실현할 수 있도록 지원합니다.

학생부종합평가 시뮬레이션 : 지원자 A, B, C – 최초합, 충원합격, 불합격 Matrix 분석

용어 설명

- 전체 교과 : 기초 + 전공 + 비주요 교과
- 기초 교과 : 1학년 과목들 (공동교육과정)
- 전공 교과 : 2,3 학년 선택과목들 우수한 성과를 낸 학생.

1. 정보통신공학과

이 자료는 2026학년도 정보통신공학과에 지원한 세 명의 학생(A, B, C)에 대한 학생부 기반 Matrix 분석 예시입니다. 각 지원자의 교과 성적, 선택과목 이수 내역, 비교과 활동, 탐구역량 등을 바탕으로 최초합격, 충원합격, 불합격 여부가 결정되었습니다.

구분		지원자 A	지원자 B	지원자 C
교과 등급 (평균)	전체	2.63	2.84	2.67
	기초교과	2.31	2.82	2.13
	전공교과	1.60	2.09	3.00
	비주요	3.50	3.75	3.16

구분			지원자 A	지원자 B	지원자 C
선택 교과목 이수 현황	2 학 년	일반	수학 I (4단위), 수학 II (4단위), 물리학 I (6단위), 화학 I (6단위), 지구과학 I (6단위)	수학 I (3단위), 수학 II (4단위), 확률과 통계 (4단위), 물리학 I (6단위), 화학 I (6단위), 지구과학 I (6단위)	수학 I (4단위), 수학 II (4단위), 미적분 (4단위), 화학 I (4단위), 지구과학 I (4단위), 생명과학 I (4단위)
		진로/ 전문	기하 (4단위), 융합과학 (2단위), 고급물리학 (2단위/공동)	-	기하 (4단위), 융합과학 (4단위)
	3 학 년	일반	미적분, 확률과 통계 (3단위)	미적분 (4단위)	-
		진로/ 전문	수학과제탐구 (2단위), 물리학 II (3단위), 화학 II (3단위)	기하 (3단위), 물리학 II (3단위), 화학 II (3단위), 생명과학	심화수학 II (4단위), 생명과학 II (4단 위), 지구과학 II (4단위)
출결상황			개근	질병조퇴 1회	질병결석 2회, 질병조퇴 4회
자율활동			1학년 수학 멘토, 과학독서 활동 2학년 전교 부회장 3학년 진로체험 프로그램 기획	1학년 학술제 앱개발 활동 2학년 학술제 수학탐구 활동 3학년 통신분야 탐구 활동	1학년 진로체험 및 탐색 활동 2학년 학급 자율 주제 발표 3학년 학급부반장, 멘토링
동아리활동			1학년 독서부 2학년 수학동아리 3학년 수학동아리	1학년 컴퓨터 동아리 2학년 정보 동아리 3학년 공학 동아리	1학년 국어탐구 동아리 2학년 과학탐구 동아리 3학년 빅데이터-AI 동아리
봉사활동			[총 봉사시간 45시간] 1~2학년 교육과정 멘토활동 2~3학년 교내 캠페인 활동	[총 봉사시간 52시간] 1학년 과학실험, 교육행사 준비 도우미 2~3학년 학급 시설물 및 기자재 관리	[총 봉사시간 60시간] 1~3학년 교내 청소 및 활경정화활동, 휴대폰 및 태블릿 수거 관리
진로활동			1학년 이공계열 진로탐색 2학년 물리학, AI, 전자공학 등 관 심활동 3학년 전자공학 관심, 양자역학과 관 련된 실험 진행	1학년 프로그래밍, 앱제작 활동 2학년 소프트웨어 제작 활동, 물리실험 캠프 3학년 수학관련 탐구 활동	1학년 공학관련 진로탐색 2학년 컴퓨터, 전자, 프로그래밍 관 심 탐구 3학년 AI, 컴퓨터 관련 학과 탐색
행동특성 및 종합의견			1학년 학업적 열의, 자기관 리 우수 기재 2학년 진로 관심도, 책임감 우수 기재	1학년 친구들과의 소통 능력 및 자기관 리 우수 기재 2학년 진로에 관심이 높고 탐구 능 력 우수	1학년 학습의지 우수, 갈등관리 리더 쉽 우수 2학년 자기주도적 학습 우수, 진로 관심도 높음
서류평가 결과			상위 5% (최초합격)	상위 25% (충원합격)	상위 45% (1단계 불합격)

주요평가

- 지원자 A는 전공교과 성적이 1.6으로 매우 우수하며, 선택과목도 전공 관련성이 높음
- 지원자 C는 확률과 통계, 물리학 미이수와 함께 생명과학 II, 지구과학 II를 선택한 점이 전공과
  의 부적합성으로 평가, 불합격 처리

1) 학업역량

구분	지원자 A	지원자 B	지원자 C
기초학업 역량	매우 우수	우수	매우 우수
	[교과학습발달상황] 전체 성적에 비해 기초교과 성적이 우수하고, 영어·수학에 강점을 보임	**[교과학습발달상황]** 국어·수학 성적은 우수하나 영어 성적이 다소 편차가 큰 모습을 보임	**[교과학습발달상황]** 전반적으로 우수한 성적이며, 기초 교과 중 특히 국어, 영어 성적이 우수함
역량	우수	우수	우수
	[세부능력 및 특기사항] 다다수의 과목에서 주도적인 발표 진행, 수학·과학에 대한 탐구 적극적 수행 **[행동특성 및 종합의견]** 책을 가까이 두고 꾸준한 독서 활동 수행	**[세부능력 및 특기사항]** 본인의 관심분야와 연관지어 탐구하는 적극적인 모습을 보임 **[행동특성 및 종합의견]** 자기주도적 학습태도가 잘 형성되고, 친구들과 문제해결 과정을 공유하며 학업역량 향상	**[세부능력 및 특기사항]** 수업시간에 적극적이고, 조별과제에서 리더십을 보임 **[행동특성 및 종합의견]** 사교육에 의존하지 않고 자기주도적으로 학습하며 교과 전반 우수

- 전공교과 성적 기준으로 보면 A는 매우 우수, B도 무난한 수준, C도 기초교과 성적은 우수
- 세 명 모두 학습의 주도성을 보였고, 큰 차이는 없어 학업역량만으로는 변별 어려움

2) 진로역량

구분	지원자 A	지원자 B	지원자 C
전공 수학 역량	매우 우수	우수	미흡
	[교과학습발달상황/세부능력 및 특기사항] 전공관련 성적이 우수하고 관련과목 이수 단위가 높음 물리와 수학분야에 대한 호기심을 바탕으로 탐구력과 문제해결력이 뛰어남	**[교과학습발달상황/세부능력 및 특기사항]** 전공관련 성적이 우수하며, 이수단위는 지정과 평균 수준 통계, 미적분 등에서 수학적 응용력이 뛰어나며 데이터 정보처리 역량 우수	**[교과학습발달상황/세부능력 및 특기사항]** 수학 성적은 준수하나, 확률과 통계 대신 심화수학 II 이수 (문제풀이중심 세특확인), 전공 관련 교과이수 노력을 확인하기 어려움(물리학 미이수)
전공관심도 및 진로탐색 노력	우수	우수	보통
	[창의적체험활동] 기하학 관심, 수학동아리 활동 양자역학, 주파수 등과 관련된 활동을 진행 **[세부능력 및 특기사항]** 정보의 디지털 표현원리, 통신 환경 및 시스템과 관련된 수업 연계 활동	**[창의적체험활동]** 프로그래밍 동아리, 수학동아리 등에서 통신관련 앱/스마트 기기 제작활동, 데이터 통신 관련 탐구활동을 진행 **[세부능력 및 특기사항]** 수업자료 중 IT분야 전반과 인공지능에 관심을 두고 연계 활동	**[창의적체험활동]** 컴퓨터 공학 및 프로그래밍에 대한 관심을 가지고 관련 독서 및 개념 탐구 활동을 진행 **[세부능력 및 특기사항]** 인공지능과 데이터 분야에 대한 관심을 가지고 수업과 연계하여 활동

- **A** : 전공 관련 교과와 활동이 우수하고 학과 관심과 탐구 흐름이 분명함
    - → 전공수학 역량 : 물리·수학 전반의 호기심과 성취도가 뛰어나고 탐구 역량까지 겸비
    - → 전공관심도 및 진로탐색 노력 : 전공 관련 동아리, 세특, 프로젝트 활동까지 연계가 잘 되어 있음
- **B** : 역시 교과와 탐구 활동이 자연스럽게 이어지며 긍정 평가
    - → 전공수학 역량 : 통계·미적분 중심의 활용력에서 강점
    - → 전공관심도 및 진로탐색 노력 : 전공 관련 동아리, 세특, 프로젝트 활동까지 연계가 잘 되어 있음
- **C** : 확통·물리 미이수, 지구과학 II와 생명과학 II 선택으로 전공 연계성 약화로 진로역량에서 큰 감점
    - → 전공수학 역량 : 물리 미이수 및 문제회피형 과목 선택으로 이 영역에서 미흡 판정
    - → 전공관심도 및 진로탐색 노력 : 컴공 또는 소프트웨어 계열 탐색이 일부 보이지만 정보통신학과와 직접적 연결이 부족하고 깊이도 얕음

핵심 코멘트:

C는 확통을 선택할 수 있었음에도 심화수학을 선택한 것이 문제입니다. 수학이 약한 학생이어서 등급이 나오는 과목을 피했고 심화수학에서 심화된 세특을 보여주지도 못했습니다. 또한, 컴퓨터 공학쪽은 등급이 높고, 소프트웨어 쪽 탐구는 또 미미하다 보니 '혹시나 될까' 하는 지원 전략으로 정보통신공학과를 선택했지만, 학과 연계 탐구와 과목 이수 모두 미흡해 감점 요인이 큽니다. 학종 전형에서는 진로 일관성과 선택 과목의 맥락성이 중요합니다.

3) 공동체역량

구분	지원자 A	지원자 B	지원자 C
	우수	우수	우수
역할의 주도성	[자율활동/행동특성 및 종합의견] 전교 학생회 부회장으로서 학교 환경 개선에 노력, 새로운 환경에 대한 적응력이 뛰어남	[창의적체험활동] 수행평가 및 보고서를 작성하거나 평소 주변의 불편함을 보았을 때 적극적으로 문제해결 방법을 찾음	[자율활동/행동특성 및 종합의견] 친구들을 위해 시험대비 문제출제나, 멘토링 활동을 진행 학급의 많은 역할을 꼼꼼하게 수행

- A, B, C 모두 비교과에서 협업 활동과 리더십을 보여주며 유사한 수준으로 우수 판정
- 이 영역에서는 큰 변별이 없음

구분	지원자 A	지원자 B	지원자 C
주요특징	전공관련과목 소양이 뛰어나고 탐구 내용들을 통해 학과에 필요한 역량을 갖추었음을 확인할 수 있는 학생	수학, 물리학에 대한 우수한 역량을 바탕으로 적극적인 탐구력과 문제해결력을 보여 주었으며, 과제 수행을 통해 전공에 대한 관심도가 자연스럽게 확인되는 학생	기초교과 중심으로 우수한 성취도를 보여주고 있으나, 전공관련 교과 선택 및 성적에서 일부 아쉬운 모습을 보이며 학과 관심도 및 연계성을 확인하기 어려운 학생

지원자	전공교과 (2,3학년)	진로 선택 적합성	비교과 활동	탐구 활동	평가 결과
A	1.60 (매우 우수)	전공과 높은 연계성 → 수학·과학 중심 이수	우수	탐구활동 적극적	□ 최초합격 (상위 5%)
B	2.09 (우수)	전공과 높은 연계성 → 수학·과학 중심 이수	평균	다소 균형 잡힘	□ 충원합격 (상위 25%)
C	3.00 (미흡)	전공과 연계 부족 → 확통·물리 미이수 / 타계열 혼합 선택	우수	탐구활동 연계도 낮음	□ 불합격 (상위 45%)

- **지원자 A :** 전공 성적, 과목 선택, 활동 연계, 수학 탐구력까지 모두 뛰어남 → 매력적인 학생
- **지원자 B :** 전공 탐색 흐름이 자연스럽고 성적도 균형 잡힘 → 성장 가능성 높은 학생
- **지원자 C :** 성실함은 있으나 학과 선택 배경의 일관성이 부족함 → 입학사정관 입장에선 "덜 설득력 있는 학생"

2. 광고홍보학과

이 자료는 2026학년도 광고홍보학과에 지원한 세 명의 학생(A, B, C)에 대한 학생부 기반 Matrix 분석 예시입니다. 각 지원자의 교과 성적, 선택과목 이수 내역, 비교과 활동, 탐구역량 등을 바탕으로 최초합격, 충원합격, 불합격 여부가 결정되었습니다.

구분			지원자 A	지원자 B	지원자 C
교과 등급 (평균)		전체	2.41	2.53	2.67
		기초교과	2.73	2.75	2.53
		전공교과	2.30	2.46	2.15
		비주요	2.10	2.00	3.00
선택 교과목 이수 현황	2학년	일반	언어와매체(4단위), 문학 (4단위), 영어I(4단위), 영어III(4단위), 학국지리II(6단위), 세계사(6단위), 생활과윤리(6단위), 한국지리(6단위), 실용경제(2단위)	문학(4단위), 독서(4단위), 영어I(4단위), 영어III(4단위), 세계지리(6단위),정치와법(6단위), 심리학(1단위)	문학(4단위), 화법과작문(4단위), 영어I(4단위), 한국지리(4단위), 윤리와사상(4단위)
		진로/전문	심화 국어(3단위)	영어권문화(4단위), 국제경제(6단위)	영미문학읽기(6단위), 영어III(4단위), 비교문화(4단위), 사회과제연구(4단위)
	3학년	일반	독서(4단위), 영어독해와작문(4단위), 사회·문화(3단위), 윤리와 사상(3단위),심리학(2단위)	화법과작문(5단위), 영어독해와작문(4단위), 사회·문화(4단위), 생활과윤리(4단위)	독서(4단위), 심리학(2단위), 세계지리(6단위), 사회문화(2단위), 생활과윤리(2단위)
		진로/전문	사회과제연구(2단위)	심화영어독해I(2단위), 창의경영(3단위)	영어독해와작문(4단위), 심화영어독해I(5단위), 현대세계의변화(2단위)
출결상황			개근	미인정 조퇴/결과 각 1회	미인정 조퇴 4회 / 질병조퇴 10회
자율활동			1학년 학급회장 2학년 카드뉴스 제작 학급활동 3학년 광고와 예술 결합 사례 보고서 작성	1학년 학교 공간결계 의견 개진 2학년 디지털 정보격차 해소를 위한 아이디어 발표 3학년 학급회장	1학년 과학과목 멘토 2학년 학급회장 3학년 학급부회장
동아리활동			1학년 시사토론반 2학년 미디어문화탐구반 3학년 진로주제탐구반(인공지능과 광고의 결합을 주제로 탐구 및 발표)	1학년 과학기술탐구동아리 2~3학년 미디어 동아리(스토리텔링을 통한 광고 제작활동 주도)	1학년 과학동아리 2학년 심리동아리 3학년 신문기사 분석 동아리(생며오가학분야, 심리분야에 대한 탐색)
봉사활동			[총 봉사시간: 50시간] 1학년 질서유지 활동 및 도서관 서가 정리 봉사 2~3학년 교내 캠페인봉사	[총 봉사시간: 39시간] 1·2학년 교내 환경정리 봉사 3학년 스마트기기 도우미 봉사	[총 봉사시간: 39시간] 1학년 학습도우미 2~3학년 환경정화봉사
진로활동			1학년 마케팅/광고 진로탐색 2학년 공익캠페인 주제탐구 3학년 기업의 홍보방식 탐구	1학년 광고·기획 분야 탐색 2~3학년 광고분야 독서읽기 활동	1학년 바이오 분야 진로탐색 2학년 심리학 분야 진로탐색 3학년 마케팅 및 심리탐색
행동특성 및 종합의견			1학년 리더십 및 자기주도역량 2학년 적극성 및 관심 진로목표	1~2학년 원만한 교우관계 및 진로 분야 탐구	1~2학년 학급도우미 및 학급임원으로서 배려심 기재
서류평가 결과			상위 5% [최초합격]	상위 15% [충원합격]	상위 60% [1단계불합격]

- 학과관련 단위수에서 사회과목 중 지원자 A는 6과목 총 30단위, 지원자 B는 4과목 총 20단위, 지원자 C는 5과목 총 14단위 이수로 인문사회계열에서 사회과목 이수는 매우 중요한데, 이 부분에서는 지원자 A > B > C 로 평가됨
- 지원자 C는 출결에서 미인정조퇴가 4회, 질병조퇴가 10회로 좋지 않은 모습을 보임
- A, B, C 모두 심리학을 교양과목으로 수강한 것은 아주 좋으나, 지원자C는 진로활동에서 심리학 분야와 생명과학 및 바이오 분야의 탐색이 있는 것으로 봐서는 심리학으로 진로를 잡았는데 심리학과가 없는 학교에 아마도 광고홍보학과에 지원한 것으로 보이므로 진로역량에서 좋지 않은 점수를 받을 것으로 예상되며 경찰학으로 가서 범죄심리학을 전공하는 것도 방법이긴 하지만, 경찰학과를 가기에는 내신이 많이 부족함

세부평가

1) 학업역량

구분	지원자 A	지원자 B	지원자 C
	보통	보통	보통
기초학업 역량	[교과학습발달상황] 국어 성취도는 우수하나 영어, 수학 과목이 상대적으로 저조함	[교과학습발달상황] 영어 성취도가 매우 우수하나 국어, 수학 성적이 상대적으로 편차가 큼	[교과학습발달상황] 국어, 영어 성취도가 우수하나 수학 과목이 상대적으로 저조함
	우수	우수	보통
학습의 주도성	[세부능력 및 특기사항] 대부분의 과목에서 학습에 대한 열의 및 적극적 수업태도, 지적탐구력 나타남 [행동특성 및 종합의견] 꾸준한 자기주도적 학업태도 우수	[세부능력 및 특기사항] 모르는 내용을 적극적으로 질문하고, 분석적으로 탐구하는 사회과학 역량 [행동특성 및 종합의견] 지적 호기심 및 영어 과목 학습팀장으로 적극적인 참여	[세부능력 및 특기사항] 수업에대한 집중력 및 성실하게 수업에 참여하는 태도 [행동특성 및 종합의견] 모둠과제시 적극적인 역할

- 전공교과 성적 기준으로 보면 지원자 A, B, C 모두 별 차이가 없음
- 학습태도 역시 셋다 좋으며 적극적인 참여 모습이 관찰 되었고 학업역량에서는 지원자 A, B, C 모두 변별이 안됨

구분	지원자 A	지원자 B	지원자 C
전공 수학 역량	우수	보통	우수
	[교과학습발달상황/세부능력 및 특기사항] 국어, 영어, 사회교과의 성취도가 고르게 우수함. 사회교과에서 다양한 일반선택 과목 이수	[교과학습발달상황/세부능력 및 특기사항] 국어교과의 이수단위가 다소 적고, 성취도가 다른 교과에 비해 저조함. 사회교과에서 능동적 학습태도가 드러남	[교과학습발달상황/세부능력 및 특기사항] 국어, 영어, 사회교과 성취도 우수. 영어의 이수단위가 높고 해당과목에서 우수한 성적 이수
전공관심도 및 진로탐색 노력	매우우수	우수	보통
	[창의적체험활동] 인공지능과 광고의 결합 탐구 [세부능력 및 특기사항] 광고 분야에 대한 꾸준한 관심과 탐구노력이 학년이 올라감에 따라 점점 심화되어 나타남	[창의적체험활동] 데이터 분석을 통한 소비자 심리 파악 및 광고 기획 목표 [세부능력 및 특기사항] 사회교과 전반에서 사회과학적 역량 및 소양 나타남	[창의적체험활동] 동아리활동, 진로활동에서 생명과학, 심리학을 중심으로 한 주된 관심 [세부능력 및 특기사항] 생명과학 및 정신질환에 대한 꾸준한 관심 기재

- **A : 사회교과 고이수 + 광고, 심리 탐구 연계 + 심화 흐름 → 매우 우수**
  - → 전공수학 역량 : 다양한 사회교과 일반선택 과목을 폭넓게 이수하였고, 전반적인 성취도 또한 고르게 우수함, 특히 '학년이 올라갈수록 점점 심화되어 나타남'이라는 평가를 받았으며 이는 학문적 '성장 가능성'을 보여주는 지점
  - → 전공관심도 및 진로탐색 노력 : 인공지능과 광고 결합 탐구활동이 진로에 대한 명확한 목표 의식과 그에 따른 탐구 흐름이 잘 드러나 있음

- **B : 사회과학적 데이터 분석 활동 통해 전공 연계는 괜찮으나 국어 성적 편차가 큼**
  - → 전공수학 역량 : 국어 교과의 성취도가 상대적으로 낮아 일부 감점 요인이 존재함, 이는 특정 교과를 의도적으로 회피했을 가능성으로 해석될 수 있음
  - → 전공관심도 및 진로탐색 노력 : 데이터 분석을 통한 광고 기획 역량을 드러낸 점은 긍정적으로 평가

- **C : 심리학 탐색에 집중했으나 광고·홍보와 연계되지 않아 학과 선택의 일관성이 떨어짐**
  - → 전공수학 역량 : 영어 성취도는 매우 우수하며 이수단위 또한 높으나 사회 교과에서는 비교적 낮은 성취를 보이며 전공 관련 역량에서 높은 점수를 받기 어려움
  - → 전공관심도 및 진로탐색 노력 : 심리학과 생명과학 관련 활동이 중심을 이루고 있으며, 광고·홍보학과와의 직접적인 연계성은 부족하고 진로 방향의 일관성이 떨어져 설득력이 약화

3) 공동체역량

구분	지원자 A	지원자 B	지원자 C
역할의 주도성	우수	우수	보통
	[자율활동/행동특성 및 종합의견] 학급반장 및 동아리 회장으로서 주도성과 리더십	[창의적체험활동] 동아리를 새로 조직하고 연간 활동을 주도하는 중추적 역할	[자율활동/행동특성 및 종합의견] 학급임원으로서의 배려심 확인, 질병조퇴 사유는 면접에서 질문해볼 수 있는 내용
협업소통능력	우수	보통	우수
	[봉사활동/행동특성 및 종합의견] 지속적, 자발적 봉사에서 확인 및 강한 책임감을 조율하는 태도	[세부능력 및 특기사항] 모르는 내용을 적극적으로 질문하고, 분석적으로 탐구하는 사회과학 역량	[세부능력 및 특기사항] 수업에대한 집중력 및 성실하게 수업에 참여하는 태도
	[행동특성 및 종합의견] 꾸준한 자기주도적 학업태도 우수	[행동특성 및 종합의견] 학습멘토로서 반 친구들의 학습능력 향상에 기여하는 협력적 태도	[행동특성 및 종합의견] 협력적인 생활태도 및 반 친구들의 의견 조율에 적극적인 태도

- 셋 다 봉사활동이나 동아리에서 리더십과 협업 능력 보임 → 비교과에서는 우열 가리기 어려움

4) 총평

구분	지원자 A	지원자 B	지원자 C
주요특징	전공관련과목 소양이 고르게 우수하고, 교과/비교과에서 주도적 학습능력 및 광고 관련 꾸준한 탐구노력이 드러나는 학생	적극적 수업태도가 확인되며 전반적인 사회과학적 소양이 교과/비교과를 통해서 두각 나타나는 학생	국어/영어/사회교과의 성취도가 우수하지만 전공 관련 교과/비교과 노력 확인이 다소 어려운 학생

지원자	사회교과 이수단위	전공관심도	진로 일관성	탐구 흐름	평가 결과
A	30단위 (6과목)	광고·심리 연계, 탐구 심화	고르게 우수	성장 흐름 명확	☐ 최초합격 (상위 **5**%)
B	20단위 (4과목)	사회과학+광고 탐색	보통	균형감 있음	☐ 충원합격 (상위 **10**%)
C	14단위 (5과목)	심리+생명과학 혼합	연계성 낮음	진로 부정확	☐ 불합격 (상위 **60**%)

- **지원자 A :** 사회과 이수단위 압도적, 탐구·전공 연계 명확, 성장 흐름까지 보이는 매력적이고 설득력 있는 학생
- **지원자 B :** 과목 선택의 아쉬움은 있으나 비교과 활동과 탐구 노력에서 긍정 요소가 많아 충분히 성장 가능성이 높은 학생
- **지원자 C :** 학과 선택의 논리적 정당성과 연계성이 부족 → 입학사정관 입장에서는 "설득력이 떨어지는 학생"으로 평가됨

대학은
어떤 화면으로
학생을 평가할까?

3

대학은 어떤 화면으로 학생을 평가할까?

입학사정관이 보는 화면 : 학업역량 및 진로역량

아래는 '전공 관련 과목 단위이수 부족'으로 진로역량에서 감점을 받은 학생의 대입 학생부종합전형 평가 화면의 예시입니다.

이 학생은 빅데이터 전문가를 진로 목표로 설정하고, 관련된 다양한 탐구 활동과 독서 활동을 기록했습니다. 하지만 수학과 과학 등 전공 관련 과목의 이수 단위가 부족하다는 지적을 받았어요. 특히 미적분, 기하, 확률과 통계, 물리II와 같은 핵심 과목을 이수하지 않아 진로역량 항목에서 감점을 받은 사례입니다.

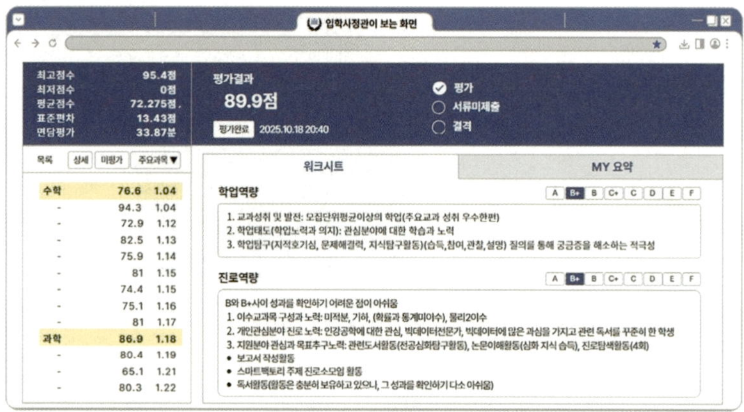

핵심 평가 항목

항목	평가 등급	평가 코멘트 요약
학업역량	B+	주요 과목의 성취는 우수, 수학과 과학에서의 학업 태도도 긍정적으로 평가됨
진로역량	B+	전공 관련 과목 미이수 및 탐구 성과 부족으로 진정성과 연계성이 떨어진다는 약점이 존재

분석 포인트

• 단위 이수 부족은 '의지부족'으로 해석·진로 목표와 직접적으로 연관된 과목을 이수하지 않은 경우, 아무리 다른 활동이 뛰어나더라도 입학사정관은 이를 "전공에 대한 의지 부족"으로 해석할 수 있어요.

- 활동이 많아도 과목과 연결되지 않으면 효과는 반감. 진로독서 4회, 진로탐색 활동 등 다양한 활동이 있었음에도 불구하고, 관련 과목을 이수하지 않으면 탐구의 진정성이 의심받는 결과가 나옵니다.
- '과목 선택'은 하나의 서사 구조. 이 학생은 "빅데이터 전문가"라는 분명한 목표를 설정했지만, 해당 목표를 위해 어떤 과목을 선택하고, 어떤 활동으로 연결했는지에 대한 학업의 서사가 약했어요.

실전 전략 제안

- 학교에 과목이 개설되지 않았다면, 온라인 강의, 캠프, 교외 프로젝트 등 대체 활동을 학교생활기록부에 드러내야 합니다.
- 전공 관련 과목은 이수 자체가 하나의 '의지 표현'입니다. 단위가 약한 경우, 비교과 활동만으로는 이를 극복하는 데 한계가 있다는 점을 꼭 기억해 주세요!

입학사정관이 보는 화면: 학교 생활기록부 성적 산출표

해당 화면은 대학 평가 시스템 내 '성적산출표' 예시 화면으로, 학생의 교과 성적, 이수 단위, 전공 관련성 등을 종합적으로 평가하는 주요 지표입니다.

교과 (군)	평균	등급이수	전체이수	지원자 석차등급						모집단위(전형별) 석차등급				
				1-1	1-2	2-1	2-2	3-1	3-2	평균	최고	중간	최저	등급이수
주요과목	2.57	98	98	2.87	2.91	2.68	2.68	1.50	-	3.14	1.05	2.91	7.17	102.74
전과목	2.62	110	124	2.88	2.92	2.72	2.72	1.50	-	3.17	1.35	2.94	7.13	118.65
국어영어	2.56	36	36	3.00	3.00	3.00	3.00	1.00	-	3.07	1.12	2.90	7.23	40.41
수학과학	2.65	43	43	2.63	3.25	2.64	2.50	2.00	-	3.21	1.00	3.07	7.10	44.41
영어수학	2.89	36	36	3.00	3.50	3.00	2.50	2.00	-	3.11	1.00	3.00	6.95	41.63
국어	2.40	20	20	3.00	3.00	3.00	2.00	1.00	-	3.08	1.00	2.90	7.63	20.52
영어	2.75	16	16	3.00	3.00	3.00	2.00	-	-	3.06	1.00	2.80	7.00	19.83
수학	3.00	20	20	3.00	4.00	3.00	3.00	2.00	-	3.15	1.00	3.00	7.21	21.75
사회	2.42	19	19	3.00	2.43	2.00	1.00	-	-	3.17	1.00	3.00	7.5	17.93
과학	2.35	23	23	2.25	2.50	2.43	2.25	-	-	3.27	1.00	3.07	7.15	22.66
기타	3.00	12	18	3.00	3.00	3.00	3.00	-	-	3.35	1.00	3.25	6.83	15.60

전체 구조 요약

구분	내용
화면 제목	학교생활기록부 성적산출표
비교 그룹 정보	전체 390명 중 52등 (진학반), 12등 (1학년 1학기 기준)
주요 노출 항목	과목별 평균 등급, 등급이수 수, 학기별 내신, 모집단위별 석차등급

1) 희망 전공 관련 과목 이수 여부

- 희망 학과와 관련된 필수 및 심화 과목을 실제로 이수했는지 확인
  ex) 공학 계열 지원자 → 미적분, 물리II, 화학II, 과학탐구실험 이수 여부

2) 진로 선택 과목의 이수 단위 수

- 진로 선택 과목이 총 5단위 이상 이수되었는지 여부도 핵심 평가 포인트

3) 심화 및 전문 과목 이수 여부

- 심화 과목 이수는 학문적 깊이와 대학 교육과정 이수 가능성을 보여줌
  예: 물리II, 화학II, 심화수학, 전문교과, 실험 과목 등

4) 교육과정 이수현황 분석 예시

교과 영역	세부 영역	이수 과목	비고
국어	공통과목	국어	-
	일반선택	독서, 문학	-
	진로선택	없음	심화국어 미이수
	공통 및 일반선택 과목은 충실히 이수했으나, 심화국어(진로 선택 과목)는 미이수 → 전공 심화 연결 흐름 부족		
수학	공통과목	수학	-
	일반선택	수학I, 수학II	-
	진로선택	없음	미적분 미이수
	수학 I, II 이수는 기본적이나, 미적분 미이수 → 이공계, 의학계열 등에서는 명백한 감점 요소		
과학	공통과목	통합과학, 과학탐구실험	-
	일반선택	물리학I, 생명과학I	-
	진로선택	없음	화학II 등 심화 과목 미이수
	물리학 I, 생명과학 I은 선택함 → 기초적 전공탐색 노력은 인정. 그러나 물리II, 화학II 등 II과목 미이수 → 학문적 깊이 부족		

• 전공적합성 판단 기준

항목	상태	해석
수학 - 미적분 이수 여부	미이수	자연계열 지원 시 불리함
과학 - II과목 이수 여부	미이수	전공탐색의 깊이 부족
실험 중심 과목 이수	과학탐구실험 이수	실험 관심도는 반영 가능
전공 관련 흐름 구성	일부 연계	학과 연계는 일부 존재하나 심화 부족

1) 주요과목 평균 등급

- 주요과목 평균 : 2.57
- 전체 98단위 과목 중 수학·과학 중심으로 과목을 잘 이수한 편이나, 등급은 중상위권에 해당함

2) 모집단위별 석차등급 분석

과목군	평균 등급	최고	중간	최저	등급이수
주요과목	3.14	1.05	2.91	7.17	102.74
수학과목	3.21	1.00	3.07	7.10	44.41
과학과목	3.27	1.00	3.07	7.15	22.66

- 진학 희망 모집단위에서의 주요과목 평균이 3.14로 상위권 학과 진학시 경계선 수준으로 평가될 수 있음
- 정량적 성적은 아쉬우나 탐구 활동 및 세특으로 충분히 보완 가능

3) 과목별 특징 분석

- 수학 평균 3.00 / 이수단위 20
  - → 전공 필수과목은 이수했지만 평균 등급은 상대적으로 높아 약점으로 작용 가능
- 과학 평균 2.35 / 이수단위 23
  - → 안정적인 성적과 넓은 이수 범위로 긍정 평가 가능
- 영수 평균 2,89, 국영수 평균 등급 2.5~2.6대
  - → 성적 편차가 크지 않고 균형 잡힌 학업 역량을 보여주는 '균형형 학생'으로 해석

입시 활용 해석

이 자료는 진학 전공과 관련된 과목군에서 본인의 성적 위치를 보여주는 매우 중요한 도구입니다. 특히 수학·과학 관련 학과(의대, 공대, 빅데이터, 컴공 등)를 지망할 경우 다음과 같이 해석할 수 있습니다.

- **수학/과학 과목 이수단위는 충분**
- **등급 평균은 상위 20~30% 수준, 다소 높은 편이므로 → 활동, 수상, 세특으로 보완해야 함**

- 이수 의지는 있으나 성취 수준에서 일부 한계가 있는 경우
  → 교내 활동 및 세특에 수학·과학 전공 관련 탐구 서사를 명확히 드러내는게 좋아요.
- 특히 상위권 대학을 목표로 한다면,
  → 수학 등급 2.0 이하가 일반적인 기대 수준이며, 이를 넘는 경우 등급 보완은 어렵기때문에 활동 기반의 서사 설계가 필수입니다.

입학사정관이 보는 화면 : 교육과정 이수현황

아래 화면은 대학 평가 화면에서 학생의 과목 이수 현황을 확인하는 항목들입니다. 입학사정관은 이 항목을 통해 "이 학생이 고교 3년 동안 어떤 과목을 어떻게 선택하고, 어떤 심화도로 이수했는가"를 판단합니다.

대학 평가 화면에서 학생의 과목 이수 현황 예시 화면

선택교과(군)	공통과목	일반선택	진로선택	전문교과 I	전문교과 II
국어	1과목-8단위 국어	3과목-13단위 독서　문학 언어와매체 화법과작문	1과목-3단위 심화국어		
수학	1과목-8단위 수학	3과목-12단위 미적분 수학 I　수학 II	1과목-3단위 수학과제탐구		
과학	2과목-10단위 과학탐구실험 통합과학	3과목-13단위 물리학 I　생명과학 I 지구과학 I　화학 I	2과목-6단위 과학사　물리학 II 생명과학 II　지구과학 II 화학 II	2과목-5단위 물리학실험 정보과학	

평가화면 상단의 구성 항목

항목	설명
자기소개서	학생이 작성한 자기소개서
학생부(교과)	학생의 성적 및 교과 활동
교육과정이수표	지금 화면 – 어떤 과목을 어떤 체계로 들었는지 평가
이수과목리스트	과목별 상세 이수내역
학생부(비교과)	동아리, 자율활동, 진로 등

이 표는 학생이 3년간 어떤 교육과정을 어떤 체계로 이수했는지를 한눈에 볼 수 있게 보여 주는 자료로 입학사정관은 이 화면을 통해, 과목 선택의 수준과 흐름, 전공과의 연관성, 심화·탐구 과목 선택 여부 등을 전공적합성을 평가해요.

교과군	공통과목	일반선택	진로선택	전문교과
국어	국어(12단위)	독서, 문학, 언어와 매체, 화법과 작문	심화국어(5단위)	-
수학	수학(12단위)	수학Ⅰ, 수학Ⅱ, 미적분	수학과제탐구(3단위)	-
과학	과학탐구실험, 통합과학	물리Ⅰ, 생명과학Ⅰ, 지구과학Ⅰ	물리학 실험, 생명과학 실험	화학Ⅱ (전문교과)

과목별 구조분석을 통해 기초부터 심화까지 균형 있게 이수했는지, 또는 특정 과목만 편중되었는지, 어떤 수준과 어느 정도 깊이로 탐구했는지를 직관적으로 파악할 수 있습니다.

- 이 화면 하나로, 과목 이수 체계 + 전공 관련성 + 심화도를 한눈에 판단할 수 있음
- 특정 계열이나 학과에 필요한 과목을 고교 교육과정 안에서 얼마나 전략적으로 선택했는가가 핵심
- 탐구·심화 과목의 이수 여부는 곧 학생의 진로 의지와 성실성을 평가하는 근거로 작용

활용 팁

✓ 진로 희망 계열과 관련된 과목은 반드시 이수해 두는 것이 중요
예 : 광고홍보 → 사회교과 중 일반선택과목 다수 이수공대 계열 → 수학(미적분), 과학(물리·화학) 심화 과목 필수

과목 이수와 성취도에 대한 평가

과목 이수와 성취도에 대한 평가

얼마나 많이 들었느냐보다, 무엇을 왜 들었는지가 더 중요합니다.

학생부종합전형(학종)은 흔히 "스펙이 아닌 스토리의 전형"이라고들 말합니다. 하지만 정작 교과 선택과 이수 단위가 그 스토리의 기반이라는 사실은 종종 간과되곤 해요.

수험생이나 학부모님들이 자주 묻습니다.

"수학을 몇 단위 들어야 하나요?" "과학II를 꼭 들어야 합격할 수 있나요?"

"합격한 학생들은 어떤 조합으로 과목을 들었나요?"

이 책은 그런 질문들에서 출발했습니다. 수많은 입시 상담과 실제 자료를 분석하면서 확인한 한 가지 사실은 아주 분명합니다. 합격하는 학생들의 교과 이수에는 전략이 있고, 일관성 있게 연결되어 있다는 것입니다. 이 책은 그 전략의 실체를 보여주고, 여러분 스스로도 그 전략을 설계할 수 있도록 돕기 위해 쓰였습니다. 교과 이수는 단순한 숫자의 싸움이 아닙니다. 그것은 진로에 대한 태도이며, 학문에 대한 관심을 증명하는 방식이에요. 입시를 준비하는 여러분에게 방향을 제시하는 이정표가 되기를 바랍니다.

1. 학생부 종합전형, 단위에서 시작하라

"단위가 뭐예요?"

단위는 한마디로, 고등학교에서 수업을 얼마나 이수했는지를 나타내는 숫자입니다. 예를 들어, 어떤 과목을 주당 3시간 수업하면 '3단위'로 인정되는 방식이에요. 대부분의 고등학교에서는 수학과 과학의 졸업 필수 단위를 다음과 같이 설정해두고 있습니다.

교과	졸업 필수 단위 (최소 기준)
수학	10단위 이상
과학	12단위 이상

하지만 이 기준은 단지 졸업 요건일 뿐, 학생부종합전형에서 경쟁력을 따지기에는 턱없이 부족합니다. 실제로 합격한 학생들은 이 기준보다 훨씬 높은 수준의 단위를 이수하고 있거든요.

"합격생은 과연 얼마나 들었을까?"

다음은 주요 대학의 학생부종합전형 합격생들이 평균적으로 이수한 단위 수입니다.

대학	수학 평균 이수 단위	과학 평균 이수 단위	특이사항
서울대	15~16단위	17~19단위	과학II 과목 포함 다수
고려대	14단위 이상	16단위 이상	수학 미적분, 과학II 비중 높음
KAIST	16단위 이상	20단위 이상	물리II, 화학II 등 필수 수준
연세대	13~14단위	14~16단위	탐구역량 강조, 과목 다양성 주목

이 숫자들이 말해주는 건 단 하나입니다.

→ 교과 이수는 '선택'이 아니라 '전략'이다.

"이과생은 수학·과학을 어떻게 이수해야 할까?"

공대를 지원하고 싶은 학생이라면, 다음 정도의 이수는 사실상 '기본'에 가깝습니다.

- 수학 : 수학I, 수학II, 미적분, 기하
- 과학 : 물리I, 화학I, 생명과학I 중 최소 2과목 + 과학II 과목 1개 이상

물론 중요한 건 단지 얼마나 많이 들었느냐가 아니라, 왜 그 과목을 선택했고, 어떤 활동으로 이어졌는가예요.

이러한 교과 선택은 학생의 학업 역량과 진로 적합성을 보여주는 가장 명확한 지표가 된다는 점을 꼭 기억하세요!

2. 대학은 교과 이수를 어떻게 평가할까?

"대학은 단위 수를 보나요?"

입시 설명회에서 학생과 학부모님들이 가장 자주 묻는 질문 중 하나입니다. 결론부터 말씀드리자면, "단위 수만을 보지는 않지만, 단위 수는 매우 중요한 판단 요소입니다! "학생부종합전형은 흔히 '정성평가'로 알려져 있어요. 하지만 그 정성평가도 정량적 기초 자료에서 출발한다는 점, 알고 계셨나요?

그 대표적인 정량 자료 중 하나가 바로 교과 이수 내역과 단위 수입니다.

"단위 수 = 학업 태도 + 진로 적합성의 신호"

단위 수는 단순히 "얼마나 들었느냐"를 넘어서 학생의 진로에 대한 태도와 전공 관련 과목에 대한 도전 정신을 보여주는 지표입니다.

대학은 단위 수를 통해
- 진로에 따른 과목 선택의 일관성
- 과목에 대한 도전 의지를 파악하여 전공 적합성 평가의 기초 자료로 활용

학생부 종합전형에서
가산점(+) 및 감점요소(-)

내신의 질	가산점	감점
Q. 주요 과목 내신과 전 과목의 내신의 차이가 큰가?	+ 1등급 이상	- 1등급 이하
Q. 심화과목을 이수했는가?	+ 이수했음	- 이수 안했음
Q. 기타 과목 중 5등급 이하, 또는 음미체 중 C가 있는가?	+ 없다	- 있다
Q. 고2 주교과목 내신이 상승했는가?	+ 상승	- 하락
Q. 내신 최고 등급이 1학년 1학기, 2학기인가?	+ 아니다	- 그렇다
Q. 모집단위에서 요구하는 핵심과목, 권장과목을 모두 이수했는가?	+ 핵심, 권장모두 이수	- 핵심과목 미이수
Q. 등급하락을 우려해 일반선택과목을 피해 진로선택과목을 선택했는가?	+ 없다	- 있다
Q. 진로 역량이 돋보이는 과목을 수강했는가?	+ 그렇다	- 해당없음
Q. 수학 이수 30단위, 과학 이수 35단위 이상 이수했는가?	+ 그렇다	- 아니다
Q. 핵심권장 과목 중 원점수 100점이 있다.	+ 그렇다	- 해당없음
Q. 주요 교과에서 등급과 원점수의 불균형이 있다.	+ 원점수가 높다	- 원점수가 낮다
합계	가산점 ___개	감점 ___개

여러분은 몇개의 가산점과 감점을 가지고 있나요?

이제 항목별로 자세한 내용을 알아 보겠습니다.

Q1 | 주요 과목 내신과 전 과목 내신의 차이, 어떻게 해석될까?

다음은 입학사정관의 평가 관점 예시로 실제로 대학은 다음과 같은 기준과 맥락에 따라 학생의 내신 편차를 판단합니다.

**주요과목 성적이
1등급 이상
낮은 경우**

▶ 전공 부적합 가능성 제기

전공과 밀접한 주요 과목에서 성적이 낮다면, 학과 적응력에 대한 우려로 이어질 수 있습니다.

**예 : 경영학과 지원→ 수학 성적 낮음, 생명과학 관련 전공 지원→ 생명과학 성
       적 낮음**

이는 전공 적합성이 부족하다고 판단하며, 전반적 학업 집중도 문제로 학업 성실성이나 기초 학업역량 미흡으로 해석될 수 있습니다.

입학사정관 코멘트 예시

"전공과 밀접한 과목에서 낮은 성취를 보였으며, 이는 학문적 흥미 부족 혹은 기초 역량 부족으로 해석됨. 세특 또는 활동에서 해당 과목에 대한 구체적인 보완 노력이 보이지 않는다면 감점 요인이 될 수 있음"

**주요과목과 전체
성적의 차이가
적은 경우**

▶ 균형 잡힌 학업역량 + 전공적합성을 동시에 확보

전공 관련 과목뿐 아니라 전체 교과 성적에서도 일정 수준 이상의 성취를 유지했다면, 성실성과, 전공 적합성 모두 우수하다는 평가를 받습니다.

입학사정관 코멘트 예시

"성적 편차 없이 주요 과목과 전반 과목에서 고른 성취를 보였으며, 학업 역량과 전공 적합성 모두 우수하고, 성실성과 자기주도 학습 역량이 돋보임."

• **평가 기준**

구분	내신 격차 상황	입학사정관 평가
1등급 이상 차이	전공 과목 낮고 타 과목 높음	전공 적합성 부족, 학업역량 의문
차이 적음	주요 과목과 전체 성적 일관	전공 적합성&성실성 모두 긍정 평가

★ 보완 전략 (주요 과목이 1등급 이상 낮은 경우)

단순 성적만으로 불리해질 수 있다고 낙담하지 마세요! 다음과 같은 전략적 보완 요소가 있다면 충분히 만회할 수 있습니다.

- 세특에서 주도적 탐구 노력을 구체적으로 보여주기
- 전공 관련 독서 및 탐구 보고서 제출
- 전공관련 동아리 및 비교과 활동으로 진로역량 보완 전략

Q2 | 심화 과목 이수 여부에 따른 평가, 입학사정관은 어떻게 볼까?

입학사정관의 시각에서 심화과목 이수는 단순한 '선택'이 아니라, 학생의 진로역량과 학업역량을 평가하는 핵심 기준이 됩니다.

심화 과목을 이수하지 않은 경우

▶ **전공 적합성과 학업 의지에 의문이 제기**

수학II, 미적분, 물리II, 생명과학II 등과 같은 핵심 심화과목을 이수하지 않았다면, 대학은 이를 전공에 대한 준비 부족으로 해석할 수 있어요. 수능 중심 전형이 아닌 학생부종합평가 중심 평가일수록, 심화과목 이수 여부는 학업 도전성과 진정성의 척도로 판단합니다.

입학사정관 코멘트 예시

"관련 전공 심화과목을 회피한 경향이 있음. 학문에 대한 탐구열보다는 성적 유지를 우선시한 선택으로 해석될 수 있음."

▶ 전공에 대한 도전과 탐구 의지 입증 가능

성적이 다소 낮더라도, 전공 관련 심화 과목을 자발적으로 선택했다면 이수 자체만으로도 학문적 관심, 탐구의지, 도전정신과 진정성이 드러나 긍정적으로 평가될 수 있어요. 또한 세부능력 및 특기사항(세특), 탐구 보고서 등에서 전공 역량 어필이 가능합니다.

입학사정관 코멘트 예시

"심화 과목 이수를 통해 학문적 관심과 도전정신을 보임. 해당 과목 내 세특이나 활동이 전공 적합성과 연결되며 강점으로 작용함."

• 평가 기준

구분	심화 과목 이수 여부	입학사정관 평가
이수 안 함	전공탐구 부족, 회피 가능성	준비 부족, 감점 요인
이수 함	도전정신, 전공탐구 의지	긍정 평가, 성적보다 이수 자체 의미 큼

★ 보완 전략 (심화과목 미이수 시)

- 비교과 활동을 통해 전공 관련 활동을 적극 어필하여 역량 보완 (예: 동아리 탐구, 전공 관련 독서, 발표, 보고서, 논문 쓰기 등)
- 세특에 '자발적 심화 학습'의 흔적 남기기 (예: 수업 외 추가 탐구가 있었다는 점 강조)

TIP

심화 과목 이수는 학생의 진로역량에서 가장 직관적인 '행동증거'로 여겨지므로 진로에 대한 태도와 진정성을 보여주는 매우 직관적인 지표입니다. 따라서 성적보다 과목 선택 자체의 의미가 더 클 수 있어요. 아래 표는 대학들이 심화과목으로 인식하는 주요 과목들을 전공 계열별로 정리한 표로, 입학사정관들이 심화이수 여부를 통해 진로역량과 학업역량을 어떻게 판단하는지를 기반으로 구성했습니다.

광고홍보 → 사회교과 중 일반 선택 과목 다수 이수공대 계열 → 수학(미적분), 과학(물리·화학) 심화 과목 필수

• **전공계열별 심화과목 분류 및 평가 포인트**

전공 계열	심화 과목 예시	입학사정관 평가 포인트
의학계열	생명과학II, 화학II, 수학II, 미적분	과목 이수 자체가 필수 요소로 간주, 성적보다 탐구 노력과 충실도 평가
자연과학/ 공학계열	물리II, 화학II, 생명과학II, 지구과학II, 수학II, 미적분, 기하	수학/과학 과목 조합으로 전공탐색 및 사고력 강조, 이수 여부가 전공 적합성의 핵심 기준
상경계열	수학II, 미적분, 경제, 사회문화	수학 이수는 거의 필수, 특히 미적분/기하 이수 시 논리적 사고, 수리 능력 강조
사회과학 계열	사회문화, 정치와 법, 세계사, 경제	심화 사회과목 이수 시 전공적합성 인정, 비교과 활동과의 연계 필요
교육계열	전공 교과II, 윤리와 사상, 교육학탐구(학교 개설 시)	수능과 연계성 낮더라도, 교직 소양과 진로 관심을 보여주는 선택 중요
인문계열	문학, 독서, 고전, 언어와 매체, 세계사	언어와 매체, 고전 등 심화 언어과목 이수 시 학문 탐구력 강조 가능
예체능 계열	심화 미술/음악 이론, 연주실기, 체육탐구 등	실기 과목 중심이나, 이론 과목 이수 시 학문적 관심도 긍정 평가

결론

단순히 심화 과목을 이수했는가 보다, 이수한 과목에서 세특, 수행평가, 프로젝트 등이 전공 관련 탐구와 연결되는지가 더욱 중요합니다.

서울대, 성균관대 등 일부 대학은 특정 전공에 따라 심화과목 이수를 '전공 적합성 필수 요건'으로 명시하기도 하니, 진학 희망 대학의 전형 자료를 반드시 확인해보세요. 수학의 경우 특히 기하와 미적분은 상위권 자연계열의 핵심 과목으로 평가됩니다.

Q3 | 기타 과목 (비전공과목)에서 5등급 이하 성적이 있거나, 예체능 계열 음·미·체 과목에서 C 등급 (성취도 3단계 중 최하위)이 있는 경우, 대학은 어떻게 평가할까?

비전공 과목에서 5등급 이하 성적이 있거나, 음악·미술·체육과 같은 예체능 (음미체) 과목에서 C등급을 받은 경우, 이는 단순히 성적의 문제가 아니라 학생의 전반적인 기본 학업 태도, 성실성, 책임감을 판단하는 지표로 평가합니다.

5등급 이하 또는 음미체 C등급이 있는 경우

▶ **성실성과 자기관리 부족으로 해석될 수 있음**

비전공 과목이라도, 현저히 낮은 성적은 학업 태도, 수업 참여도에 대해 부정적으로 해석될 수 있어요.

특히 체육·미술·음악 등에서 C등급은 학업태도와 학교생활 전반의 소극적인 태도로 의심 받을 수 있으며 하나의 C나, 5등급 이하가 연속적이거나 특정 시기에 집중되어 있다면, 개인 사정이나 위기 상황이 있을 수도 있으므로 보완 설명이 필요합니다.

입학사정관 코멘트 예시

"전공과 무관한 과목이라 하더라도 낮은 성취는 학업 성실도와 책임감에 의문이 들며 공동체 생활에 대한 태도와도 연결될 수 있음."

C등급이나 5등급 이하가 없는 경우

▶ **기본적 성실성과 자기관리 능력이 확보된 것으로 평가**

모든 과목에서 최소한의 학업 성적을 유지한 것은 균형 잡힌 학업 태도로 간주되며, 전공과 무관한 과목에서도 일정 성적 이상을 유지한 경우, 책임감과 성실성 태도에서 긍정적으로 평가에 반영됩니다.

입학사정관 코멘트 예시

"특별히 우수하지는 않더라도 모든 과목에 충실히 임한 태도가 돋보임. 공동체 활동 및 기본 소양 평가에서 가점 요인이 될 수 있음."

• **평가 기준**

구분	5등급 이하/음미체 C 여부	평가 영향
있음	책임감·성실성 부족 인식 가능 → 감점 요인	특히 지속적/복수 발생 시 주의
없음	학업 전반에 대한 성실성 신호 → 가산 요인	기본 학업 태도 양호로 해석

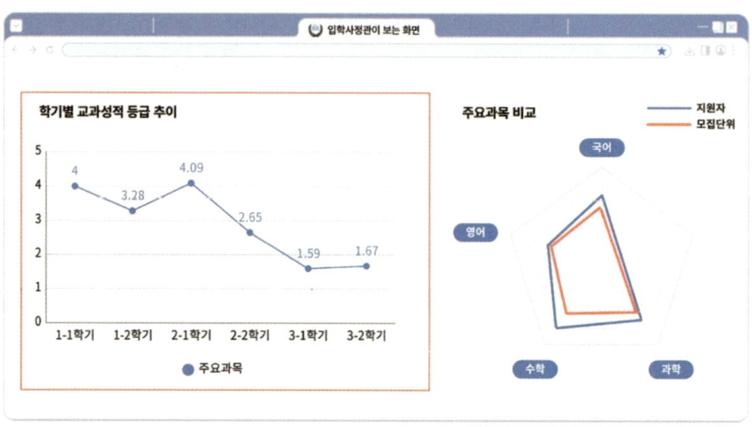

Q4 | 고2 주요과목 내신이 상승했는가, 왜 중요할까?

고2는 전공 기초 학습의 중심 시기로, 학업역량 평가의 핵심 시기입니다. 대학은 이 시기의 성적을 특히 중요하게 평가해요. 수학, 과학, 국어 등 주요과목에서의 성적 상승은 학업에 대한 진지한 태도, 자기주도 학습 역량을 보여주는 지표로 매우 중요한 평가 중 하나입니다.

주요과목 내신 상승 → 긍정적 지표

전공 관련 과목에서 성적이 상승했다면 → 학습의지, 집중력, 전공적합성 모두 긍정적으로 판단하며, '대학 교육 적응력 기대 가능'이라는 자기주도성과 개선 가능성을 입증하는 긍정적 지표로 볼 수 있어요.

주요과목 내신 하락 → 부정적 지표

고2 시점에서 전공 관련 기초과목 성적이 하락했다면, 이는 학업 부담, 진로 혼란으로 해석될 수 있고 특별한 설명(예: 진로 변경, 탐구 활동 집중, 동아리 활동 강화 등)이 없다면 학업역량에 대한 의심 요인이 될 수 있습니다.

• **평가 반영 예시 (사정관 내부 평가표 일부 항목 기준)**

항목	내용	평가
고2 수학·과학 성적 추이	3→2→1등급	긍정 평가
국어 성적 2→3 하락	단순 하락	경과관찰 or 부정적
고2 전체 평균 상승	자기주도 학습 능력 확인	가산점 가능

결론

고2 주요과목 내신 상승 여부는 전공기초 학업역량 확인, 대입 준비도 및 학습 지속성 판단 기준, 자기주도성·회복력 판단에 중요한 정성적 지표가 됩니다.

Q5 ∣ 내신 최고 등급이 1학년 인가? – 성장 곡선을 보는 평가 기준

이 항목은 단순한 수치보다도 성장 곡선과 학업 태도를 평가하는 중요한 평가입니다.

그렇다 → 부정적 해석 가능

1학년 등급이 최고치인 경우 → 이후 성취도가 유지되지 않았거나 하락했다는 의미로 해석될 수 있어요. 또한 '1학년만 잘하고 이후 하락'한 경우 → 지속성장 측면에서 학업 지속력 부족, 동기 저하, 진로 불분명 등으로 판단될 수 있습니다.

아니다 → 긍정적 해석 가능

이 경우는 고2~고3에서 최고 등급을 기록한 경우로, 고학년으로 갈수록 성적이 좋아졌거나 유지됐다면 → 학습 습관의 형성 및 자기주도 학업역량이 우수하다는 신호로 해석됩니다. 특히 전공 관련 과목에서 고학년일수록 성취도가 높거나 좋은 성적을 유지했다면 → 전공 적합성에서 긍정적으로 평가받을 수 있어요.

• **평가 기준**

시기별 최고등급 위치	입학사정관 해석	결과
고1 1학기 최고, 이후 점차 하락	초반 집중형, 자기주도학습 미흡	**감점 요인**
고2 2학기 또는 고3 1학기 최고	지속 성장형, 진로 성숙도 우수	**긍정 평가**
고1~고3 점진적 상승	자기주도성 우수, 꾸준함	**강점 요소**

내신 최고 등급이 1학년 초반에 집중되어 있다면, 입학사정관은 다음과 같은 의문을 가질 수 있습니다.

- 왜 이후 성적 유지가 어려웠을까?
- 진로에 대한 동기부여가 부족했던 것은 아닐까?
- 전공 관련 과목 성적은 어떤 흐름을 보였을까?

따라서 이러한 경우, 후속 학기에서의 의미 있는 변화를 세특, 비교과 활동, 탐구 노력 등으로 적극 보완하는 전략이 필요합니다.

Q6 | 모집 단위에서 요구하는 핵심과목 및 권장과목을 모두 이수했는가? - 권장과목 이수의 강점

모집 단위에서 요구하는 핵심과목 및 권장과목 이수 여부는 학생부 종합전형 평가 시 교과 이수 충족 여부를 확인하는 중요한 기준 중 하나입니다.

핵심과목

전공과 직접적으로 연관되며 필수적인 과목
→ 이수 여부는 전공 적합성과 학업 준비도를 판단하는 기본 요건이 됩니다.

권장과목

학교가 제시한 교육과정 내에서 전공 탐색 및 심화 가능성을 보여주는 선택 과목
→ 이수 시 학업 의지, 진로 탐색 노력을 가시화할 수 있어요.

• 권장과목까지 이수한 경우 입학사정관의 평가

항목	입학사정관 평가
학업 준비도	전공 관련 과목을 체계적으로 이수 → 학업 의지 우수
교육과정 충실도	권장과목까지 이수 → 학교 커리큘럼 내에서 최선을 다한 흔적
전공 적합성	관련성 있는 과목 선택 → 전공 관심도 및 탐색의 증거
비교 우위 요소	타 지원자 대비 두드러진 준비도 확보

결론

권장과목까지 이수한 경우는 정성 평가에서 명확한 강점으로 작용합니다. 이는 자기주도성, 전공 탐색 노력 및 관심도, 성실성을 종합적으로 보여주는 요소이며 특히 경쟁이 치열한 모집 단위에서는 경계선 학생들을 구분 짓는 합격의 당락을 가르는 요소가 될 수 있어요.

Q7 | 등급 하락을 우려해 일반 선택 과목을 피해 진로 선택 과목을 선택했는가? - 도전성의 평가

이 항목은 학생의 과목 선택 동기와 학업 도전성을 판단하는 핵심 기준입니다.

"일반 선택 과목 회피 없이 진로 선택 과목을 선택한 경우"

과목 선택의 진정성에서 과목 선택은 단순히 내신을 유리하게 만들기 위한 전략이 아니라, 전공에 대한 관심과 진로탐색에 기반한 주도적 선택으로 평가합니다. 또한, 학업 도전성, 전공 적합성, 진로 주도성 모두 반영된 사례로 판단하며 진로선택과목에서 성취도까지 우수할 경우 학업역량까지 긍정적으로 연결될 수 있어요.

"등급 관리를 위해 일반 선택 과목을 회피한 경우"

입학사정관은 단순히 내신 등급의 수치보다는 과목 선택의 맥락과 의미를 중요하게 여깁니다. 이는 '쉬운 길을 택했다'는 판단이 들 수 있으며, 학업 태도, 전공 탐색의 진정성에 부정적 영향을 미칠 수 있어요. 특히 전공 관련 일반선택과목을 회피한 경우, 전공적합성 평가에서 불리하게 작용할 수 있습니다.

• 입학사정관이 중점적으로 보는 핵심 포인트

평가 요소	고려 기준
학업 도전성	어려운 과목이라도 전공에 필요하면 선택했는가?
전공 적합성	전공 관련 과목을 회피하지 않고 꾸준히 이수했는가?
과목 선택의 진정성	단순 성적 관리 목적이 아닌 진로 기반 선택인가?

결론

학생부종합전형에서 과목 선택은 단순한 이수 여부가 아니라, 왜 그 과목을 선택했는가에 대한 스토리입니다. 전공과 연관된 일반 선택 과목을 회피하지 않고 선택한 학생은 진정성, 주도성, 전공 적합성을 종합적으로 인정받을 수 있으며, 이는 정성 평가에서 확실한 강점으로 작용합니다.

이 항목은 단순히 과목명을 보는 것이 아니라, 과목 선택의 동기와 의도성, 진로와의 연계성, 과목 내 활동 및 성취도, 세부능력 및 특기사항(세특)의 내용, 관련 교내활동 및 탐구 경험과의 연계까지 종합적으로 평가됩니다. 아래 내용은 입학사정관의 실제 평가 분석 포인트에요.

입학사정관이 보는 평가 요소 및 시선

평가 항목	세부 내용
진로 연계성 (전공적합성)	해당 과목이 희망 전공이나 진로와 연결되어 있는가? 예) 심리학 진로 희망 → '생활과 윤리' 또는 '심리학' 과목 수강 　　의학 계열 희망 → '생명과학 II', '의학탐구', '운동과 건강' 등
	입학사정관의 시선 : "이 학생은 고등학교 때부터 자신의 진로에 맞는 과목을 적극적으로 선택하여 전문성 있는 학습을 시도했는가?"
과목 선택 동기와 의도성	과목 선택이 계획적이고 목적이 명확한가? 단순히 학교에서 개설되어 있어서 수강한 것인지, 아니면 자기주도적으로 선택했는지?
	입학사정관의 시선 : "학생이 해당 과목을 수강한 이유가 명확한가? 진로 목표를 위해 계획적이고 목적의식을 가지고 선택했는가?"
세특 내용의 진로 관련도	세특에서 학생의 탐구활동, 발표, 프로젝트 등이 진로와 연관되어 있는가? 예) '사회문제탐구' 과목에서 '고령화 사회와 의료 시스템'을 주제로 발표, '화학 II'에서 의약품의 화학 구조 분석 활동
	입학사정관의 시선 : "단순 수강을 넘어, 학생이 해당 과목에서 얼마나 깊이 있는 활동을 했는지, 그리고 그 활동이 진로와 어떻게 연결되는지?"
연계 활동 유무	해당 과목과 연계된 동아리, 독서, 진로탐색 및 자율활동 등이 함께 이루어졌는가? 과목 수강 → 심화탐구 → 결과 발표 → 연계 독서/활동 → 진로로 이어지는 일관된 흐름이 있는가?
	입학사정관의 시선 : "이 학생은 일관된 흐름으로 보아 진로에 대해 일관된 고민을 해왔고, 과목 선택과 활동이 유기적으로 연결되어 있다."
난이도와 도전성	전공 관련 고난도 과목도 피하지 않고 선택했는가? 성적보다 도전 의지가 드러나는가? 예) 문과 학생이지만 경영학 진로 희망 → '수학I·II', '경제수학' 수강, 자연계 학생이지만 의대 진학 위해 '생명과학 II' 선택
	입학사정관의 시선 : "학생이 자신에게 도전이 되는 과목도 진로를 위해 과감히 선택했는가? 단순히 쉬운 길을 택하지 않았는가?"

아래는 **입학사정관의 시선**에서 전공별 진로역량이 잘 드러나는 과목 수강 사례를 분석한 예시로, 각 항목은 다음 네 가지 기준으로 구성했어요.

- **진로 연계성** : 과목이 진로와 어떻게 연결되는가?
- **과목 선택 이유** : 의도적으로 진로 탐색 목적에서 선택했는가?
- **세특 및 활동 연계성** : 과목 안팎에서 진로 관련 활동이 이루어졌는가?
- **도전성** : 고난도 과목임에도 불구하고 자발적으로 수강했는가?

**종합 분석 포인트
예시
(의학계열)**

항목	분석 포인트	평가
수강 과목	'융합과학', '생명과학II'	진로 연계 과목
선택 이유	의학 진로 탐색 목적	명확한 의도
세특 내용	세포 치료법 관련 실험 보고서 작성	심화 탐구 우수
연계 활동	과학 동아리 발표, 의학 독서토론회	연계성 높음
도전성	고난도 과목 자발적 수강	도전정신 우수
종합 평가	진로역량이 과목 선택과 활동 전반에 드러남	상

**진로역량이 드러나는
과목 수강 예시**

1. 의학계열 (의예과, 간호학과 등)

항목	예시
수강 과목	생명과학 I, 생명과학 II, 화학 I, 융합과학, 운동과 건강
선택 이유	인체 구조와 기능에 대한 이해 및 진로 탐색
세특 내용	유전자 편집 기술 관련 발표, 감염병 대응 시스템 분석 활동
연계 활동	보건 동아리, 병원 탐방 체험, 관련 독서 ('유전자의 내밀한 역사')
도전성	생명과학 II를 자발적으로 수강해 심화학습 시도
종합 평가	전공 적합성과 진로역량 모두 우수, 활동과 과목이 유기적으로 연결됨

2. 심리학·사회복지학

항목	예시
수강 과목	생활과 윤리, 사회문화, 심리학, 통합사회
선택 이유	인간의 심리와 사회 문제에 대한 관심
세특 내용	심리 실험 설계(스트레스와 기억력), 사회 이슈에 대한 토론 참여
연계 활동	또래 상담 활동, 지역 복지센터 봉사, 진로 인터뷰
도전성	희귀 과목인 '심리학' 수강 및 교내 연구 발표
종합 평가	관심이 단순한 수준을 넘어 구체적 실선으로 연결됨

3. 경제·경영학과

항목	예시
수강 과목	경제, 정치와 법, 수학 I·II, 경제수학, 사회문제탐구
선택 이유	경제 구조와 정책 분석에 대한 진로 관심
세특 내용	화폐 가치 변화 분석 보고서, 주식 시장 모의 투자 프로젝트
연계 활동	경제동아리, 모의투자대회 참가, 금융 관련 독서 ('넛지', '왜 우리는 불평등한가')
도전성	수학 II까지 수강하며 수리적 분석 역량 강화
종합 평가	수학적 사고와 사회과학적 이해를 바탕으로 진로에 적합한 과목 구성과 활동 실현

4. 교육학과 (특히 초등교육, 유아교육)

항목	예시
수강 과목	교육학탐구, 아동발달과 교육, 국어, 윤리, 사회
선택 이유	아이들의 성장과 교육 방법에 대한 관심
세특 내용	수업 모의 시연 활동, 동화 읽기 지도안 작성
연계 활동	교육봉사(초등 돌봄 활동), 자율 동아리 '꼬마교사단' 운영
도전성	개설 희소 과목 수강, 자발적 실습 활동 주도
종합 평가	진로에 대한 깊은 이해와 실행력, 교직 마인드가 과목과 활동에 반영됨

항목	예시
수강 과목	미술창작, 디자인일반, 융합과학, 기술·가정
선택 이유	디자인의 시각적 표현력과 기술 접목에 대한 관심
세특 내용	지역문화 아이콘 디자인 프로젝트, 공공디자인 제안서 제작
연계 활동	디자인 공모전 수상, 미술 관련 독서, 디지털툴 자율 학습
도전성	디자인 일반을 중심으로 교과+창체 융합형 활동 수행
종합 평가	창의성과 진로 적합성이 교과/비교과에서 균형있게 드러남

Q9 | "수학 이수 30단위, 과학 이수 35단위 이상 이수했는가?" 로 학업역량 평가

학생부종합전형에서는 수학과 과학 교과의 이수 단위를 학업역량과 전공적합성을 평가하는 중요한 정량 지표로 활용합니다. 특히 이공계열 지원자의 경우, 이수 단위 수는 대학의 기본 평가 기준 중 하나로 작용해요.

입학사정관 평가 관점 분석

평가 요소	입학사정관 평가 분석
1. 정량적 학업 성취 지표	이수 단위 수는 고등학교 교육과정에서 해당 과목에 어느 정도 집중했는지를 보여주는 정량적 지표입니다. 수학과 과학은 이공계열에서는 특히 중요한 기준으로 작용하며, 이수 단위가 많을수록 **학문에 대한 관심도, 성실성, 도전성, 전공 준비도에서 긍정적인 평가를 받을 수 있어요.** **수학 이수 30단위, 과학 이수 35단위 이상 이수 "그렇다"**→ 수학,과학 과목의 심화 이수로 전공적합성과 학업역량을 갖춘 학생으로 해석됨→ 이공계열, 특히 공학, 자연과학, 의학계열 진학 시 **강점 요소**로 작용 **"아니다"**→ 단위 수가 부족하더라도 **과목의 내신 성적, 과목 수준(예: 심화과목)**, 학업계획 등을 통해 **보완 가능하다면 평가에 큰 불이익은 아니며** 단순 이수량보다 **질적 학업역량**을 함께 평가
2. 자기주도성과 학업계획력	많은 단위를 이수했다는 것은 해당 교과 선택의 적극성과 학업 계획성을 보여주는 것으로 종합전형에서 중요하게 보는 **자기주도성**의 주요 증거로 해석됩니다.
3. 진로와 연계	단순 이수량을 넘어 희망 전공과의 연계성 역시 중요해요. 예를 들어 공학계열 진학을 희망하면서 수학, 과학 이수가 부족하다면 **진로역량 부족**으로 인식할 가능성이 있습니다.

수학/과학 이수 단위는 단순한 수치가 아니라 학업 역량, 자기주도성, 전공 적합성을 입증하는 지표로서, 특히 이공계열 지원 시, 단위 수 충족 여부가 전공역량 판단의 기준점이 되므로 질과 양을 함께 준비하는게 좋아요. 수학/과학 과목의 이수 단위가 많고, 관련 교과 성적이 우수하며, 학생부 기록에서도 해당 분야에 대한 관심이 드러나는 경우 긍정적으로 평가합니다.

Q10 | "핵심 권장 과목 중 원점수 100점이 있다"가 주는 의미

"우리 아이가 국어나 수학에서 100점을 받은 적이 있는데, 대학에서 이런 걸 보나요?"라고 종종 물어보는 경우가 있습니다. 결론부터 말하면, 대학은 '100점' 자체보다 그것이 갖는 의미를 더 중요하게 봐요. 특히 학생부종합전형에서는 이 한 번의 성취가 꽤 강한 인상을 줄 수 있어요.

입학사정관 평가 관점 분석

평가 요소	입학사정관 평가 분석
1. 정량적 학업 역량 우수성의 강력한 지표	핵심과목(국어, 수학, 영어, 과학 중 전공관련 교과)에서의 100점 성취는 1)학업 역량의 최상위 수준을 입증, 2)해당 과목에 대한 깊은 이해와 성실한 학습 태도, 3) 우수한 수행평가 결과를 의미해요. 즉, **100점은 단순한 성적을 넘어서 교과 중심의 신뢰도 높은 학업역량으로 해석될 수 있습니다.**
2. 전공 적합성과 연계	**만약 100점을 받은 과목이 전공 관련 핵심과목이라면,** 입학사정관은 해당 학생이 전공에 대한 이해와 준비도가 매우 높은 학생으로 **전공적합성까지 함께 갖추었다고 판단할 수 있어요.** 예 : 생명과학 100점 → 의학계열 전공적합성 적합, 수학 100점 → 공학/통계 진학 시 전공적합성 강점, 영어 100점 → 국제학부/어문계열 전공적합성 적합
3. 내신의 질적 평가 기준	내신 등급이 같은 학생이라도, 원점수 100점 경험이 있는 학생은 더 높은 성취 수준으로 평가받을 수 있어요. 특히 **수행평가 비중이 높은 교과(예: 탐구 과목, 통합사회 등)에서 100점을 받았다면** 종합적 사고력 및 표현 능력 또한 우수하다고 판단할 수 있습니다.

핵심과목 100점은 내신 성적 외에 학업 태도, 성실성, 수행평가 우수성등을 모두 종합한 정성 평가의 정량 근거로 특히 전공과 연계된 과목에서의 만점은 전공 적합성과 학업 준비도를 동시에 입증 할 수 있습니다. 핵심과목에서 100점을 받은 경험이 여러 번 있거나, 관련 과목에서 지속적으로 우수한 성적을 유지하며, 학생부 기록(세부능력 및 특기사항)에 해당 성과와 관련된 교사의 긍정적 코멘트가 있다면 긍적적인 평가를 받을 수 있어요.

Q11 | "주요 교과에서 등급과 원점수의 불균형이 있다?" 입학사정관은 어떻게 볼까요?

이 문제는 학생들이 종종 혼란스러워하는 부분 중 하나입니다. **"제가 2등급인데 원점수는 96점이었어요. 이거 대학에서 어떻게 보나요?"** 입학사정관은 단순히 등급만 보지 않습니다. 등급과 함께 원점수가 어떻게 나왔는지, 그 안의 의미를 함께 살펴 평가해요.

1) "원점수가 높다" (등급은 낮지만 실제 점수는 높음) → 긍정적인 신호

예를 들어 수학II에서 2등급이지만 96점이라면, 단순히 등급이 낮다고 걱정하지 마세요. "이 학생은 수준 높은 학급 내에서 치열하게 경쟁했고, 상대평가로 인해 등급은 낮게 나왔지만, 실질적 학업 역량은 우수한 경우"라고 해석합니다. 이런 사례는 학생부에서 강조할 만한 부분이며, 이렇게 강한 경쟁 속에서 절대 성취도가 높은 경우, 입학사정관은 원점수와 세부사항을 종합적으로 판단하여 우수한 학업 역량으로 평가받을 수 있습니다.

2) "원점수가 낮다"(등급은 높지만 실제 점수는 낮음) → 해석에 주의 필요

반대로 1등급인데 원점수가 91점이라면, 절대적인 학업 성취도가 다소 아쉬울 수 있습니다. 시험 난이도가 높았거나 평균 점수가 낮았다면 이해가 되지만, 그렇지 않다면 "과연 이 학생의 실질 학업역량이 얼마나 되는가?"는 질문이 생길 수 있어요. 따라서 평가자는 "다른 학생들에 비해 높지만, 절대적인 학업 성취도는 보통일 수 있으니 과목 특성과 수업 참여 내용 등을 종합적으로 확인해야 함."으로 해석합니다. 이 경우에 세부능력특기사항(세특)의 교사 코멘트이나 과목 특성, 성취기준 기반 평가에 대한 보완이 중요해요.

항목	입학사정관의 관점
등급과 원점수가 불일치 할 때	단순 등급보다는 절대 성취도(원점수)를 우선 파악
원점수가 높은 경우	학업 역량을 긍정적으로 재평가할 기회로 작용
원점수가 낮은 경우	해석 주의 필요, 다른 근거 자료(과목별 세부사항, 수행평가 등)와 종합 판단

면접에서 활용 TIP

"고2 수학II에서 2등급을 받았지만 원점수는 96점이었습니다. 상위권 학생이 많은 경쟁이 치열한 반에서 학업역량을 키웠고, 이는 대학 수업에도 잘 적응할 수 있는 준비가 되어 있다고 생각합니다."
이처럼 구체적인 수치를 근거로 스스로의 학업 태도와 환경을 설명하면, 신뢰도 높은 자기소개가 됩니다.

1) 서울대학교

자연계열 지원 시: 과학II 과목 1개 이상 이수 권장
→ 의대, 자연과학대, 공대 모두 심화 과목 이수 여부를 평가요소로 명시
→ 서울대 입학처 안내서 중 발췌: "자연계열 지원자는 본인의 진로와 연계된 과학 과목을 폭넓게 이수했는지를 중점적으로 본다."

2) 고려대학교

계열별 이수 과목의 깊이·폭 평가 → 미적분, 과학II 등 심화 이수 시 가산점

3) KAIST, POSTECH, UNIST

과학탐구 3과목 이상 필수
→ 과학II 이수 여부를 합격자의 분석에서 강조
→ KAIST는 실제로 "과학II 과목 이수 여부"를 입학 FAQ에서 공식적으로 언급함

대학은 단위 수와 함께 다음과 같은 점들을 종합적으로 판단합니다.

항목	평가 포인트
이수 과목명	전공 관련성, 계열 적합성
이수 학기	연속성 여부 (단기성이면 감점)
단위 수	과목별 비중, 도전 강도
성취도	A~C 범위, 꾸준한 향상 여부
세부능력 및 특기사항	수업 참여도, 심화탐구, 프로젝트 등

교과 이수 = '학생의 진심'(희망 계열에 대한 학문적 관심, 학교 안에서 가능한 최고의 선택을 했는가?)을 가장 논리적으로 증명하는 수단이 됩니다.

교과 선택에 정답은 없습니다. 단 논리는 있어야 해요!
예를 들어, 생명과학자가 되고 싶은 학생이 생명과학I만 듣고 물리·화학에 집중했다면 설득력이 떨어지겠죠. 반면 생명I, 생명II, 심화생명까지 이수했다면 진로 적합성이 뚜렷해지게 됩니다. 단위 수를 늘리는 것도 중요하지만, '왜 이 과목을 선택했는지'에 대한 서사가 있어야 해요. 그 서사가 바로 학생부종합전형의 핵심입니다.

"실제로 다른 학생들은 어떤 과목을 들었나요?"

"합격한 친구들은 어떤 과목을 얼마나 들었나요"

학생과 학부모 모두가 가장 궁금해하는 질문 중 하나입니다.

여기서는 가상의 인물 사례를 설정하여 서울대, KAIST, 고려대, 연세대등 주요 대학에 합격한 학생들의 교과 이수 전략을 재구성했습니다.

다음 사례는 실제 합격자 생기부 샘플, 입학처 자료, 상담 데이터를 토대로 재구성한 예시입니다.

사례 1
서울대 생명과학부 합격 (서울 일반고)

구분	과목명	단위 수	이수 학년
수학	수학I, 수학II, 미적분, 기하	12단위	전학년
과학	통합과학, 생명과학I, 생명과학II, 화학I	14단위	1~3학년
특징	생명과학II 이수, 세특에 탐구활동 3건 기록		

입학사정관 평가 포인트

- ▶ 생명과학II까지 이수 → 전공 적합성 강조
- ▶ 유전자 실험, 모의 논문 작성 등 실험 및 분석 활동 중심의 세특 기록
- ▶ 물리·지구과학 미이수 → 범위는 좁지만, 생명과학에 대한 집중력이 돋보임

사례 2
KAIST 화학과 합격 (영재학교 출신)

구분	과목명	단위 수	이수 학년
수학	수학I, 수학II, 미적분, 기하, 심화수학	16단위	전학년
과학	화학I, 화학II, 물리I, 생명과학I	20단위	1~3학년
특징	화학II 포함, 실험 중심 세특 6건 이상 기재		

입학사정관 평가 포인트

- ▶ 화학II 이수는 KAIST에서 높은 평가
- ▶ 고난도 수학과 심화 과학 과목 이수 → 학업 역량 우수
- ▶ 실험 및 분석 활동 중심, 그래프 해석능력의 세특 기록 → 자기주도성 및 학문 역량 탁월

사례 3
고려대 컴퓨터학과 합격 (경기 일반고)

구분	과목명	단위 수	이수 학년
수학	수학I, 수학II, 미적분, 기하	14단위	전학년
과학	통합과학, 물리I, 화학I	12단위	1~2학년
특징	수학 중심 이수, 정보과목+프로그래밍 동아리 활동 강화		

입학사정관 평가 포인트

- 정보, 소프트웨어 활동 등 수학 중심의 진로 연결성 우수
- 과학은 필수만 이수하여 최소 이수 범위를 줄이고, 수학과 활동으로 보완
- 코딩 프로젝트를 과학탐구 활동과 융합해 세특에 입체적 진로역량을 드러냄

사례 4
연세대 심리학과 합격 (인문계)

구분	과목명	단위 수	이수 학년
수학	수학I, 수학II, 확률과통계	10단위	1~2학년
과학	통합과학, 생명과학I	6단위	1학년
특징	심리학 실험 프로젝트 수행, 수학 세특에 통계 프로젝트 기록		

입학사정관 평가 포인트

- 수학은 기본 이수이나 세특에서 통계 활용 능력 등 심리학 관련 활동에서 수학적 분석 능력 보완
- 과학은 깊이보단 심리학과의 연계성 일부로 선택
- 교과 이수보다 탐구 활동과 진로 연계성에 중점 둔 전략이 돋보임

"우리 아이가 ○○과를 목표로 하는데, 뭘 들어야 하죠?"

이 질문에 답하기 위해선 단순히 "많이 듣는 것"이 아니라 전공 적합성, 계열 일치, 과목 간 연결성까지 고려한 맞춤 전략이 필요합니다!

아래는 주요 전공별로 추천되는 수학·과학 과목 조합과 대학의 평가 포인트를 정리한 것입니다.

의대·치대·한의대 지망생 추천 이수 조합

교과	과목	필수/권장
수학	수학I, 수학II, 미적분	필수
과학	생명과학I, 화학I	필수
과학II	생명과학II, 화학II	권장

평가 포인트

- 생명과학II, 화학II 이수 여부가 자연계열 중 가장 중요
- 실험 보고서 작성, 탐구 설계 등 심화학습에 대한 참여도 및 태도에 주목

실전 팁

1) 세특에 의학, 생명, 약물, 세포 실험 등의 키워드 포함 시 강력한 어필 가능
2) 과학 내신이 다소 낮더라도 탐구활동+세특이 충실하면 충분히 보완 가능
3) 생명II만 듣고 활동이 없다면 오히려 감점 요인이 될 수 있어 연계 활동 필수

공과대학 (전자, 기계, 컴퓨터 등) 추천 이수 조합

교과	과목	필수/권장
수학	수학I, 수학II, 미적분, 기하	필수
과학	물리I, 화학I	필수
과학II	물리II (특히 전자계열)	권장

평가 포인트

- 물리II 이수 여부는 KAIST, 포스텍 등 상위 공대에서 매우 중요

1) "과학을 3과목 이수하고 모두 A받기"보다, 과학을 많이 듣는 것보다 전공과 연계된 과목에서의 뛰어난 탐구를 보여주는 것이 더 중요
2) 기하를 이수한 경우 공간지각력·수리논리력 강조 가능, 코딩 알고리즘 문제 풀이 경험과 연결하면 어필력 상승
3) 프로그래밍 + 로봇 동아리 활동이 물리 과목 세특과 연계 되면 매우 강력

자연과학 계열 (물리학, 화학, 생물학 등) 추천 이수 조합

교과	과목	필수/권장
수학	수학I, 수학II, 미적분	필수
과학	계열에 따라 I, II 선택	필수
과학II	전공 연계 과목 이수	권장

평가 포인트

- 단일 분야중심의 심화 이수 전략이 강력한 포인트 (예: 물리I+II or 생명 I+II)

실전 팁

1) 세특에 탐구 주제, 실험 설계, 결과 해석이 구체적일수록 우대
2) 대학은 "넓게 많이 들은 학생"보다 "깊게 탐구한 학생"을 선호 (예: 물리학 지망자가 물리II를 이수하지 않았다면 전공 연계성 부족으로 평가될 수 있음)

심리학과·교육학과 등 인문계 내 과학 활용 전공 추천 이수 조합

교과	과목	필수/권장
수학	수학I, 수학II, 확률과통계	필수
과학	통합과학, 생명과학I	권장

평가 포인트

- 심리학과는 통계·실험 설계 능력을 중요하게 여김, 따라서 수학 세특 내용이 중요, 과학은 생명과학 중심으로 인간 심리·두뇌 관련 연결 시 강점

> 교육학과 희망자는 '인지과학', '두뇌발달', '학습이론' 등의 연계 키워드 활용시 강점

실전 팁

1) "확률과 통계" 과목은 단순 이수가 아니라, 세특에 실험 설계, 데이터 해석 사례까지 연결할 것

인문계열 전공 (국문과, 사학과, 정치외교, 경영 등) 추천 이수 조합

교과	과목	필수/권장
수학	수학I, 수학II, 확률과통계	권장
과학	통합과학	선택사항

평가 포인트

> 수학 이수는 논리력·분석력·문제 해결력을 간접적으로 증명하는 증거
> 경제학, 경영학 희망자는 수학 이수 전략이 필수

실전 팁

1) 인문계라도 확률과통계 + 사회탐구 과목 연계 시 분석적 사고력 강조로 설득력 상승
2) 세특에 "데이터 분석", "그래프 해석", "모델링" 등의 수학적 사고 기반 표현이 포함되면 설득력 상승

5. 단위가 약할 때, 역전하는 법

"단위 수가 부족해요. 끝난 걸까요?" 이런 질문을 종종 받습니다. 결론부터 말씀드리자면, 그렇지 않습니다! 지금은 포기가 아닌, 전략이 필요한 시점입니다. 교과 이수 단위가 부족하다고 해서 반드시 불리한 평가를 받는 것은 아니에요.학생부종합전형은 정성평가이기 때문에, 후반부의 학업 회복력과 자기 서사의 설득력이 매우 중요하게 작용합니다.

이 장에서는 단위가 다소 약한 학생들이 실제로 어떤 방식으로 '역전의 기회'를 만들었는지, 세특, 비교과, 활동, 면접 등에서 어떤 보완이 가능했는지 구체적인 사례와 함께 TIP으로 정리했습니다. 단위 수가 부족한 학생이라면 꼭 참고해보세요!

유형별 문제점 및 보완 전략

1) 과학II 미이수로 전공 적합성 부족 유형

- 사례 예시: 생명과학II를 이수하지 않고 의예과를 지원한 경우
- 문제점: 전공과의 연결성이 낮아 보일 수 있음

보완 전략

- 세특 기록에서 심화 탐구 활동을 적극적으로 제시
  예: 생명과학I의 세특에 "세포 분열 과정 비교 실험", "CRISPR 유전자 편집 관련 발표" 등의 내용을 포함
- 창체 영역에 관련 진로 탐색 활동 기재
  예: '의학 체험 캠프', '온라인 해부학 특강' 등의 활동 및 수강 이력
- 면접 대비 시 과학II 미이수에 대한 사유와 보완 노력을 논리적으로 설명
  예: "학교에 개설되지 않았으나 ○○ 활동을 통해 보완하였습니다."

2) 단위 수가 적고 탐구 연계도 약한 유형

- 사례 예시: 수학 10단위, 과학 8단위 이수, 세특에는 단순 수업 참여 내용만 기재

보완 전략

- 2~3학년 세특에 집중 투자 → 과목 수가 적더라도, 수업 참여도 및 깊은 탐구·자료 해석·결과 도출 과정이 명확히 드러나도록 기록
- 교과 간 융합형 탐구 활동 설계 및 내용 기록
  예: "국어+수학 융합 프로젝트", "사회 이슈에 대한 통계 분석 보고서" 등
- 진로 희망 사항과 세특 간의 연결 구조 강화 → 희망 진로와 교과 활동이 유기적으로 연결되었음을 보여주는 내용 설계 필요

3) 학교에서 과목이 개설되지 않은 유형 (특히 과학II)

- 사례 예시: 농어촌 지역, 소규모 고등학교 등에서 과학II 미개설

보완 전략

- 과목이 개설되지 않았다는 사실을 학생부 진로희망사항 또는 담임 의견란에 명시될 수 있도록 기록
- EBS, K-MOOC, 대학 공개 강좌 등의 외부 학습 이력을 활용하여 보완
  예: 생명II 수강 이력이 없어도, "○○대학 생명과학 온라인 강좌 이수" 등의 활동 기재
- 학생 주도의 탐구 활동 사례를 강조
  예: "호르몬 분비와 행동 변화의 상관관계"를 주제로 한 탐구 프로젝트 수행 내용

실제 보완 및 회복 사례

1) 사례 A 생명과학II 미이수 → 세특 보완

- 배경 : 서울 일반고 / 생명과학I까지만 이수
- 전략 : 세특에 유전자 실험, 유전병 연구, 질병 통계 분석 등 심화 내용 구체적으로 기록
- 결과 : ○○ 의과대학 최종 합격
- 해설 : 단위는 부족했지만, 깊이 있는 탐구 서사와 논리 구조로 회복 가능성 입증

2) 사례 B 수학 단위 부족 → 활동 연계로 설득

- 배경 : 인문계열 / 수학 단위 부족, 기하 미이수
- 전략 : 확률과 통계 세특에 데이터 시각화 활동, 수학적 모델링 활용 발표 내용 기재
- 진로 : 심리학과
- 결과 : 연세대학교 심리학과 최종 합격
- 해설 : 교과 자체는 약했으나, 활동 및 논리로 학업 설득력 확보

대학은 모든 학생이 이상적인 교과 이수를 실현하기 어렵다는 점을 충분히 인지하고 있어요. 하지만 다음 두 가지는 매우 중요하게 평가합니다.

> • 정성 평가자가 납득할 수 있는 자기서사 구조가 있는가?
> • 부족한 부분을 보완하려는 노력과 의지가 학생부에 드러나는가?

6. 학생부 속 교과이수 항목, 이렇게 읽혀요!

"대학은 학생부의 '이수 단위'를 어떻게 해석할까? "학생이나 학부모 입장에서는 교과 단위의 숫자에 집중하기 쉽지만, 입학사정관은 교과 이수 항목을 단순한 수치를 넘어서 종합적으로 해석합니다. 핵심은 '정성적 해석'입니다. 예를 들어, 왜 이 과목을 선택했는지, 어떤 활동과 연결됐는지, 전공 적합성은 어떤지를 전반적으로 평가하는 거죠.

평가자 시선의 흐름

1) 과목 구성 확인 (이수 교과와 단위)
• 수학·과학 교과의 구성 비율
• 고1~고3 흐름에서 단위 증가 or 감소 여부→ "이 학생은 어떤 의도로 과목을 선택했을까?"를 파악

2) 이수 과목과 진로의 연결성 판단
• 진로 희망사항과 이수 과목 간의 일치 여부→ 예) 공대 희망자인데 물리II를 듣지 않았다면, 전공 이해도가 부족하다고 해석됨

3) 세부능력 및 특기사항(세특) 내용 확인
• 단위 수가 부족해도 세특이 충실하면 탐구 역량이 높게 평가됨
• 특히 과학 세특에서 실험 설계, 분석, 결론 도출의 과정이 드러나면 가산점

4) 학교 상황 파악
• 과목 미개설 여부 확인
• 창의적 체험활동이나 진로활동 등으로 어느 정도 보완이 되었는지도 함께 확인

학생부 속 교과 이수 항목은 이런 흐름에 따라 평가가 이루어지기 때문에 학생부에 담기는 서사는 매우 중요해요.

질문	의미하는 것	판단 기준
이 학생은 왜 이 과목을 안 들었지?	미이수 사유 탐색	개설 여부 / 대안 활동 여부
선택 과목이 진로와 얼마나 연결되어 있지?	전공적합성 평가	이수→세특→활동의 연결성
수학·과학 역량은 어떤 방식으로 드러났지?	수리적·논리적 사고	세특 / 교내대회 / 프로젝트
단위가 부족한데, 이를 어떻게 보완했지?	서사의 완성도 평가	활동 + 진로희망사항 + 자율

사례 ①

- 이수 과목 : 수학I, 수학II, 미적분 / 과학: 통합과학, 생명과학I
- 진로 희망: 의대
- 세특 내용 : 실험 내용 없음, 수업 태도 위주
- 평가자 의견 : "전공 관련 준비 부족. 탐구학습 경험 부족"
- 결과 : 1단계 탈락

사례 ②

- 이수 과목 : 수학 전 과목 + 물리I, 물리II
- 진로 희망 : 전자공학과
- 세특 내용 : 자작 회로 실험, 로봇 제어 탐구
- 평가자 의견 : "진로와 과목 이수의 일관성이 뛰어남. 전공 이해도 높음"
- 결과 : 최종 합격

- "단위 수 자체보다, 선택 배경과 활동의 연결이 더 중요합니다." – ○○대 자연계열 평가위원
- "물리II가 없는것이 치명적이지는 않지만, 대체 활동 없이 비어 있다면 설명이 어렵습니다." – △△대 공대 평가자
- "세특에 드러난 수업 참여 태도와 활동 내용이 단위를 뛰어넘는 역량을 보여주면 평가에 반영됩니다." – ○○여대 인문계 평가위원

평가자 입장에서 학생부를 보는 TIP

✓ 진로 → 이수 → 세특 → 활동의 흐름이 자연스러운가?

✓ 단위 수 부족이 불가피한 상황이었는지, 회피의 결과였는지 구분할 수 있
는 설명이 있는가?

✓ 세특이나 활동 기록에서 '탐구와 실행'의 흔적이 구체적으로 드러나는가?

무전공
(자율전공학부)
전형이란?

5

무전공(자율전공학부) 전형이란?

동국대학교는 무전공(광역화) 모집을 통해 학생들에게 입학 후 전공 선택의 유연성을 제공합니다. 하지만 단순히 "전공 미정" 상태로 입학하는 것이 아니라, 입학 이후 자기주도적으로 전공을 탐색하고 설계할 수 있는 역량이 있는지 학생의 학업 역량과 진로 탐색 능력을 중심으로 평가해요.
그럼 동국대 무전공의 서류평가 주요 기준을 살펴보겠습니다.

서류평가
주요 기준

① 전공 탐색 역량

- 단순히 무전공으로 지원하는 것이 아니라, 입학 후 자신의 전공을 주도적으로 탐색할 수 있는지를 평가합니다.
- 지원자의 학교생활기록부에서 '진로 탐색 노력'이 어떻게 나타나는지를 확인합니다.
- 다양한 교과 및 비교과 활동을 통해 진로에 대한 탐구가 이루어졌는지 확인합니다.
- 전공과 연결될 수 있는 독서, 프로젝트, 연구 등의 활동 경험이 있는지 확인합니다.
- 특정 분야에 대한 탐구의 깊이와 심화 경험이 있는지를 확인합니다.

② 기초 학업 역량

- 무전공 입학 후 다양한 전공을 탐색할 수 있도록, 기초 학업 역량이 중요합니다.
- 특히 전공 선택의 기초가 되는 국어, 영어, 수학, 과학, 사회 등의 학업 성취도를 평가합니다.
- 단순 학업 성취도뿐 아니라, 교과 간 연계 학습 태도 역시 중요한 평가 요소입니다. (예: 사회 + 수학 + 컴퓨터 과목을 함께 학습하며, 데이터 분석에 대한 관심을 드러낸 사례)

③ 전공적합성 & 융합 가능성

- 동국대학교는 무전공 선발 이후 학생들이 다양한 전공을 탐색하고, 융합적으로 학습할 수 있도록 유도하기 때문에, 융합적 사고 역량을 중요하게 평가합니다.
- 다전공 의무 이수제가 적용되므로, 복합적인 사고 역량을 서류에서 중요하게 파악합니다.

  예시 1 : 인문사회 계열 학생이 과학·데이터 관련 활동을 함께 수행한 경우

  예시 2 : 자연과학 계열 학생이 인문·사회적 주제를 결합한 프로젝트를 수행한 경우

④ 자기주도적 학습 및 성장 가능성

- 무전공 모집단위는 입학 후 전공을 스스로 결정해야 하기 때문에, 자기주도적인 학습 태도가 매우 중요합니다.
- 학생부 서류에서 자기주도적 학습 및 성장 가능성은 아래 항목들로 평가합니다.

> ● 학습 과정에서 스스로 탐색하고 발전해 온 과정이 보이는가?
> ● 기존 성적이 낮더라도, 등급 향상 및 학업 태도등의 성장과정이 있는가?
> ● 특정 분야에 대한 지속적인 관심과 탐구 정신이 있는가?

전형별 서류평가 요소

- [수시] 학교장추천인재 전형: **70% 학생부 교과 + 30% 서류평가**
- 서류평가 중점 요소:

> ● 탐구 역량: 전공 선택에 필요한 학업 기반 및 탐색 노력
> ● 진로 연계성: 희망 전공에 대한 관심과 활동 경험
> ● 성장 가능성: 학습 태도의 변화, 지속적인 탐구 활동 등

> **⊙ 지원 사례 1 – A학생 (자연계열)**
> - 희망 전공 : 컴퓨터·AI학부
> - 서류 평가 강점 : 수학, 과학 성적 우수 (1.2등급), 프로그래밍 및 머신러닝 관련 심화 교과 이수, 데이터 분석 및 컴퓨터 관련 비교과 활동 풍부
> - **결과 : 열린전공(자연) 최초 합격**

> **⊙ 지원 사례 2 – B학생 (인문계열)**
> - 희망 전공: 교육학과
> - 서류 평가 강점: 교육 관련 활동 독서·봉사·멘토링 등 비교과 다수, 비교과 활동에서 리더십 역량이 드러남, 성적은 높지 않지만(1.6등급) 교육에 대한 지속적인 관심과 탐구 과정 인정
> - **결과: 열린전공(인문) 추가 합격**

> **⊙ 지원 사례 3– C학생 (인문계열)**
> - 희망 전공: 경영학과
> - 서류 평가 약점: 경영 관련 활동은 풍부하나 심화된 탐구 과정이 부족, 경제 관련 심화 과목 미이수, 성취도(1.5등급) 대비 진로 연계 활동의 깊이 부족
> - **결과: 열린전공(인문) 불합격**

평가요소	주요내용
탐구역량	다양한 활동을 통해 진로 탐색 노력 확인
기초 학업 역량	주요 교과목 성취도 및 학습 태도 평가
융합적 사고	여러 분야를 연결할 수 있는 역량 평가
자기주도적 학습 태도	스스로 학습하고 성장하는 과정이 보이는가

동국대학교의 무전공(광역화) 모집 서류평가에서는 다음 네 가지 요소를 중점적으로 평가합니다.

- 진로를 향한 탐구 역량
- 전공 선택을 위한 기초 학업 능력
- 융합적 사고력과 진로 연계성
- 자기주도적 학습 태도

단순히 전공을 정하지 않았다는 이유로 무전공으로 입학하는 것이 아닌, 입학 후 어떤 방식으로 전공을 탐색하고 학습할 것인지, 성장할 수 있을지를 판단하는 전형임을 기억해야 해요.

무전공 학과 학과선택 참고자료

수시20 : 수시로 20% 선발   정시 : 정시 전형으로 선발   빈칸 : 수시전형으로 선발

대학명	모집단위	인원	유형구분	비고
가천대	법과대학	150	유형2	모집단위가 단과대학인 대학(AI인문대학, 법과대학, 반도체대학)으로 입학한 재학생들이 학과 선택 시, 해당 단과대학내 각 학과의 운영정원은 '전공선택 기준정원'의 150%를 초과할 수 없습니다.
가천대	AI인문대학	210	유형2	모집단위가 단과대학인 대학(AI인문대학, 법과대학, 반도체대학)으로 입학한 재학생들이 학과 선택 시, 해당 단과대학내 각 학과의 운영정원은 '전공선택 기준정원'의 150%를 초과할 수 없습니다.
가천대	반도체대학	200	유형2	모집단위가 단과대학인 대학(AI인문대학, 법과대학, 반도체대학)으로 입학한 재학생들이 학과 선택 시, 해당 단과대학내 각 학과의 운영정원은 '전공선택 기준정원'의 150%를 초과할 수 없습니다.
가천대	자유전공학부 (자유전공)	321	유형1	제한학과 1. 유아교육학과, 간호학과, 치위생학과, 응급구조학과, 방사선학과, 물리치료학과, 약학과 2. 의예과,한의예과,미술·디자인학부,음악학부,체육학부,연기예술학과 3. 첨단학과중스마트팩토리전공,스마트보안학과,스마트시티학과, 바이오로직스학과,금융·빅데이터학부 4. 클라우드공학과,조기취업형계약학과
가톨릭대	자유전공학부	221	유형1	인문사회계열과 자연공학계열로 모집된 학생은 계열내 모든 학과 선택 가능(계열간 교차선택 포함) 단,본교학칙상학과(부)모집인원규모에따라150%~200%범위내에서선택가능(2학년진급전까지
가톨릭대	인문사회계열	215	유형2	인문사회계열과 자연공학계열로 모집된 학생은 계열내 모든 학과 선택 가능(계열간 교차선택 포함) 단,본교학칙상학과(부)모집인원규모에따라150%~200%범위내에서선택가능(2학년진급전까지
가톨릭대	자연공학계열	154	유형2	자유전공학부 입학 시, 모든 학과(부)의 선택이 가능(2학년 진급 전까지) 단,신학과,보건계열(의예과,약학과,간호학과),사범계열(특수교육과),예체능계열(음악과),글로벌경영대학은제외
가톨릭대	글로벌경영대학	12	유형2	글로벌경영대학은 학생부교과(특성화고등을졸업한재직자전형)으로만 선발함
강남대	자유전공학부 (주간)	122	유형1	자유전공학부(주간)는 사범대학 및 예체능계열학과를 제외한 모든 주간 학과(전공)를 제1전공으로 선택하여 이수할 수 있으며 인원 제한없음

대학명	모집단위	인원	유형구분	비고
강남대	자유전공학부(야간)	26	유형1	자유전공학부(야간)는 야간에 개설된 모든 학과(전공)를 제1전공으로 선택하여 이수할 수 있으며 인원제한 없음
강남대	복지융합대학	116	유형2	복지융합대학, 글로벌문화콘텐츠대학은 소속 대학 내 개설된 모든 학과(전공)를 제1전공으로 선택하여 이수할 수 있으며 인원제한 없음
강남대	글로벌문화콘텐츠대학	147	유형2	복지융합대학, 글로벌문화콘텐츠대학은 소속 대학 내 개설된 모든 학과(전공)를 제1전공으로 선택하여 이수할 수 있으며 인원제한 없음
건국대	KU자유전공학부	308	유형1	수의과대학, 예술디자인대학, 사범대학의 전체 모집단위 선택 불가 신산업융합학과, K뷰티산업융합학과(특성화고졸재직자전형으로만 선발)선택 불가
건국대	문과대학 자유전공학부	49	유형2	미디어커뮤니케이션학과, 문화콘텐츠학과선택 불가
건국대	이과대학 자유전공학부	24	유형2	경제학과 선택 불가
건국대	공과대학 자유전공학부	195	유형2	식량자원과학과 선택 불가
건국대	사회과학대학 융합전공학부	74	유형2	신산업융합학과, K뷰티산업융합학과(특성화고졸재직자전형으로만 선발) 선택 불가
건국대	융합과학기술원 자유전공학부	33	유형2	-
건국대	생명과학대학 자유전공학부	46	유형2	-
경기대	자유전공학부(수원)	205	유형1	• 자유전공학부(수원, 서울) 및 단과대학(통합) 모집단위로 입학한 자는 ☆표시된 모집단위(학부(과) 및 전공)를 선택할 수 없음 • 자유전공학부(수원,서울)으로선발된학생은2학년진급시수원및서울캠퍼스에개설된학과(학부,전공)중에서자유롭게선택하며, 전공선택후에도변경가능함 • 자유전공학부(수원,서울)으로선발된학생은주전공외에다전공(복수전공,융합전공,부전공)을이수하여야함(단,창의공과대학및소프트웨어경영대학산업경영공학과는제외)
경기대	자유전공학부(서울)	64	유형1	• 자유전공학부(수원, 서울) 및 단과대학(통합) 모집단위로 입학한 자는 ☆표시된 모집단위(학부(과) 및 전공)를 선택할 수 없음 • 자유전공학부(수원,서울)으로선발된학생은2학년진급시수원및서울캠퍼스에개설된학과(학부,전공)중에서자유롭게선택하며, 전공선택후에도변경가능함 • 자유전공학부(수원,서울)으로선발된학생은주전공외에다전공(복수전공,융합전공,부전공)을이수하여야함(단,창의공과대학및소프트웨어경영대학산업경영공학과는제외)

대학명	모집단위	인원	유형구분	비고
경기대	인문대학	54	유형2	• 단과대학(통합)으로 선발된 학생은 2학년 진급 시 각 단과대학에 개설된 학과(학부, 전공)를 자유롭게 선택할 수 있음
경기대	사회과학대학	82	유형2	• 단과대학(통합)으로 선발된 학생은 2학년 진급 시 각 단과대학에 개설된 학과(학부, 전공)를 자유롭게 선택할 수 있음
경기대	소프트웨어경영대학	59	유형2	• 학부 모집단위부로 선발된 학생은 2학년 진급시 학부 모집단위에 개설된 전공을 자유롭게 선택할 수 있음
경기대	융합과학대학	25	유형2	• 학부 모집단위부로 선발된 학생은 2학년 진급시 학부 모집단위에 개설된 전공을 자유롭게 선택할 수 있음
경기대	창의공과대학	87	유형2	• 학부 모집단위부로 선발된 학생은 2학년 진급시 학부 모집단위에 개설된 전공을 자유롭게 선택할 수 있음
경기대	글로벌어문학부	121	유형2	• 학부 모집단위부로 선발된 학생은 2학년 진급시 학부 모집단위에 개설된 전공을 자유롭게 선택할 수 있음
경기대	공공안전학부	61	유형2	• 학부 모집단위부로 선발된 학생은 2학년 진급시 학부 모집단위에 개설된 전공을 자유롭게 선택할 수 있음
경기대	휴먼서비스학부	49	유형2	• 학부 모집단위부로 선발된 학생은 2학년 진급시 학부 모집단위에 개설된 전공을 자유롭게 선택할 수 있음
경기대	공공인재학부	80	유형2	• 학부 모집단위부로 선발된 학생은 2학년 진급시 학부 모집단위에 개설된 전공을 자유롭게 선택할 수 있음
경기대	경제학부	122	유형2	• 학부 모집단위부로 선발된 학생은 2학년 진급시 학부 모집단위에 개설된 전공을 자유롭게 선택할 수 있음
경기대	경영학부	208	유형2	• 학부 모집단위부로 선발된 학생은 2학년 진급시 학부 모집단위에 개설된 전공을 자유롭게 선택할 수 있음
경기대	바이오융합학부	72	유형2	• 학부 모집단위부로 선발된 학생은 2학년 진급시 학부 모집단위에 개설된 전공을 자유롭게 선택할 수 있음
경기대	신소재화학공학부	87	유형2	• 학부 모집단위부로 선발된 학생은 2학년 진급시 학부 모집단위에 개설된 전공을 자유롭게 선택할 수 있음
경기대	스마트시티공학부	58	유형2	• 학부 모집단위부로 선발된 학생은 2학년 진급시 학부 모집단위에 개설된 전공을 자유롭게 선택할 수 있음
경기대	전자공학부	108	유형2	• 학부 모집단위부로 선발된 학생은 2학년 진급시 학부 모집단위에 개설된 전공을 자유롭게 선택할 수 있음
경기대	호텔외식경영학부	56	유형2	• 학부 모집단위부로 선발된 학생은 2학년 진급시 학부 모집단위에 개설된 전공을 자유롭게 선택할 수 있음

대학명	모집단위	인원	유형 구분	비고
경희대	자율전공학부	165	유형1	자율/자유전공(무전공)인 자율전공학부/자유전공학부 입학생은 1년간 전공 탐색 프로그램을 통해 다양한 전공을 폭넓게 탐색한 후, 2학년에 올라갈 때 희망 학과를 결정하게 됩니다. 계열에 상관없이 캠퍼스 별로 개설된 학부(과) 전공을 100% 선택 ※ 자율전공학부는 글로벌리더전공과 글로벌비즈니스전공을 두며, 전공선택시 글로벌리더전공을 우선적으로 선택할 수 있습니다[글로벌비즈니스전공은 정원 외 전담학과(외국인유학생대상)로운영]. 자율전공학부는 계열에 상관없이 서울 캠퍼스 개설학부(과)에 한해 전공을 선택할 수 있습니다(단, 의예과, 한의예과, 치의예과, 약학과, 한약학과, 간호학과, 미래정보디스플레이학부, 예술계열 및 특성화 고등을 졸업한 재직자 선발모집 단위 제외).
경희대	자유전공학부	241	유형1	자율/자유전공(무전공)인 자율전공학부/자유전공학부 입학생은 1년간 전공 탐색 프로그램을 통해 다양한 전공을 폭넓게 탐색한 후, 2학년에 올라갈 때 희망 학과를 결정하게 됩니다. 계열에 상관없이 캠퍼스 별로 개설된 학부(과) 전공을 100% 선택 ※ 자유전공학부는계열에상관없이국제캠퍼스개설학부(과)에한해 전공을선택(단,PostModern음악학과제외).
고려대	학부대학	36	유형1	
고려대	자유전공학부	95	유형1	**선택가능학과 :** 경영학과, 국어국문학과, 철학과, 한국사학과, 사학과, 사회학과, 한문학과, 영어영문학과, 독어독문학과, 불어불문학과, 중어중문학과, 노어노문학과, 일어일문학과, 서어서문학과, 언어학과, 생명과학부, 생명공학부, 식품공학과, 환경생태공학부, 식품자원경제학과, 정치 외교학과, 경제학과, 통계학과, 행정학과, 수학과, 물리학과, 화학과, 지구환경과학과, 화공생명공학과, 신소재공학부, 건축사회환경공 학부, 기계공학부, 산업경영공학부, 전기전자공학부, 컴퓨터학과, 국제학부, 글로벌한국융합학부, 미디어학부, 바이오의공학부, 바이오 시스템의과학부, 보건환경융합과학부, 보건정책관리학부, 심리학부(총 43개 학과)
고려대	공과대학	65	유형2	**선택가능학과 :** 화공생명공학과, 신소재공학부, 건축사회환경공학부, 기계공학부, 산업경영공학부, 전기전자공학부(총 6개 학과)
국민대	미래융합전공	528	유형1	▪ 인문기술융합학부 미래융합전공 합격자는 전공자율선택제 입학자로서 본교 내 학부(과) 전공을 자유롭게 선택가능(일부학과 제외) - 전공자율선택제 선택불가 학부(과) 전공 : 한국어문학부 글로벌한국어전공, 교육학과, 기업융합법학과, 경영학부 글로벌경영전공, 기업경영학부, 회계세무학과, 음악학과, 공연예술학부(연극전공, 무용전공), KMUIntermationalBusinessSchool
단국대	퇴계혁신칼리지	267	유형1	사범대학, 음악예술대학, 프리무국제대학, 경영경제대학(산업경영(야)), 공과대학(건축학부 건축학전공), SW융합대학(SW융합학부)을 제외한 전체 학부(과) 전공을 허용 [2026년 진입 전공 신청 예정, 인원제한 없음]

대학명	모집단위	인원	유형구분	비고
단국대	인문계열광역	38	유형2	희망하는 순위에 따라 학부(과) 전공선택(인원제한 있음) 문과대학 [2026년 진입 전공 신청 예정, 학과정원의 175%까지 전공선택권 인정]
단국대	사회계열광역	148	유형2	희망하는 순위에 따라 학부(과) 전공선택(인원제한 있음) 법과대학, 사회과학대학, 경영경제대학(산업경영학과(야)제외) [2026년 진입 전공 신청 예정, 학과정원의 175%까지 전공선택권 인정]
단국대	공학계열광역	108	유형2	희망하는 순위에 따라 학부(과) 전공선택(인원제한 있음) 공과대학 (건축학부 건축학전공 제외) [2026년 진입 전공 신청 예정, 학과정원의 175%까지 전공선택권 인정]
단국대	SW융합계열광역	34	유형2	희망하는 순위에 따라 학부(과) 전공선택(인원제한 있음) SW융합대학(SW융합학부 제외) [2026년 진입 전공 신청 예정, 학과정원의 175%까지 전공선택권 인정]
단국대	율곡혁신칼리지	173	유형1	의과대학, 치과대학, 약학대학, 간호대학, 예술대학, 스포츠과학대학, 공공정책학과(야), 해병대군사학과, 코스메디컬소재학과, 임상병리학과, 물리치료학과, 치위생학과를 제외한 전체학부(과) 전공을 허용 [2026년 진입 전공 신청 예정, 인원제한 없음]
단국대	인문사회계열광역	107	유형2	희망하는 순위에 따라 학부(과) 전공선택(인원제한 있음) 외국어대학, 공공인재대학(공공정책학과(야), 해병대군사학과 제외) [2026년 진입 전공 신청 예정, 학과정원의 175%까지 전공선택권 인정]
단국대	자연공학계열광역	166	유형2	희망하는 순위에 따라 학부(과) 전공선택(인원제한 있음) 과학기술대학, 바이오융합대학(코스메디컬소재학과 제외) [2026년 진입 전공 신청 예정, 학과정원의 175%까지 전공선택권 인정]
대진대	자율전공학부	65	유형1	전체학과에서 전공선택 (대순종학과, 미술만화게임학부, 시각디자인학과, 산업디자인학과, 연기예술학과, 영화영상학과, 실용음악학과, 스포츠건강과학과, 간호학과, 컴퓨터공학전공, AI빅데이터전공, 스마트융합보안학과, 보건경영학과제외)
대진대	공학자율학부	185	유형2	공과대학내에서 전공선택
덕성여대	자유전공학부	259	유형1	2학년 진학시 계열과 무관하게 전공/학부 선택가능 (유아교육과, 약학과, Art&Design대학, 미래인재대학(가상현실융합학과, 데이터사이언스학과, AI신약학과)제외
덕성여대	단과대학 선발	-	-	단과 대학 내에서 제1전공 선택 (1학년 2학기 성적 확정이후 제1전공 지망) 제1전공 배정 이 후 제2전공은 단과대학 제한 없이 선택 (Art&Design대학 실기전형은 제한 있음)
동국대	열린전공학부 (인문)	119	유형1	문과/이과/법과/사회과학/경찰사법/경영/공과/첨단융합대학내 전체 학(부)과/전공 중 선택 가능. 전공결정 : 1학년2학기말(10월~1월)인원 제한 없음, 다 전공이수 의무화

대학명	모집단위	인원	유형구분	비고
동국대	열린전공학부 (자연)	110	유형1	문과/이과/법과/사회과학/경찰사법/경영/공과/첨단융합대학내 전체 학(부)과/전공 중 선택 가능. 전공결정 : 1학년 2학기 말(10월~1월)인원 제한 없음, 다전공이수 의무화
동국대	경찰사법대학 경찰행정학부	62	유형2	-
동국대	바이오시스템대학	34	유형2	(단과대학 모집)바이오시스템대학 4개 학과중 선택 가능 전공결정:1학년2학기말(10월~1월)학과별입학정원의50%다 전공이수 의무화
동덕여대	자율전공학부	93	유형1	자율전공학부, 인문사회문화학부, 자연정보융합학부는 1학년 말에 전공을 선택함(선택가능 전공 ○표시) 모집요강 참조 자율전공학부는 전공을 정하지 않고 입학 후 ○표시 전공 중 자유롭게 선택
동덕여대	인문예술융합학부	125	유형2	자율전공학부, 인문사회문화학부, 자연정보융합학부는 1학년 말에 전공을 선택함(선택가능 전공 ○표시) 인문사회문화학부, 자연정보융합학부는 전공을 정하지 않고입학 후 ○표시 전공별 기준 인원의 150%범위내 자율 선택
동덕여대	자연정보융합학부	43	유형2	자율전공학부, 인문사회문화학부, 자연정보융합학부는 1학년 말에 전공을 선택함(선택가능 전공 ○표시) 인문사회문화학부, 자연정보융합학부는 전공을 정하지 않고입학후 ○표시 전공별 기준인원의 150%범위내 자율 선택
루터대	휴먼케어서비스 학부	75	유형1	-
명지대	자율전공학부 (인문)	297	유형1	자율전공학부로 입학한 학생은 미래융합대학 및 스포츠예술대학을 제외한 인문/자연캠퍼스 모든 학과(전공이 없는 학부 포함), 전공 및 학생설계전공을 선택할 수 있음
명지대	인문대학	92	유형2	단과대학 또는 학부 단위 모집으로 입학한 학생은 해당 모집단위 내의 학과(전공이 없는 학부 포함) 또는 전공을 선택할 수 있음
명지대	사회과학대학	97	유형2	단과대학 또는 학부 단위 모집으로 입학한 학생은 해당 모집단위 내의 학과(전공이 없는 학부 포함) 또는 전공을 선택할 수 있음
명지대	미디어·휴먼라이프 대학	30	유형2	단과대학 또는 학부 단위 모집으로 입학한 학생은 해당 모집단위 내의 학과(전공이 없는 학부 포함) 또는 전공을 선택할 수 있음
명지대	경영대학	64	유형2	단과대학 또는 학부 단위 모집으로 입학한 학생은 해당 모집단위 내의 학과(전공이 없는 학부 포함) 또는 전공을 선택할 수 있음
명지대	인공지능·소프트웨어융합대학	37	유형2	단과대학 또는 학부 단위 모집으로 입학한 학생은 해당 모집단위 내의 학과(전공이 없는 학부 포함) 또는 전공을 선택할 수 있음

대학명	모집단위	인원	유형 구분	비고
명지대	자율전공학부 (자연)	149	유형1	자율전공학부로 입학한 학생은 미래융합대학 및 스포츠예술대학을 제외한 인문/자연캠퍼스 모든 학과(전공이 없는 학부 포함), 전공 및 학생설계전공을 선택할 수 있음
명지대	화학·생명과학대학	49	유형2	단과대학 또는 학부 단위 모집으로 입학한 학생은 해당 모집단위 내의 학과(전공이 없는 학부 포함) 또는 전공을 선택할 수 있음
명지대	스마트시스템 공과대학	116	유형2	단과대학 또는 학부 단위 모집으로 입학한 학생은 해당 모집단위 내의 학과(전공이 없는 학부 포함) 또는 전공을 선택할 수 있음
명지대	빈도체·ICT대학	150	유형2	단과대학 또는 학부 단위 모집으로 입학한 학생은 해당 모집단위 내의 학과(전공이 없는 학부 포함) 또는 전공을 선택할 수 있음
명지대	건축대학	11	유형2	단과대학 또는 학부 단위 모집으로 입학한 학생은 해당 모집단위 내의 학과(전공이 없는 학부 포함) 또는 전공을 선택할 수 있음
명지대	창의융합인재학부	16	유형2	창의융합인재학부로 입학한 학생은 미래융합대학 소속의 학과를 선택할 수 있음
삼육대	창의융합자유 전공학부	87	유형1	-
삼육대	미래융합자유 전공학부	148	유형1	-
상명대	지능·데이터 융합학부	45	유형2	핀테크전공, 빅테이터융합전공, 스마트생산전공
상명대	자유전공 (인문사회계열)	78	유형1	1학년1학기부터 계열에 관계없이 일반학과로 전공선택 신청가능 (사범계열, 지능데이터융합학부, 예체능계열 제외) 전공선택을 하지 않고 본인이 설계한 융합전공을 통해 졸업 가능 모집요강 p6 침고
상명대	자유전공 (경영경제계열)	64	유형1	1학년1학기부터 계열에 관계없이 일반학과로 전공선택 신청가능 (사범계열, 지능데이터융합학부, 예체능계열 제외) 전공선택을 하지 않고 본인이 설계한 융합전공을 통해 졸업 가능 모집요강 p6 침고
상명대	자유전공 (IT계열)	54	유형1	1학년1학기부터 계열에 관계없이 일반학과로 전공선택 신청가능 (사범계열, 지능데이터융합학부, 예체능계열 제외) 전공선택을 하지 않고 본인이 설계한 융합전공을 통해 졸업 가능 모집요강 p6 침고
상명대	자유전공 (이공계열)	40	유형1	1학년1학기부터 계열에 관계없이 일반학과로 전공선택 신청가능 (사범계열, 지능데이터융합학부, 예체능계열 제외) 전공선택을 하지 않고 본인이 설계한 융합전공을 통해 졸업 가능 모집요강 p6 침고

대학명	모집단위	인원	유형구분	비고
상명대	자유전공 (예체능계열)	23	유형1	1학년1학기부터 계열에 관계없이 일반학과로 전공선택 신청가능 (사범계열, 지능데이터융합학부, 예체능계열 제외) 전공선택을 하지 않고 본인이 설계한 융합전공을 통해 졸업 가능 모집요강 p6 침고
상명대 (천안)	글로벌지역학부	130	유형2	1학년 1학기부터 학부 내 전공으로 전공선택 신청 가능
상명대 (천안)	디자인학부	169	유형2	1학년 1학기부터 학부 내 전공으로 전공선택 신청 가능
상명대 (천안)	스포츠융합자유전공학부	78	유형1	1학년 1학기부터 계열에 관계없이 일반 학부(과) 및 전공으로 전공선택 신청 가능 (AR,VR미디어디자인전공, AI미디어콘텐츠전공, 그린스마트시티, 간호, AI모빌리티제외) 전공선택을 하지 않고 본인이 설계한 융합전공을 통해 졸업가능
상명대 (천안)	자유전공 (아트&컬처)	68	유형1	1학년 1학기부터 계열에 관계없이 일반 학부(과) 및 전공으로 전공선택 신청 가능 (AR,VR미디어디자인전공, AI미디어콘텐츠전공, 그린스마트시티, 간호, AI모빌리티제외) 전공선택을 하지 않고 본인이 설계한 융합전공을 통해 졸업가능
상명대 (천안)	자유전공 (공학계열)	125	유형1	1학년 1학기부터 계열에 관계없이 일반 학부(과) 및 전공으로 전공선택 신청 가능 (AR,VR미디어디자인전공, AI미디어콘텐츠전공, 그린스마트시티, 간호, AI모빌리티제외) 전공선택을 하지 않고 본인이 설계한 융합전공을 통해 졸업가능
서강대	인문학기반자유전공학부	67	유형1	자유전공학부는 전공 선택 시 제한 없음(단, 글로벌한국학부, 게페르트국제학부, 인공지능학과, 시스템반도체공학과 선택 불가)
서강대	SCIENCE기반자유전공학부	40	유형1	자유전공학부는 전공 선택 시 제한 없음(단, 글로벌한국학부, 게페르트국제학부, 인공지능학과, 시스템반도체공학과 선택 불가)
서강대	AI기반자유전공학부	50	유형1	자유전공학부는 전공 선택 시 제한 없음(단, 글로벌한국학부, 게페르트국제학부, 인공지능학과, 시스템반도체공학과 선택 불가)
서강대	인문학부	120	유형2	-
서강대	사회과학부	90	유형2	-
서강대	지식융합미디어학부	98	유형2	지식융합미디어학부의 경우 전공 선택 시 학업계획서, 포트폴리오, 인터뷰 등을 활용하여 결정함

대학명	모집단위	인원	유형 구분	비고
서경대	미래융합학부1	333	유형2	컴퓨터소프트웨어전공, 파이낸스앤테크전공, Business Languages, 매니지먼트전공, 글러벌 비지니스전공, 인공지능윤리전공, 글로벌 기술안보전략전공, 융합기술창업전공 * 2학기 수료시 희망 본전공 신청후 2월 중 결과 확정 및 안내 * 2025학년도 신설학부 및 전공선택 절차 안내 파일 참고
서경대	미래융합학부2	311	유형2	전자컴퓨터공학전공, 도시공학전공, 토목건축공학전공, 화학그린바이오시스템전공, 공공인재법전공, 경찰행정전공, 아동청소년학전공, AI환경정보시스템전공 * 2학기 수료시 희망 본전공 신청후 2월 중 결과 확정 및 안내 * 2025학년도 신설학부 및 전공선택 절차 안내 파일 참고
서경대	자유전공학부	76	유형1	미래융합학부1,2내 모든 전공선택 가능 * 2학기 수료시 희망 본전공 신청후 2월 중 결과 확정 및 안내 * 2025학년도 신설학부 및 전공선택 절차 안내 파일 참고
서울시립대	자유전공학부 (인문)	39	유형1	자유전공학부로 입학한 자는 학년 진급 시 융합전공학부 인공지능학과 융합응용화학과 첨단융합학부 예 체능계열을 제외하고 모든 학부 과를 선택할 수 있습니다
서울시립대	자유전공학부 (자연)	39	유형1	자유전공학부로 입학한 자는 학년 진급 시 융합전공학부 인공지능학과 융합응용화학과 첨단융합학부 예 체능계열을 제외하고 모든 학부 과를 선택할 수 있습니다.
서울신학대	자율전공학부	31	유형1	사회복지학과, 아동보육학과, 글로벌경영학과, 관광경영학과, 중국언어문화콘텐츠학과, 일본어문화콘텐츠학과, 데이터사이언스학과 중에서 학생 의사에 따라 원하는 전공 100% 자율 선택
서울신학대	IT융합학부	64	유형2	컴퓨터공학과, AI융합학과중에서 학과별 정원의 150% 범위 내에서 전공 선택
서울여대	자유전공학부	138	유형1	자유전공학부로 입학한 경우, 기독교학과 및 예체능계열 학과(전공)를 제외한 모든 학과(전공) 중 제 1전공을 결정할 수 있음 학부로 입학한 경우는 1학년 말에 전공을 결정함
서울여대	인문자유전공	33	유형2	글로벌ICT인문융합학부(메타버스융합콘텐츠전공, 프랑스문화콘텐츠전공, 독일문화콘텐츠전공), 국어국문학과, 영어영문학과, 중어중문학과, 일어일문학과, 사학과중 제1전공을 결정, 기독교학과 불가
서울여대	사회과학자유전공	44	유형2	경제학과, 문헌정보학과, 사회복지학과, 아동학과, 행정학과, 언론영상학부(디지털영상전공, 저널리즘전공, 비즈니스커뮤니케이션전공), 심리·인지과학학부(인지학습과학전공, 응용심리전공)중제1전공을 결정, 스포츠운동과학과불가
서울여대	과학기술융합자유전공	37	유형2	수학과, 화학과, 생명환경공학과, 바이오헬스융합학과, 원예생명조경학과, 식품공학과, 식품영양학과중 제1전공을 결정
서울여대	미래산업융합자유전공	30	유형2	경영학과, 패션산업학과, 디지털미디어학과, 소프트웨어융합학과, 지능정보보호학부(사이버보안전공,개인정보보호전공),데이터사이언스학과중 제1전공을 결정, 산업디자인과 불가

대학명	모집단위	인원	유형구분	비고
서울여대	언론영상학부	60	유형2	-
서울여대	심리·인지과학학부	38	유형2	심리·인지과학학부로 전공 결정한 학생은 2학년 진급 시 학부로 진입하여 2학년 2학기 말에 세부전공을 결정함
서울여대	정보보호학부	48	유형2	-
성균관대	자유전공계열	280	유형1	의·약학계열, 사범대학, 예체능계열, 융합과학계열 첨단학과(반도체융합공학과, 양자정보공학과, 에너지학과), 정원외 계약학과(반도체시스템공학과, 지능형소프트웨어학과), 건축학과(5년제)제외 2학년(또는 3학년)진입시 본인의 희망과 선수과목 등 해당 학부/학과 진입 요건 충족 여부에 따라 진입(학부/학과 진입 기회는 1번 부여되며, 설치학부/학과는 학생 정원 조정 결과에 따라 변경 될 수 있음)
성균관대	인문과학계열	409		유학·동양학과*, 국어국문학과*, 영어영문학과, 프랑스어문학과*, 중어중문학과, 독어독문학과*,러시아어문학과*, 한문학과*, 사학과*, 철학과*, 문헌정보학과 2학년 진급시 본인의 희망과 1학년 학업성적에 따라 진입함(설치학부/학과는 학생정원조정 결과에 따라 변경될 수 있음)
성균관대	사회과학계열	406		행정학과, 정치외교학과, 미디어커뮤니케이션학과, 사회학과*, 사회복지학과*, 심리학과*, 소비자학과,아동·청소년학과*, 경제학과, 통계학과* 2학년 진급시 본인의 희망과 1학년 학업성적에 따라 진입함(설치학부/학과는 학생정원조정 결과에 따라 변경될 수 있음)
성균관대	자연과학계열	299		생명과학과*, 수학과*, 물리학과*, 화학과*, 식품생명공학과, 바이오메카트로닉스학과, 융합생명공학과 2학년 진급시 본인의 희망과 1학년 학업성적에 따라 진입함(설치학부/학과는 학생정원조정 결과에 따라 변경될 수 있음)
성균관대	공학계열	577		화학공학/고분자공학부, 신소재공학부, 기계공학부, 건설환경공학부*, 시스템경영공학과, 나노공학과 2학년 진급시 본인의 희망과 1학년 학업성적에 따라 진입함(설치 학부/학과는 학생정원조정 결과에 따라 변경될 수 있음)
성신여대	창의융합학부 (자유전공)	272	유형1	2학년 전공배정 신청 시 간호·사범계열을 제외한 모든 학과(부) 신청 가능
성신여대	창의융합학부 (첨단분야전공)	92	유형2	2학년 전공배정 신청 시 첨단분야전공 내에서만 신청 가능
성신여대	창의융합학부 (예체능전공)	103	유형2	2학년 전공배정 신청 시 예체능전공 내에서만 신청 가능
세종대	자유전공학부	223	유형1	자유전공학부는 입학 후 대학 내 모든 전공 선택이 가능함(단, 예체능대학, 창의소프트학부, 첨단학과, 정원외 계약학과·외국인 및 성인학습자 전담학과는 제외) *1학년 2학기 말 (예정), 단대/학과(전공)별 최소 요건 충족 시신청에 따라 배정

대학명	모집단위	인원	유형구분	비고
세종대	인문사회계열	122	유형2	1학년 2학기 말(예정) 신청지망순위 및 성적에 따라 배정, 학과(부) 모집정원의 150% (* 학부 입학자와 통합 배정)
세종대	경상호텔관광계열	126	유형2	1학년 2학기 말(예정) 신청지망순위 및 성적에 따라 배정, 학과(부) 모집정원의 150% (* 학부 입학자와 통합 배정)
세종대	자연생명계열	126	유형2	1학년 2학기 말(예정) 신청지망순위 및 성적에 따라 배정, 학과(부) 모집정원의 150% (* 학부 입학자와 통합 배정)
세종대	IT계열	125	유형2	1학년 2학기 말(예정) 신청지망순위 및 성적에 따라 배정, 학과(부) 모집정원의 150% (* 학부 입학자와 통합 배정)
세종대	공과계열	208	유형2	1학년 2학기 말(예정) 신청지망순위 및 성적에 따라 배정, 학과(부) 모집정원의 150% (* 학부 입학자와 통합 배정)
숙명여대	자유전공학부	303	유형1	첨단학과를 포함한 모든 전공(사범계, 약학부, 예체능계 제외)에 대해 전공 선택권 부여
숙명여대	첨단공학부	78	유형2	첨단학과 내 모든 전공에 대해 전공 선택권 부여
숭실대	자유전공학부 (인문)	183	유형1	스포츠학부 예술창작학부영화예술전공 재직자 전담학과 금융경제학과 국제무역학과 미디어경영학과 계약학과정보보호학과는 전공 선택 불가, 계열제한없음
숭실대	자유전공학부 (자연)	256	유형1	스포츠학부 예술창작학부영화예술전공 재직자 전담학과 금융경제학과 국제무역학과 미디어경영학과 계약학과정보보호학과는 전공 선택 불가, 계열제한없음
신한대	경영대학	190	유형2	통합선발 입학생은 2학년 전공선택 시, 단과대학 내 모든 학과를 자유롭게선택할 수 있음
신한대	사회과학대학 (유아교육과 별도)	170	유형2	통합선발 입학생은 2학년 전공선택 시, 단과대학 내 모든 학과(유아교육과 제외)를 자유롭게선택할 수 있음
아주대	자유전공학부 (자연)	108	유형1	2학년 진급 시 타 전공으로 소속을 변경하거나 자유전공학부 소속을 유지할 수 있음. 계열구분 없음. 의학과, 간호학과, 약학과, 스포츠레저학과, 첨단신소재공학과, 미래모빌리티공학과, 지능형반도체공학과, 융합시스템공학과, 글로벌경영학과, 국방디지털융합학과는 선택 불가
아주대	자유전공학부 (인문)	58	유형1	2학년 진급 시 타 전공으로 소속을 변경하거나 자유전공학부 소속을 유지할 수 있음. 계열구분 없음. 의학과, 간호학과, 약학과, 스포츠레저학과, 첨단신소재공학과, 미래모빌리티공학과, 지능형반도체공학과, 융합시스템공학과, 글로벌경영학과, 국방디지털융합학과는 선택 불가
아주대	첨단바이오융합대학	75	유형2	혁신신약공학, 첨단바이오소재공학2학년 진급 시 희망 전공을 선택하며, 전공별 선택 가능인원은 별도 제한없이 학생 희망에 따라 선택할 수 있음

대학명	모집단위	인원	유형 구분	비고
아주대	프런티어과학학부	109	유형2	물리학, 화학, 생명과학을 바탕으로 한 3개의 기초 세부특화전공(마이크로전공)과 12개 내외의 융합 세부특화전공(마이크로전공)을 학생의 희망진로에 따라 자유롭게 조합하여 이수하며, 세부특화전공(마이크로전공) 이수이력에 따라 주전공으로 인정
아주대	경제정치사회융합학부	104	유형2	경제학, 정치외교학, 사회학 중 학생의 적성과 희망 진로에 따라 최소 1개 이상의 주전공을 선택하여 세부특화전공(마이크로전공) 교육과정을 조합하여 이수하며, 주전공을 제외한 다른 전공 분야에서도 일정량 이상의 과목을 이수하여 "학생설계 마이크로전공"으로 신청 가능
안양대	인문계열자유전공	26	유형2	1학년 2학기 이수 후 해당 계열의 학과 선택(학과 선택 시 인원 제한 없음)
안양대	사회계열자유전공	28	유형2	1학년 2학기 이수 후 해당 계열의 학과 선택(학과 선택 시 인원 제한 없음)
안양대	이공계열자유전공	65	유형2	1학년 2학기 이수 후 해당 계열의 학과 선택(학과 선택 시 인원 제한 없음)
안양대	스포츠계열자유전공	19	유형2	1학년 2학기 이수 후 해당 계열의 학과 선택(학과 선택 시 인원 제한 없음)
안양대	자유전공	92	유형1	1학년 2학기 이수 후 계열 상관없이 학과 선택(학과 선택 시 인원 제한 없음) 사범계열(기독교교육과, 유아교육과), 신학과, 공연예술학과, 음악학과, 뷰티메디컬디자인학과, 게임콘텐츠학과, 스마트시티공학과제외
연세대	언더우드 국제대학	150	유형2	언더우드국제대학은 입학 시 세부전공을 정하지 않고 향후 전공 배정 시 소속한 학부 내에서 세부전공을 선택할 수 있음 단 언더우드학부 생명과학공학 아시아학전공 지원자는 입학 후 전공 배정 시 학년 진급 시 각각 생명과학공학전공과 아시아학전공으로 자동 배정됨
연세대	글로벌인재학부	11	유형2	해외고
연세대	상경계열	70	유형2	정시
연세대	생명과학부	20	유형2	정시
을지대	자유전공학부	71	유형1	첨단학부(빅데이터인공지능전공), 자연계열학부, 인문사회계열학부에 개설된 전공을 자유롭게 선택 가능
을지대	자연계열학부	172	유형2	식품영양전공, 식품생명공학전공, 안전공학전공, 화장품과학전공, 의료공학전
을지대	인문사회계열학부	130	유형2	레저산업전공, 뷰티아트전공, 시각디자인전공, 사회복지전공, 아동청소년상담전공, 중독상담전공, 장례산업전공
이화여대	인문계열	174	유형1	정시

대학명	모집단위	인원	유형구분	비고
이화여대	자연계열	149	유형1	정시
이화여대	스크랜튼학부 자유전공	41	유형1	인문과학대학, 사회과학대학, 자연과학대학, 공과대학, 경영대학, 신산업융합대학(체육과학부 제외), 스크랜튼대학(국제학부, 뇌인지과학부), 인공지능대학의 각 학부/학과(전공) 선택가능
이화여대	국제학부	54	유형2	정시
이화여대	인공지능데이터 사이언스학부	114	유형2	정시
인천 가톨릭대	자유전공	23	유형1	대학 내 모든 전공 보건 의료계열 간호학과 종교계열 신학과제외 100% 자율 선택
인하대	자유전공융합학부	270	유형1	공간정보공학과, 건축학부(건축학전공), 사범대학, 의과대학, 간호대학, 예술체육대학, 미래융합대학, 인공지능공학과, 컴퓨터공학과, 국제학부제외(단, 학사 내규에 따라 학사경고자는 희망학과의 전공선택이 제한될 수 있음
인하대	공학융합학부	131	유형2	단과대학별 융합학부 입학생은 관련 단과대학 내 학과(전공) 선택이 가능함. (단, 학사 내규에 따라 학사경고자는 희망학과의 전공선택이 제한될 수 있음
인하대	자연과학융합학부	40	유형2	단과대학별 융합학부 입학생은 관련 단과대학 내 학과(전공) 선택이 가능함. (단, 학사 내규에 따라 학사경고자는 희망학과의 전공선택이 제한될 수 있음
인하대	경영융합학부	44	유형2	단과대학별 융합학부 입학생은 관련 단과대학 내 학과(전공) 선택이 가능함. (단, 학사 내규에 따라 학사경고자는 희망학과의 전공선택이 제한될 수 있음
인하대	사회과학융합학부	41	유형2	단과대학별 융합학부 입학생은 관련 단과대학 내 학과(전공) 선택이 가능함. (단, 학사 내규에 따라 학사경고자는 희망학과의 전공선택이 제한될 수 있음
인하대	인문융합학부	33	유형2	단과대학별 융합학부 입학생은 관련 단과대학 내 학과(전공) 선택이 가능함. (단, 학사 내규에 따라 학사경고자는 희망학과의 전공선택이 제한될 수 있음
인하대	전기전자공학부	189	유형2	반도체집적회로 트랙, 전기에너지 트랙, 지능제어계측 트랙, 컴퓨터미디어통신 트랙선택이 가능함. (단, 학사 내규에 따라 학사경고자는 희망학과의 전공선택이 제한될 수 있음
인하대	영미유럽인문융합학부	60	유형2	영어영문학 전공, 프랑스언어문화 전공선택이 가능함. (단, 학사 내규에 따라 학사경고자는 희망학과의 전공선택이 제한될 수 있음

대학명	모집단위	인원	유형구분	비고
중앙대	인문대학	36	유형2	국어국문학과, 영어영문학과, 유럽문화학부(독일어문학), 유럽문화학부(프랑스어문학), 유럽문화학부(러시아어문학), 아시아문화학부(일본어문학), 아시아문화학부(중국어문학), 철학과, 역사학과 학과별 전공 개방 진입가능인원 = 학과별 기준 정원의 150% - 학과별정원내모집인원 1학년 진입시 전공 배정(단 지원이 허용된 모든 전공에 대해희망 순위를 기재하여 신청함) 2학년 진입시 전공 배정(변경 희망시 요구 조건(이수학점, 선수 과목 이수 등)충족, 1학년 과목 평균 평점순으로 선발
중앙대	사회과학대학	25	유형2	정치국제학과, 심리학과, 문헌정보학과, 사회복지학부, 사회학과, 도시계획·부동산학과 학과별 전공 개방 진입가능인원 = 학과별 기준 정원의 150% - 학과별정원내모집인원 1학년 진입시 전공 배정(단 지원이 허용된 모든 전공에 대해희망 순위를 기재하여 신청함) 2학년 진입시 전공 배정(변경 희망시 요구 조건(이수학점, 선수 과목 이수 등)충족, 1학년 과목 평균 평점순으로 선발
중앙대	경영경제대학	52	유형2	경제학부, 응용통계학과, 광고홍보학과, 국제물류학과, 산업보안학과(인문) 학과별 전공 개방 진입가능인원 = 학과별 기준 정원의 150% - 학과별정원내모집인원 1학년 진입시 전공 배정(단 지원이 허용된 모든 전공에 대해희망 순위를 기재하여 신청함) 2학년 진입시 전공 배정(변경 희망시 요구 조건(이수학점, 선수 과목 이수 등)충족, 1학년 과목 평균 평점순으로 선발
중앙대	공과대학	31	유형2	학과별 전공 개방진입 가능인원 = 학과별 기준 정원의 150% - 학과별정원내모집인원 1학년 진입시 전공 배정(단 지원이 허용된 모든 전공에 대해희망 순위를 기재하여 신청함) 2학년 진입시 전공 배정(변경 희망시 요구 조건(이수학점, 선수과목 이수 등)충족, 1학년 과목 평균 평점순으로 선발
중앙대	자연과학대학	30	유형2	물리학과, 화학과, 생명과학과, 수학과 학과별 전공 개방 진입 가능인원 = 학과별 기준정원의 150% -학과별 정원내 모집인원 1학년 진입 시 전공 배정(단 지원이 허용된 모든 전공에 대해 희망 순위를 기재하여 신청함) 2학년 진입 시 전공 배정(변경 희망시 요구 조건(이수 학점, 선수과목 이수 등)충족, 1학년 과목 평균 평점 순으로 선발
중앙대	공과대학	150	유형2	사회기반시스템공학부(건설환경플랜트공학),사회기반시스템공학부(도시시스템공학),건축학부, 에너지시스템공학부 학과별 전공 개방 진입 가능인원 = 학과별 기준정원의 150% -학과별 정원내 모집인원 1학년 진입 시 전공 배정(단 지원이 허용된 모든 전공에 대해 희망 순위를 기재하여 신청함) 2학년 진입 시 전공 배정(변경 희망시 요구 조건(이수 학점, 선수과목 이수 등)충족, 1학년 과목 평균 평점 순으로 선발

대학명	모집단위	인원	유형 구분	비고
중앙대	생명공학대학	65	유형2	생명자원공학부(동물생명공학), 생명자원공학부(식물생명공학), 식품공학부(식품공학), 식품공학부(식품영양), 시스템생명공학과 학과별 전공 개방 진입 가능인원 = 학과별 기준정원의 150% -학과별 정원내 모집인원 1학년 진입 시 전공 배정(단 지원이 허용된 모든 전공에 대해 희망 순위를 기재하여 신청함) 2학년 진입 시 전공 배정(변경 희망시 요구 조건(이수 학점, 선수과목 이수 등)충족, 1학년 과목 평균 평점 순으로 선발
차의과학대	미래융합대학	374	유형1	2학년 진급시 학부와 무관하게 생명과학부, 헬스케어융합학부의 전공 중 1,2 전공을 선택함(전공제한 없음)
추계예술대	융합예술학부	48	유형2	-
한국공학대	SW대학 (SW 자율전공)	42	유형2	1학년 이수 후 반도체시스템전공, 지능형모빌리티전공, 미래에너지시스템전공, 야간, 계약학과를 제외한 소속 단과대 또는 학부 내 모집단위선택 가능(모집단위별 정원의 150%까지 배정하되, 초과하는 경우 학생 수요 및 단과대 또는 학부의 배정기준에따라 유연하게 배정). 1학년성적, 밀알교과 이수 여부 등을 고려하여 배정
한국공학대	IT반도체융합대학 (IT반도체융합 자율전공)	37	유형2	1학년 이수 후 반도체시스템전공, 지능형모빌리티전공, 미래에너지시스템전공, 야간, 계약학과를 제외한 소속 단과대 또는 학부 내 모집단위선택 가능(모집단위별 정원의 150%까지 배정하되, 초과하는 경우 학생 수요 및 단과대 또는 학부의 배정기준에따라 유연하게 배정). 1학년성적, 밀알교과 이수여부 등을 고려하여 배정
한국공학대	스마트기계융합대학 (스마트기계융합 자율전공)	44	유형2	1학년 이수 후 반도체시스템전공, 지능형모빌리티전공, 미래에너지시스템전공, 야간, 계약학과를 제외한 소속 단과대 또는 학부 내 모집단위선택 가능(모집단위별 정원의 150%까지 배정하되, 초과하는 경우 학생 수요 및 단과대 또는 학부의 배정기준에따라 유연하게 배정). 1학년성적, 밀알교과 이수여부 등을 고려하여 배정
한국공학대	첨단융합대학 (첨단융합 자율전공)	36	유형2	1학년 이수 후 반도체시스템전공, 지능형모빌리티전공, 미래에너지시스템전공, 야간, 계약학과를 제외한 소속 단과대 또는 학부 내 모집단위선택 가능(모집단위별 정원의 150%까지 배정하되, 초과하는 경우 학생 수요 및 단과대 또는 학부의 배정기준에따라 유연하게 배정). 1학년성적, 밀알교과 이수여부 등을 고려하여 배정
한국공학대	경영학부 (경영 자율전공)	21	유형2	1학년 이수 후 반도체시스템전공, 지능형모빌리티전공, 미래에너지시스템전공, 야간, 계약학과를 제외한 소속 단과대 또는 학부 내 모집단위선택 가능(모집단위별 정원의 150%까지 배정하되, 초과하는 경우 학생 수요 및 단과대 또는 학부의 배정기준에따라 유연하게 배정). 1학년성적, 밀알교과 이수여부 등을 고려하여 배정
한국공학대	디자인공학부	89	유형2	1학년 이수 후 반도체시스템전공, 지능형모빌리티전공, 미래에너지시스템전공, 야간, 계약학과를 제외한 소속 단과대 또는 학부 내 모집단위선택 가능(모집단위별 정원의 150%까지 배정하되, 초과하는 경우 학생 수요 및 단과대 또는 학부의 배정기준에따라 유연하게 배정). 1학년성적, 밀알교과 이수여부 등을 고려하여 배정

대학명	모집단위	인원	유형 구분	비고
한국공학대	미래대학 (자유전공학부)	131	유형1	1학년 이수 후 반도체시스템전공, 지능형모빌리티전공, 미래에너지시스템전공, 야간, 계약학과를 제외한 전 모집단위 선택 가능(선택 시 100% 반영)
한국성서대	AI융합학부(인공지능전공, AI휴먼서비스융합전공, 컴퓨터소프트웨어전공)	55	유형2	AI융합학부는 1학년 이후 학부 내 3개의 전공 중 본인이 희망하는 전공으로 자율선택할 수 있습니다.
한국외대	자유전공학부 (서울)	100	유형1	사범대학 각 학과(부), AI융합대학 각 학부, Language & Trade학부, KFL학부, 몽골어과를 제외한 서울캠퍼스 전 학과(부)
한국외대	자유전공학부 (글로벌)	224	유형1	우크라이나학과, 한국학과를 제외한 글로벌캠퍼스 전 학과(부)
한국외대	영어대학 [통합모집]	37	유형2	ELLT학과, 영미문학·문화학과, 영어통번역학과*
한국외대	핵심외국어계열	54	유형2	프랑스어학부, 독일어과, 노어과, 스페인어과
한국외대	특수외국어(유럽 지역)계열	24	유형2	이탈리아어과, 포르투갈어과, 네덜란드어과, 스칸디나비아어과
한국외대	특수외국어(인도.아세안 지역)계열	24	유형2	말레이·인도네시아어과, 태국학과, 베트남어과, 인도어과
한국외대	특수외국어(중동지역)계열	21	유형2	아랍어과, 튀르키예·아제르바이잔학과, 페르시아어·이란학과
한국외대	중국학대학 [통합모집]	21	유형2	중국언어문화학부, 중국외교통상학부
한국외대	일본학대학 [통합모집]	16	유형2	일본언어문화학부, 융합일본지역학부
한국외대	사회과학대학 [통합모집]	31	유형2	정치외교학과, 행정학과, 미디어커뮤니케이션학부
한국외대	상경대학	26	유형2	국제통상학과, 경제학부
한국외대(글)	인문대학 [통합모집]	21	유형2	철학과, 사학과, 언어인지과학과
한국외대(글)	국가전략언어계열	52	유형2	폴란드학과, 루마니아학과, 체코·슬로바키아학과, 헝가리학과, 세르비아·크로아티아학과, 그리스·불가리아학과, 중앙아시아학과, 아프리카학부

대학명	모집단위	인원	유형 구분	비고
한국외대(글)	경상대학[통합모집]	19	유형2	Global Business & Technology학부, 국제금융학과
한국외대(글)	자연과학대학 [통합모집]	48	유형2	수학과, 통계학과, 전자물리학과, 환경학과, 생명공학과, 화학과
한국외대(글)	공과계열	67	유형2	컴퓨터공학부, 정보통신공학과, 반도체전자공학부(반도체공학전공), 반도체전자공학부(전자공학전공), 산업경영공학과, 바이오메디컬공학부
한국외대(글)	Culture & Technology 융합대학 [통합모집]	30	유형2	디지털콘텐츠학부, 투어리즘 & 웰니스학부, 글로벌스포츠산업학부
한국외대(글)	AI융합대학	20	유형2	AI데이터융합학부, Finance & AI융합학부
한국항공대	공과계열	187	유형2	• 제1전공 : 본인의 모집단위 단과대학 내 선택 가능(스마트드론공학, AI자율주행시스템공학, 항공운항학과 제외) • 제2전공 : 모든전공선택가능(항공운항과제외)
한국항공대	AI융합대학 [통합모집]	207	유형2	• 제1전공 : 본인의 모집단위 단과대학 내 선택 가능(스마트드론공학, AI자율주행시스템공학, 항공운항학과 제외) • 제2전공 : 모든전공선택가능(항공운항과제외)
한국항공대	항공·경영대학	36	유형2	• 제1전공 : 본인의 모집단위 단과대학 내 선택 가능(스마트드론공학, AI자율주행시스템공학, 항공운항학과 제외) • 제2전공 : 모든전공선택가능(항공운항과제외)
한국항공대	항공·경영대학 (이학적성)	40	유형2	• 제1전공 : 본인의 모집단위 단과대학 내 선택 가능(스마트드론공학, AI자율주행시스템공학, 항공운항학과 제외) • 제2전공 : 모든전공선택가능(항공운항과제외)
한국항공대	항공·경영대학 (사회적성)	63	유형2	• 제1전공 : 본인의 모집단위 단과대학 내 선택 가능(스마트드론공학, AI자율주행시스템공학, 항공운항학과 제외) • 제2전공 : 모든전공선택가능(항공운항과제외)
한국항공대	자유전공학부 (공학적성)	74	유형1	• 제1전공 : 모든 전공 선택 가능(스마트드론공학, AI자율주행시스템공학, 항공운항학과 제외) • 제2전공 : 모든전공선택가능(항공운항과는수용가능범위내별도로정함)
한국항공대	자유전공학부 (이학적성)	47	유형1	• 제1전공 : 모든 전공 선택 가능(스마트드론공학, AI자율주행시스템공학, 항공운항학과 제외) • 제2전공 : 모든전공선택가능(항공운항과는수용가능범위내별도로정함)
한국항공대	자유전공학부 (사회적성)	10	유형1	• 제1전공 : 모든 전공 선택 가능(스마트드론공학, AI자율주행시스템공학, 항공운항학과 제외) • 제2전공 : 모든전공선택가능(항공운항과는수용가능범위내별도로정함)

대학명	모집단위	인원	유형 구분	비고
한성대	크리에이티브인 문학부	115	유형2	영미문화콘텐츠, 영미언어정보, 한국어교육, 역사문화큐레이션, 역사콘텐츠, 지식정보문화, 디지털인문정보학
한성대	크리에이티브인문 학부(야간)	67	유형2	영미문화콘텐츠, 영미언어정보, 한국어교육, 역사문화큐레이션, 역사콘텐츠, 지식정보문화, 디지털인문정보학
한성대	미래융합사회과 학대학	112	유형2	국제무역, 글로벌비즈니스, 기업·경제분석, 경제금융투자, 공공행정, 법&정책, 부동산, 스마트도시·교통계획, 기업경영, 벤처경영, 회계·재무경영
한성대	미래융합사회과학 대학(야간)	113	유형2	국제무역, 글로벌비즈니스, 기업·경제분석, 경제금융투자, 공공행정, 법&정책, 부동산, 스마트도시·교통계획, 기업경영, 벤처경영, 회계·재무경영
한성대	IT공과대학	250	유형2	IT공과대학은 학부 구분 없이 입학하며, 2학년 진학 시 트랙을 자유롭게 선택할 수 있습니다.
한성대	IT공과대학 (야간)	141	유형2	IT공과대학은 학부 구분 없이 입학하며, 2학년 진학 시 트랙을 자유롭게 선택할 수 있습니다.
한성대	상상력인재학부	175	유형1	상상력인재학부의 경우 자율전공개념으로 2학년 진학시 단과대학/ 학부/ 트랙을 자유롭게 선택할 수 있음
한양대(E)	LIONS자율전공학 부(전계열)	223	유형1	2학년 진학 시 표에 기재된 단과대학 중 1개의 학부(과)/전공을 선택하며, 인원의 제한이 없음(학과별 과목 이수 요건 있음)
한양대(E)	LIONS자율전공학 부(자연계열)	130	유형2	2학년 진학 시 표에 기재된 단과대학 중 1개의 학부(과)/전공을 선택하며, 인원의 제한이 없음(학과별 과목 이수 요건 있음)
한양대(E)	LIONS자율전공학 부(인문사회계열)	95	유형2	2학년 진학 시 표에 기재된 단과대학 중 1개의 학부(과)/전공을 선택하며, 인원의 제한이 없음(학과별 과목 이수 요건 있음)
한양대(E)	디자인계열	138	유형2	2학년 진학 시 주얼리·패션디자인학과, 융합디자인학부, 영상디자인학과 중 1개의 학부(과)를 선택하며, 인원의 제한이 없음
한양대(E)	바이오신약융합 학부	73	유형2	학부로 입학한 학생은 2학년 진학 시 2개 전공 중 1개의 전공을 선택함
한양대(E)	한양인터칼리지 학부	250	유형1	2학년부터 희망하는 전공을 선택할 수 있습니다. (의과대학, 간호대학, 사범대학, 예술체육대학, 계약학과제외)
홍익대	서울캠퍼스자율전 공(자연·예능)	267	유형1	캠퍼스 내 모든 학부(과)/전공으로의 진입을 신청할 수 있음(사범대학, 뮤지컬전공(연기), 실용음악전공(보컬/기악/작곡),산업스포츠학과 제외) 개별학부(과)/전공으로 진입하지 않고 캠퍼스 자율전공 소속으로 캠퍼스 내 모든 전공에서(사범대학, 공연예술학부, 산업스포츠학과 제외)자신이 원하는 전공을 이수한 후 관련 학위를 취득할 수 있음 학부(과)로 진입하기 위한 필수 이수과목 및 기타 제한 조건은 없음

대학명	모집단위	인원	유형구분	비고
홍익대	서울캠퍼스자율전공(인문·예능)	193	유형1	캠퍼스 내 모든 학부(과)/전공으로의 진입을 신청할 수 있음(사범대학, 뮤지컬전공(연기), 실용음악전공(보컬/기악/작곡),산업스포츠학과 제외) 개별학부(과)/전공으로 진입하지 않고 캠퍼스 자율전공 소속으로 캠퍼스 내 모든 전공에서(사범대학, 공연예술학부, 산업스포츠학과 제외)자신이 원하는 전공을 이수한 후 관련 학위를 취득할 수 있음 학부(과)로 진입하기 위한 필수 이수과목 및 기타 제한 조건은 없음.
홍익대	세종캠피스자율전공(자연·예능)	176	유형1	캠퍼스 내 모든 학부(과)/전공으로의 진입을 신청할 수 있음(사범대학, 뮤지컬전공(연기), 실용음악전공(보컬/기악/작곡), 산업스포츠학과 제외) 개별학부(과)/전공으로 진입하지 않고 캠퍼스 자율전공 소속으로 캠퍼스 내 모든 전공에서(사범대학, 공연예술학부, 산업스포츠학과 제외)자신이 원하는 전공을 이수한 후 관련 학위를 취득할 수 있음 학부(과)로 진입하기 위한 필수 이수과목 및 기타 제한 조건은 없음
홍익대	세종캠퍼스자율전공(인문·예능)	175	유형1	캠퍼스 내 모든 학부(과)/전공으로의 진입을 신청할 수 있음(사범대학, 뮤지컬전공(연기), 실용음악전공(보컬/기악/작곡),산업스포츠학과 제외) 개별학부(과)/전공으로 진입하지 않고 캠퍼스 자율전공 소속으로 캠퍼스 내 모든 전공에서(사범대학, 공연예술학부, 산업스포츠학과 제외)자신이 원하는 전공을 이수한 후 관련 학위를 취득할 수 있음 학부(과)로 진입하기 위한 필수 이수과목 및 기타 제한 조건은 없음
홍익대	자율전공(미술대)	79	유형2	'미술대학자율전공' 입학생은 미술대학 내의 학과(또는 학부 내 전공) 중 하나를 선택할 수 있음
홍익대	자율전공(과기대)	51	유형2	'과학기술대학자율전공' 입학생은 과학기술대학 내의 학과(또는 학부 내 전공) 중 하나를 선택할 수 있음

학생부 종합전형
합격 사례

# 학생부 종합전형 합격 사례

이 장에서는 내신 등급이 높지 않더라도 학생부종합전형에서 합격할 수 있었던 사례들을 중심으로 소개합니다. 교과 성적이 다소 부족한 경우에도, 학생부 전반에 걸쳐 드러난 활동 간의 연결성, 탐구의 깊이, 진로와의 연계성을 통해 경쟁력 있는 지원자로 평가받을 수 있었음을 보여줘요. 특히 진로와 전공에 대한 지속적인 관심과 실행력, 이를 설득력 있게 담아낸 학생부 서사 구조가 학생부종합전형에서 어떤 강점으로 작용하는지를 확인할 수 있으니 나와 비슷한 사례가 있는지 꼭 확인해 보시기 바랍니다.

학생부 종합 합격 사례 분석 **1**

① 내신

교과	전학년	1학년		2학년		3학년
		1학기	2학기	1학기	2학기	1학기
국어	5.29	6.0	5.0	5.0	6.0	4.0
영어	6.19	5.5	6.0	7.0	6.0	6.27
수학	5.8	5.0	5.0	6.0	7.0	7.0
사회	6.73	7.0	6.5	8.0	7.0	5.67

- 원점수: 85~95점
- 표준편차 : 8~13
- 평균 : 80~90
- 고교유형 : 지방 외고
- 희망 전공 : 국어국문학과

② 창의적 체험활동

	1학년	2학년	3학년
자율 활동	• 학급 도서 부장 : 문집 발간	• 국어 부장 : 예상 기출문제 공유 • 도서 부장 : 점심시간에 독서하는 모습을 보임	• 일본 교환 학생 방문시 학생 도우미 • 컴퓨터언어 보고서 작성 • 다국어 릴레이 소설쓰기에서 일본어를 맡고 문집 발간
동아리 활동	• 토론동아리 • 동화 영어 번역 동아리	• 토론동아리 • 일본고등학교와 문화교류동아리 • 세계언어학습동아리(창설)	• 토론 동아리 세계 언어 학습 동아리 : 소멸언어 소감문 발표보존의 중요성
봉사 활동	• 도서관 게시판에 글 게재 : 에세이, 시	• 도서관 게시판에 글 게재 : 에세이, 시 봉사 후 인문학 특강 수강	• 도서관 게시판에 글 게제 : 에세이, 시
진로 활동	–	• 한나 아렌트의 책을 여러번 반복해서 읽음	• K-Mooc 언어팀 조장 : 문학이란 무엇인가 강좌수강, 한미일 자판에 대하여 보고서 제출

- 많은 활동보다는 한 두개라도 '의미 있는 활동' 중심의 활동이 중요
- 활동 간 연결성이 있을 때 설득력 강화

③ 세부능력 및 특기사항

과목	세특
문학	흥보가를 배울 때 가야금을 가져와 판소리 장단에 대해 발표. 언어와 음악은 호흡이 같다는 점을 강조, 방과후 학교 '단편소설 창작반'에서 단편소설을 창작함
독서와문법	중세국어 문제 만들기 활동에서 아래아가 제주도 방언에 남아 있는 것을 '순이삼촌(현기영)'의 예로 듦
심화영어	Why Korean don`t read books? 에세이 발표
일본어	직접 지은 '빗물에 가려 희미해진 불빛 속 선명한 당신' 하이쿠가 우수작으로 선정되어 교지에 실림
일본어회화	한국인과 일본인의 언어문화의 공통점과 차이점에 대해 토론 발표
화법과작문	국어부장으로 고민없이 정할 정도로 국어에 대한 이해가 깊은 학생
확률과통계	'연간 독서량과 국어 성적의 상관관계'라는 주제로 온라인 설문조사, 구글 자동번역의 원리에 대해 보고서 제출
영어II	'영국에 영어는 없었다(김동섭)'을 읽고 영어와 프랑스어의 관계에 대해 보고서 작성
사회문화	문화의 속성 중 공유성에 대한 수업에서 '언어본능(스티븐 핑커)'를 참조하여 언어의 공유성에 대한 보고서 제출

- 과목 간 진로 주제 연결성과 탐구 활동 연계가 매우 중요
- 과목별 진로 주제 연결성과 탐구 활동이 뛰어남

④ 행동특성 및 종합의견(행특)

- 독서량이 많고 논리적임
- 영상편집, PPT 등 컴퓨터 활용 능력 우수
- 자료검색능력이 뛰어나서 팀원들의 과제를 완료할 수 있도록 협력하는 능력이 훌륭함
- 외국어 및 문화에 대한 관심이 높고 급우들에게 소개함
- '바벨'이라는 제3외국어 동아리를 창설함
- 급우들의 노트북으로 외국에서 해킹시도가 들어왔을 때 IP를 추적해서 막아주었음
- 항상 '작가노트'를 지참하며 언어 수집을 생활화함

대입결과

✓ 건국대 자기추천전형 국어국문학과 최초합격
✓ 경희대 네오르네상스전형 한국어학과 1차합격 → 면접 불참
✓ 한국외국어대 학생부종합전형 언어인지과학과 예비 9번→ 최종 불합격
✓ 성신여자대 자기주도인재전형 국어국문학과 예비 1번 → 최종 합격

학생부 종합 합격 사례 분석 2

① 내신

교과	전학년	1학년		2학년		3학년
		1학기	2학기	1학기	2학기	1학기
국어	1.88	2.0	2.0	1.67	2.33	1.5
영어	1.56	2.0	2.0	1.0	2.0	1.0
수학	1.0	1.0	1.0	1.0	1.0	1.0
사회	1.27	1.0	1.0	1.0	1.33	1.67

- 전교과 평균 : 1.53
- 국영수사 평균 : 1.44
- 원점수 평균: 96.36

② 창의적 체험활동

	1학년	2학년	3학년
자율 활동	•학년 대표 - 깨끗한 화장실 공약을지킴	•학년대표 •2학기 학생회 •부회장 - 특별한 내용 없음	•학생회 부회장 - 교내 화장실 공사 후 월요일 조기등교하여 뒤처리에 자원함
동아리 활동	•교육토론 동아리 •또래상담 동아리 •심화학습 동아리	•농구반 •교지 편집부 •경영경제자율 동아리 - 카드수수료 인하에 대한 경제기사 분석 발표	•사회적 협동조합 너구리 - 관리부 이사활동으로 재고 조사 및 새 품목 선정을 위한 설문조사 진행
봉사 활동	•지역 아동센터 봉사	•지역 아동센터 봉사	•지역아동센터 봉사
진로 활동	•학교 행사나열	•스포츠 에이전트에 관한 신문기사 스크랩	•에이전트CEO에게 SNS를 통해 인터뷰 •플랫폼 비즈니스 모델에 대해 조사발표

• 화장실 관련 학생회 프로젝트가 인상적임
• 진로 변경에 따른 활동 연계가 설득력 있어야함
• 봉사 활동의 꾸준함은 긍정적 평가 요소
• 농구반 활동도 인간관계형 경영 전공에서 충분히 활용 가능

③ 세부능력 및 특기사항

과목	세특
수학II	부등식과 관련된 고난도 명제 2가지가 성립함을 수학적 귀납법으로 증명
운동과 건강	모둠장으로 매우 협력적이며 기능이 부족한 모둠원들과 끝까지 과제 수행을 함께하는 모습
문학	'에버비엔비 스토리'책을 읽고 신문제작
영어II	경제분야에 대한 풍부한 지식을 바탕으로 지문에 나온 용어와 사회적 현상을 알기 쉽게 설명함
세계문제	아담 스미스와 케인즈의 이론을 정리 발표하고 '공유경제의 이해와 활성화방안'을 주제로 연구보고서 작성
화법과 작문	'원자력 발전소를 가동해야 한다' 의 주제에서 안정성, 환경, 경제적 측면에서 접근하여 이탈리아와 우리나라의 사계를 비교 논증함

심영독해I	'입소문 마케팅', '포츠 에이전시를 다룬 영화' 등의 머리기사를 사용하여 영어신문 제작
확률과 통계	인문반을 선택한 것이 아까울 정도로 수학을 잘함, 교사를 자극해주는 학생
사회문화	'OO시의 공유자전거 사업'의 요금제 개선과 자전거 전용도로 건설을 시청에 제안
세계사	중국 한무제의 통제적 경제성책과 우리나라의 유사한 경제정책(누진세, 전매제)을 조사, 알렉산드로스와 옥타비아누스의 리더십을 조사함
법과정치	'계약 체결의 의미와 과정' 탐구 주제에서 야구FA 제도와 고용제약 등의 사례를 탐구함

④ 행동특성 및 종합의견(행특)

- 과목 중요도와 상관없이 좋아하는 주제에 대한 몰입도 매우 높음
- 교내 행사 준비에 있어 체계적이고 계획적
- 사람들과의 관계에서 이해타산을 따지지 않는 순수함과 선함을 가졌고 말을 함부로 하지 않으며 남을 배려함
- 진로나 대학의 정보도 많이 알아 친구들에게 실질적인 도움을 주며 일침을 놓는 말을 하기도 해 친구들의 공부의욕을 북돋아 주는 학생임
- 농구 등 비교과 활동에도 적극 참여
- 경험의 계승을 위해 학생회 임원 부회장에 출마하여 당선, 계열 과목 개설을 위해 노력했지만 불발됨

대입결과

- ✓ 고려대 학추1 경영학과 불합격
- ✓ 성균관대 학과모집 경영학과 불합격
- ✓ 서강대 학업형 경영학과 불합격
- ✓ 한양대 학생부종합 경영학과 최초합
- ✓ 중앙대 교과전형 및 학교추천전형 경영학과 최종합격

① 내신

교과	전학년	1학년		2학년		3학년
		1학기	2학기	1학기	2학기	1학기
국어	3.20	3.0	2.0	3.0	4.0	4.0
영어	3.65	3.0	3.0	4.0	4.0	4.0
수학	3.30	2.0	3.0	4.0	3.33	4.0
사회	3.32	2.0	2.0	4.0	3.8	3.0

- 전교과 평균: 3.52
- 국영수사 평균: 3.37
- 원점수 평균: 83.87

② 창의적 체험활동

	1학년	2학년	3학년
자율 활동	• 학교 행사 나열	• 칠판 닦기 도우미 - 요일을 지정 하려 했지만 자진해서 매일 하 겠다고 함 • 과학의 달 행사 - 계란낙하 실험	• 학교 행사 나열
동아리 활동	• 로봇 동아리 • 과학 동아리	• 항공우주 기계반 • 학습 동아리	• 항공우주 기계반 • 학습 동아리
봉사 활동	–	–	–
진로 활동	• 학교 행사 나열	• 미니 냉장고 제작 • 그 외 학교 행사 나열	• 학교 행사 나열

- 칠판 닦기 도우미에서 인성이 드러남
- 꾸준한 봉사활동 내역이 없음-특이사항 미기재
- 전형적인 일반고 창체기록임

③ 세부능력 및 특기사항

과목	세특
수학I	문제 풀이 흑기사 활동
수학II	등비수열의 합을 이용한 원리 합계 문제 만들기 활동에서 큰 수가 나오고, 조건이 복잡했지만 문제의 조건을 명료하게 고쳐가며 해결함
기술가정	공학 설계 탐구 프로젝트에서 드론의 비행원리를 담당함, 드론의 제자리 회전 원리에 대한 이론이나 설명 글을 찾을 수 없어서, 스스로 드론의 회전 원리 이론을 세움(관련 이론을 물리선생님에게 논리성을 인정받음), 드론의 제어 원리에서 PID세어이론과 사이로 센서, 가속노 센서를 탐구하여 PID 제어를 코딩하여 센서값을 확인함
문학	국어 교과부장, '공학으로 세상을 말한다(한화택)'을 읽고 연료 전지의 장점을 다른 에너지 공급 방법과 비교정리하고 탐구 보고서 작성
독서와 문법	'계산 가능한 세계를 향하여(이진경)'을 수업시간에 배운뒤 노즐 출구각도에 따른 구심터빈의 성능 및 내부 유동의 영향에 미치는 기하학적 원리를 시각적 자료로 발표함
미적분II	논리를 사용하는 학문이 수학임을 친구들에게 역설하고 자신의 논리 전개과정을 제시, 그 과정에서 x값을 무한대로 보내거나 점근선으로 보내 함수의 그래프 개형을 엄밀하게 그려냄
영어II	자신의 어휘 실력 향상을 위해 선생님에게 개인적으로 어휘평가 점검을 부탁하여 실천함
물리I	체렌코프 복사의 원리와 활용 분야에 대한 탐구
과제연구	가방에서 꺼내기 불편한 스프링 노트의 문제점을 개선하여 3D 프린터기로 출력해서 제품의 완성도를 높여 특허청에 권리 심사 청구함

④ 행동특성 및 종합의견(행특)

◉ 무엇이든 꾸준하게 성실히 참여하는 자세가 몸에 베어 있음
◉ 하루에 열 번을 만나도 열 번을 인사할 정도로 예의 바르고 언행이 단정하여 모범이 됨
◉ 책임감이 강하고 독특한 발상을 함
◉ 물리에 학문적으로 깊게 매료된 학생임
◉ 칠판 관리를 정말 깔끔하게 해서 수업시간에 칠판에 글씨를 쓰기가 아까울 정도임
◉ 동아리 부장의 책임감 부재로 동아리 운영이 안될 때 동아리를 되살려냄

> **분석** ◉ 선생님 입장에서 가장 예쁜 학생일 듯
> ◉ 물리II는 소인수 과목이라 등급이 안 나왔지만, 원점수는 93점
> ◉ 독서와 내신의 뒷받침(성적 하락)이 있었으면 하는 아쉬움이 큼

학생부 종합 합격 사례 분석 **4**

① 내신

교과	전학년	1학년		2학년		3학년
		1학기	2학기	1학기	2학기	1학기
국어	2.43	1.0	2.0	3.0	3.0	3.0
영어	2.78	3.0	2.0	3.0	3.0	3.0
수학	2.78	2.0	1.0	4.0	3.0	3.0
사회	2.51	2.0	1.0	3.1	2.33	1.67

- 전교과 평균: 2.55
- 국영수과 평균: 2.62
- 원점수 평균: 88.93

② 창의적 체험활동

	1학년	2학년	3학년
자율 활동	• 민주 시민 교육에서 다양한 주제로 토론함	• 민주 시민 교육에서 다양한 주제로 토론함	• 학교행사 나열
동아리 활동	• 전기전자 및 건축관련 동아리 • 수학자율 동아리	• 토론 동아리	• 이공계 주제 탐구 동아리 • 수학 스터디 동아리 • 생명과학 동아리
봉사 활동	• 요양원봉사	• 요양원봉사	• 요양원봉사
진로 활동	• 의약 사업 체인 '머크그룹' 조사 보고서 제출	• 조선후기 과학문화로서의 실학의 의미를 알기 위한 탐구 활동	• 학교 행사 나열

- 수학과 생명과학에 대한 관심을 꾸준히 보임
- 봉사활동도 3년 내내 지속적으로 참여함
- 동아리 활동이 돋보이는 학생으로 2학년엔 생명 관련 토론 동아리를 직접 창설하는 등 동아리 활동에 매우 적극적

③ 세부능력 및 특기사항

과목	세특
국어	글쓰기에서 논리적으로 자신의 주장을 제시 흥계월전을 배우고 다른 군담소설을 찾아보고 차이점을 분석함
수학	그래프를 활용한 문제 해결이 탁월, 수학멘토 활동, 다른 단원의 문제에서 집합의 표현방법을 이용하여 문제를 접근함
영어	Biomimicry(생태모방공학) 적용 사례를 소개함 먹이사슬이 짧은 이유에 대해 설명하고 에세이 작성
과학	수학적 계산 능력이 뛰어남, 미세먼지 원인을 과학적으로 분석하고 해결 방안을 창의적으로 제시 방과후 학교-STESM실험탐구반
생명과학	생명과학의 기본원리를 물리에서 배운 개념을 적용하여 설명하려고 노력함, 동물치료에 x선의 활용 방안에 대해 조사
생명과학II	동물실험의 역사와 논쟁을 정리하고 '오가노이드'를 사례로 제시, 학급 수업 분위기를 높여주는 학생이며 자료를 체계적으로 수집하고 관리하는 능력이 뛰어남

④ 행동특성 및 종합의견(행특)

- 영어수행평가를 위해 정리한 해석본을 반 친구들에게 복사해서 나눠줌
- 자투리 시간에도 공부에 매진하는 자기주도적인 학생임
- 친구들의 학습문제 관련 질문에 답하는 것을 좋아하고 함께 해결하는 것을 즐김
- 선생님의 청소를 하면 다가와 자신이 하겠다고 손내미는 학생
- 교내 다양한 프로그램에 적극 참여함
- 밤섬에 대한 생태학적 가치에 관심을 가짐
- 토론 자율동아리를 조직하여 관심분야에 대한 탐구를 수행함
- 따뜻한 마음과 이타심을 느낄수 있는 학생임

대입결과

✓ 국민대 프런티어 바이오융합발효학과 최종합
✓ 동국대 두드림전형 바이오환경과학과 바이오환경과학과 최초합 (장학생)
✓ 홍익대 학교생활우수자전형 자율전공 최저 충족했으나 불합
✓ 고려대 사회공헌자II전형 불합
✓ 세종대 사회기여및배려자전형 생명시스템학부 1차합, 면접 불참

학생부 종합 합격 사례 분석 5

① 내신

교과	전학년	1학년		2학년		3학년
		1학기	2학기	1학기	2학기	1학기
국어	1.19	1.0	1.0	1.0	2.0	1.0
영어	2.04	1.0	2.0	2.0	3.0	2.0
수학	2.0	2.0	3.0	1.0	2.0	2.0
사회	1.23	1.0	2.0	1.0	1.5	1.0

- 전교과 평균: 1.67
- 국영수과 평균: 1.55
- 원점수 평균: 94.82

② 창의적 체험활동

	1학년	2학년	3학년
자율 활동	• 학습 부장 • 광고 직업인 초청 특강에 참여	• 문예 부장 • 교내 환경 영화제에서 '구해줘' 제목의 대기 문제 작품 출품 - 스톱 모션 기법 활용 • 교내 광고언론인 공모전에 '우리 고장 소개' 홍보 출품 • 매체와 사회현상에 나타난 성 차별적인 양상을 분석하여 보고서 작성	• 학급 반장 - 여러 교과 선생님들에게 칭찬 받는 학급분위기 조성 • 환경 영화제에 '폭염'이라는 작품을 제작
동아리 활동	• 반크 동아리 • 교육 자율 동아리	• 반크 동아리 • 광고 제작반 자율 동아리 - 아동학대 공익 광고 콘티 제작 • 금연광고 제작	• 독서 토론반 • 광고 제작반 자율 동아리 - 고3 응원 광고 상영
봉사 활동	• 아동센터 학습지도 봉사	• 또래 멘토링 • 도서관 봉사	• 또래 멘토링
진로 활동	• 선진국 교육제도와 우리나라의 제도를 비교해서 보고서 작성	• 학교 행사 나열	• 학교 행사 나열

• 진로가 변경되면서 그에 걸맞는 활동이 이어짐
• 학교의 프로그램을 잘 활용하는 점이 돋보임
• 글과 광고의 접목이 돋보임 → 흔히 광고하면 영상에만 집착하는데 독서와 글쓰기가 중요함

③ 세부능력 및 특기사항

과목	세특
국어I	두편의 수필 작성
국어II	자작 시 '금붕어' 발표, 언어 동질화를 위해 북한의 어휘도 학습할 수 있는 시간을 확보해야 한다고 발표
영어I	다른 나라의 기발한 광고 주제로 수업진행
윤리와 사상	• 공이주의 사상에 대한 다양한 평가에 대해 발표, '헬레니즘 사상과 아리스토텔레스 사상을 비교 • 글쓰기에서 탁월한 비교 분석 능력 발휘 • 4차산업 혁명 시대 속 철학적 사고 주제로 소논문 작성 공리주의
한국사	위안부 문제에 대한 '나는 날조 기자가 아니다(우에무라다카시)'와 해외신문시가를 읽고 언론인의 자세를 정리함

문학	글을 꼼꼼히 읽어 표면에 드러나지 않는 내용까지 유추하는 능력이 뛰어남 김춘수의 꽃을 학습 후 무의미한 대상이 의미 있는 존재가 되는 한편의 공고를 만들어 발표
독서와 문법	교과부장, 현대인의 소비를 주제로 탐구활동

④ 행동특성 및 종합의견(행특)

- 감정에 쉽게 흔들리지 않고 차분히 대처함
- 책읽기와 글쓰기를 즐겨하고 미술적 감각이 있어 주변을 아름답게 꾸미는데 능력이 있음
- 돕고 가르치는 것을 좋아하며, 정직하고 바른 언어를 사용하여 모범이 됨
- 토론하기 활동을 즐겨하고, 문예부장으로서 학급의 친목을 도모하는 각종 행사를 주관하여 도맡아 진행함
- 활동하는 모습을 사진이나 동영상으로 찍어 학급 채팅방에 올리는 등 역할을 성실히 수행함
- 모든 교과에서 학습을 주도하는 실질적 학습 부장 역할 수행
- 좋은 문구나 글귀를 수시로 메모하는 습관을 가짐

분석

⊙ 학생부 기록이 셀프형으로 작성되어 다양한 선생님들의 시선이 아쉬움

⊙ 상위권대학의 광고홍보학과를 지원하기에는 결과물 위주의 활동이 많아 교과전형은 경영학과로 학생부종합전형은 광고홍보학과로 나눠서 지원하였음

대입결과

✓ 이화여자대 고교추천전형 경영학과 최종합격
✓ 동국대 학교추천전형 광고홍보학과 최종합격
✓ 경희대 고교연계전형 경영학과 최종합격
✓ 숙명여자대 서류형전형 광고홍보학과 최종합격
✓ 성균관대 사회과학계열 불합격
✓ 중앙대 다빈치형인재전형 광고홍보학과 불합격

① 내신

교과	전학년	1학년		2학년		3학년
		1학기	2학기	1학기	2학기	1학기
국어	2.15	1.0	1.0	2.0	3.0	3.0
영어	3.36	4.0	3.0	3.0	4.0	3.0
수학	4.86	5.0	6.0	5.0	4.0	4.0
사회	3.26	4.5	3.6	2.5	2.5	3.0

- 전교과 평균: 3.47
- 국영수사 평균: 3.33
- 원점수 평균: 81.97

② 창의적 체험활동

	1학년	2학년	3학년
자율 활동	• 학교 행사 나열	• 또래 학습멘토링(국어) • 학교 행사 나열	• 학교행사나열

동아리
활동
	• 영상 동아리 - 교내 동
	  아리들
	• 홍보 영상 제작
	• UCC 자율 동아리
		• 자율영상 동아리
		• 독서 동아리
			• 영상 동아리
			• 독서 동아리 - 잘못 쓰
			  이고 있는 우리말 탐구

봉사
활동
	-	• 급식 도우미
		• 다문화 어린이 학습
		  지도
			• 다문화 어린이 학습
			  지도

진로 활동	• 방송 PD와의 만남 • 학교 행사 나열	• 학교 행사 나열	• 학교 행사 나열

- 내신 3점대의 진로 불분명 학생의 대표적인 창체 기록임

③ 세부능력 및 특기사항

과목	세특
국어II	발표하기 활동에서 정확한 핵심 용어 사용 및 효과적인 말하기를 하는 능력이 있음 뮤지컬을 관람하고 원작소설인 '도리안 그레이의 초상(오스카 와일드)와 비교하여 비평문을 작성
영어	안전의식고취를 위한 UCC제작으로 최고의 UCC로 선정됨
사회	사랑이라는 가면 속 폭력이라는 데이트 폭력에 관해 발표함
영어II	영어학습도우미, Fly Away Home을 읽고 원작의 앞, 뒷 이야기를 재구성하여 발표함
영어독해와작문	Drama를 읽은 후 책 표지 및 뒤 이야기를 영어로 재구성하여 발표함
철학	도리안 그레이의 초상을 통해 진정한 아름다움의 가치와 육체적 아름다움과 영혼의 아름다움의 가치에 대해 발표함

④ 행동특성 및 종합의견 (행특)

- 학교의 다양한 활동에 참여하면서 체력적으로 힘든 상황도 웃으며 넘기는 의연한 모습을 보임
- '1학급 1생명 살리기'의 도우미를 자청하고, 급우들이 함께 봉사에 동참하는 분위기를 조성함
- 친구들의 부탁을 잘 들어주는 수용적 성향이나, 자기 일에는 계획적으로 철저히 임함
- 피곤한 상황에서도 수업시간에 졸거나 지각하지 않는 모범적인 태도를 유지함
- 학업 면에서는 다소 아쉬움이 있으나, 진로에 대한 인식은 있음

분석
- 학생부에 드러나듯이 진로에 대한 명확한 방향 설정은 부족한 편
- 다양한 활동에 적극적으로 참여했으나, 결과 보다는 실행 중심의 기록이 많아 다소 분산된 인상
- 세 가지 진로 중 활동 중심으로는 영문, 성적 기반으로는 국문계열로 방향을 잡아 지원함

대입결과

- ✓ 고려대 세종캠퍼스 글로벌학부-영미학 교과전형 불합격
- ✓ 연세대 미래 인문과학부 학교생활우수자 전형 최초합격
- ✓ 가천대 바람개비1 전형 영미어문학과 최종합격

① 내신

교과	전학년	1학년		2학년		3학년
		1학기	2학기	1학기	2학기	1학기
국어	2.41	3.0	2.0	3.0	3.0	1.0
영어	2.65	3.0	3.0	2.0	2.0	3.0
수학	1.0	1.0	1.0	1.0	1.0	1.0
과학	1.37	1.0	2.0	1.5	1.5	1.0

- 전교과 평균: 1.80
- 국영수과 평균: 1.76
- 원점수 평균: 89.31

② 창의적 체험활동

	1학년	2학년	3학년
자율 활동	• 학급 반장 • 학교 행사 나열	• 학급 반장 • 학교 행사 나열	• 학급 반장 • 학교 행사 나열
동아리 활동	• 바이오 아카데미 • 의학 토론 동아리	• 바이오 아카데미 • 의학 토론 동아리	• 바이오 아카데미 • 의학 토론 동아리
봉사 활동	• 가족 봉사단 활동	• 친환경 생활용품 만들기 • 중·고등 독서 멘토링	• 중·고등 독서 멘토링
진로 활동	• 학교 행사 나열	• 학교 행사 나열	• 학교 행사 나열

- 창체가 빈약한 경우, 상위권 대학에 지원하기가 어려움

③ 세부능력 및 특기사항

과목	세특
수학I	수학 반장, 다른 풀이에 연연해하는 것이 아니라 원리에 의한 수학적 학문의 흐름과 의도에 맞는 해석을 받아들이는 모습을 보여주는 학생
수학II	이미 아는 내용을 배우더라도 열성을 가지고 수업에 참여함 시어핀스키 삼각형의 각 단계별 넓이를 구할 때 등비수열의 특징을 찾아내 일반항을 구하고 발표함 등차수열의 합 공식을 이용한 심화문제 풀이에서 산술 기하 평균을 이용하여 해결하는 것을 발표함
기하와벡터	깔끔한 풀이와 명쾌한 해설로 두각을 나타냄 기하학적 해석능력이 뛰어나 이차곡선의 정의를 활용하는 문제들을 수월하게 해결함
미적분	문제의 핵심이 무엇인지 간파해내는 능력이 출중하여 핵심을 바꾸지 않는 범위내에서 어떤 요소들을 수정할 수 있는지 알아 봄 조금 더 효율적인 문제풀이를 제시하는 요령이 탁월함
물리	LED를 이용하여 백색광을 만드는 방법에 대해 기존의 청색에 황색을 결합한 방식이 아닌 다른 방식으로도 가능하다는 의견을 제시하여 다른 개념과 관련지어 사고의 확장을 할수 있는 학생
생명과학I	알츠하이머의 원인과 증상, 치료방법 등에 대해 탐구 발표
중국어I	중의학과 한의학의 비교를 통해 차이점과 공통점을 적절한 사례로 제시함

④ 행동특성 및 종합의견 (행특)

- 장염에도 불구하고 수업에 빠지지 않을 정도로 학업에 성실함
- 학급 분위기를 쾌활하게 이끌며, 행동에 책임을 지고 스스로 수정하고 개선하는 태도를 보임
- 급우들 사이에서 발생한 갈등으로 힘들어하는 친구에게 먼저 다가가 아픔을 나누고 드러나지 않게 조력 활동을 함
- 남을 기꺼이 도와주는 심성이 착한 학생
- 바쁜 와중에도 주변 사람들을 외면하지 않고 적극적으로 협력함
- 운동 신경이 뛰어나며, 스트레스를 운동을 통해 건강하게 해소함
- 맺고 끊는 집중력이 탁월함

분석

⊙ 학생부 내 기록에서 수학 관련 성취는 많지만, 생명과학 및 화학 관련 탐구 내용이 상대적으로 부족하여 학생이 원하는 생명과학이나 생명공학에 대한 진로와의 명확한 연결고리가 부족함

⊙ 자기주도성이 높지만, 자기설계 중심의 학생부(셀프학생부)의 한계가 있음

⊙ '생명통계학' 분야를 추천하고 이에 대한 탐구 방향을 조언했으며 교과전형 4곳, 종합전형 2곳으로 지원함

학생부 종합 합격 사례 분석 8

① 내신

- 전교과 평균: 4.48
- 국영수과 평균: 4.21
- 원점수 평균: 74.22

② 창의적 체험활동

	1학년	2학년	3학년
자율 활동	• 매일 점심, 독서 클럽 활동에 참가하여 컴공과 정보보안 관련 독서를 함	• 학교행사 나열	• 학교 행사 나열
동아리 활동	• 아두이노 동아리	• 수리탐구반 아두이노 동아리	• 수리 탐구반
봉사 활동	• 선플 누리단	• 선플누리단	• 선플 누리단
진로 활동	• 학교 행사 나열	• 간호학과를 방문하여 포트폴리오를 구성하여 발표	• 학교 행사 나열

- 내신이 4등급 이하인 학생들의 창체가 좋을 수는 없음 → 즉, 창체가 좋으면 같은 등급대 학생들보다 훨씬 경쟁력이 있음

③ 세부능력 및 특기사항

과목	세특
수학II	주어진 문제를 충분히 고민하는 습관을 가지고 있어서 자기주도적인 학습을 아주 잘함
과학	방과후 학교(캐플러 법칙의 이론 및 개념, 물리분야의 정보통신과 신소재, 생명현상의 특성, 항상성과 몸의 조절, 우주의 기원과 진화, 아두이노프로젝트 등)를 수강함
과학교양	지방에 관한 오해와 진실 발표, 약물의 종류와 증상에 대한 자료조사
기하	독자적인 수학적 사고의 경험과 방법으로 문제를 해결하는 능력이 매우 우수함
미적분II	우수 학습 도우미로 선정
물리I	미세먼지 측정을 위한 센서 특성 분석 및 저가형 측정센서 제작
생명과학I	우리집 정수기 물과 파는 생수 내 미생물 수 분석, 세포호흡 과정과 광합성 과정을 보고서 작성 발표

④ 행동특성 및 종합의견 (행특)

- 품행이 바르고 학교 규칙을 잘 지키는 모범적인 학생임
- 컴퓨터 프로그래머의 꿈을 키우며 아두이노 강의에 참여함
- 학교생활의 불편한 점을 개선하고자 아두이노를 활용해 기존에 없던 새로운 작품을 제작하여 전시함
- 과중반(과학중점반) 활동을 통해 진로 관련 소양을 쌓음
- 대학교 연계 프로그램에 참여하여 미생물 분석을 주제로 연구 및 발표하여 칭찬을 받음
- 아픈 친구를 도와주는 배려심 깊은 성격의 학생

> **분석**
> ⊙ 소프트웨어 선도학교 소속이었지만, 과중반(과학중점반)으로 진로를 선회
> ⊙ 과학 세특 내용이 우수하고 생명과학 II 과목에서 내신 성취도가 높음
> ⊙ 간호학과로 최종 진로를 정하고, 면접 중심 전형이 유리하다고 판단하여 전략적으로 지원함

대입결과

- ✓ 원광대학 지역인재(학생부종합) 간호학과 최저 미충족으로 불합격
- ✓ 세명대 학생부종합 간호학과 최종합격
- ✓ 광주대 학생부종합 간호학과 최종불합격
- ✓ 우석대 교과일반 간호학과 최종합격

① 내신

교과	전학년	1학년		2학년		3학년
		1학기	2학기	1학기	2학기	1학기
국어	3.81	3.0	5.0	3.0	4.0	4.0
영어	2.28	1.0	2.0	3.0	3.0	3.0
수학	4.82	5.0	5.0	5.0	5.0	4.0
과학	2.39	4.0	4.0	2.75	3.38	3.56

- 전교과 평균: 3.61
- 국영수사 평균: 3.53
- 원점수 평균: 68.42

② 창의적 체험활동

	1학년	2학년	3학년
자율 활동	•영어 골든벨 사회	•영어 학습 멘토 •영어 골든벨 사회	•영어 학습 멘토 •영어 골든벨 사회
동아리 활동	•교육 동아리 •영어 토론 동아리, 교육심리학 동아리	•교육 동아리 •영어 토론 동아리	•영어 토론 동아리
봉사 활동	-	•아동 학습 봉사 - 영어	•아동 학습 봉사 - 영어
진로 활동	•TED강의 듣고 영어로 토론 •철학책 강독 및 토론	•학교 행사 나열	•App기반 영어 콘텐츠 개발자로 진로에 대한 보고서 발표

- 창체 활동 전반을 통해 영어로의 자유로운 의사소통 능력이 잘 드러남
- 영어 말하기 역량이 경쟁력 있는 대학 라인을 찾는 것이 중요한 포인트

③ 세부능력 및 특기사항

과목	세특
한문I	한시를 영시로 번역함(두보의 춘망, 이태백의 월하독작)
세계사	'영어는 어떻게 세계 공용어가 됐을까?' 보고서 작성
국어	영시와 한시의 비교분석
영어	Need to Talk을 읽고 영어로 발표
국어II	한글의 과학성 디지털 환경에서의 우수성에 대해 발표
문학	초등학생부터 써온 시들을 모으면 여섯 권이나 될 정도로 평소에 시를 즐겨 쓰는 학생
영어I	작문 실력이 매우 뛰어남, 영어 교육 서적을 읽고 의사소통 기능 향상을 위한 효율적인 영어 교육 방안 연구
영어II	How to learn in a more entertaining way를 발표하며 영어 학습 사이트를 소개함

④ 행동특성 및 종합의견 (행특)

- 공감 능력과 성숙함이 돋보이며, 아침 시간을 가장 효율적으로 활용함
- 교사들의 수업 준비를 돕는 활동(교탁 정리, 자료 알리미 등)을 책임감 있게 실시
- 예의 바르고 진정성 있는 소통 능력으로 신뢰를 받음
- 지적 호기심이 높으며, 다함께 잘하는 공부가 되도록 친구들의 학습에 도움을 줌
- 학급 내에서 가장 성실하고 모범적인 학생으로 평가됨

분석
- 교사 관점에서의 인성 평가 우수
- 사범대 진학에는 내신 성적이 부족해 현실적으로 영문과로 진로 변경
- 영어 의사소통 역량을 살려 논술전형 및 학생부 종합전형을 병행하여 지원

대입결과

- ✓ 성신여대 자기주도인재전형 영문과 1차 합격 → 면접 불합격
- ✓ 덕성여대 덕성인재전형 글로벌융합대학 불합격
- ✓ 숭실대 SSU미래인재전형 영문과 불합격
- ✓ 한국외대 논술전형 불합격
- ✓ 숙명여대 논술전형 최종합격

학생부 종합 합격 사례 모음

지원 대학	학과	내신	이수과목	지원 전형	합/불
연세대	생명과학과	1.7	생명과학I,II 화학I,II	학생부 종합전형(면접형)	합

주요세특 및 활동	
생명과학I	식물 호르몬 실험 설계과정에서 특정 호르몬의 농도 변화에 따른 성장 속도 차이를 분석함' 다양한 변수 통제를 고민하며 실험 설계 역량을 보여줌
생명과학II	유전자 발현 실험에서 CRISPR 기술과 유사한 편집 원리를 자료 조사 후 발표 유전자 편집의 윤리적 문제에 대한 토론주도
창체 활동	생명과학 동아리 활동(유전자 옥수수 실험), 진로 탐색 보고서 제출(분자생물학자 인터뷰 및 보고서 정리)
기타활동	전국 과학탐구대회 지역 예선 수상, 대학생 멘토링 프로그램 참가

사정관 관점
탐구 역량 : 실험 주도력 및 과학적 사고 우수 전공 연계성 : 고등학교 이수 과목과 활동 전반이 생명과학 분야로 집중 발전 가능성 : 생명과학에 대한 깊이 있는 관심과 자기 주도적 학습이 꾸준히 나타남

분석코멘트
–

지원 대학	학과	내신	이수과목	지원 전형	합/불
고려대	정치외교학과	2.1	정치와 법, 세계사, 경제	학생부종합(학업우수형)	불

주요세특 및 활동	
정치와 법	국가 기관의 역할 비교 토론주도 정치적 중립성과 표현의 자유에 관한 발표 자료 제작
동아리	사회비판 칼럼제작 동아리 활동 정치 사안 관련 글 작성 및 교내 신문 게재
창체	토론대회 참가(언론, 자유주제) 법조인 진로 인터뷰 후 보고서 제출

사정관 관점	
탐구역량	글쓰기와 발표력은 확인되나, 정치학 자체에 대한 학술적 탐구 깊이 부족
전공연계성	과목 이수는 양호하나, 활동 대부분이 단순 의견 개진 수준에 머무름
발전 가능성	자기 주도적 학습 흔적이 부족, 일관된 주제나 문제의식 없이 다양한 활동 나열

분석코멘트
"정치외교학과는 단순한 시사 관심이 아닌 국제 정치 이론, 국가 운영 구조 등 깊이 있는 탐구와 학술적 성숙도를 본다. 이 학생은 표현력은 있었지만 진로와 학업역량 측면에서 다소 부족함이 보인다."

지원 대학	학과	내신	이수과목	지원 전형	합/불
중앙대	심리학과	2.0	사회문화, 생활과 윤리, 생명과학, 융합과목(심리학)	학생부종합전형(다빈치)	합

주요세특 및 활동	
사회문화	사회심리학 사례 분석 발표_인상형성과 귀인의 오류를 사례와 연결
동아리	영화 속 인물 분석 및 MBTI 기반 성격유형 비교
창체	지역 아동 대상 미술치료 보조 봉사
독서	프로이트의 의자, 생각에 관한 생각, 심리학 콘서트

사정관 관점
다양한 활동에서 심리학적 관심이 일관되게 드러나며 이론-적용-실천의 흐름이 연결됨 분석과 성찰 역량 우수, 탐구보고서에서 실제 자료 수집-분석 경험도 긍정적

분석코멘트
"심리학과는 이론적 흥미를 넘어서 사회적 적용 가능성과 인간 이해력에 주목한다. 이 학생은 학업 성취도가 높진 않지만 전공 관련 활동의 진정성과 성찰의 깊이에서 높은 점수를 받을 수 있었다."

지원 대학	학과	내신	이수과목	지원 전형	합/불
경희대	한의예과	1.3	화학I·II, 생명과학I·II, 진로과목(동양의학의 이해)	학생부종합전형 (네오르네상스)	합

주요세특 및 활동	
생명과학II	"인체 항상성 관련 기관 분석 발표 주도"
진로 과목	"동양과 서양의학 철학 비교" 보고서 작성
동아리	침술/한약재 효능 탐구 프로젝트 수행
창체	한의사 멘토링 프로그램 참가, 진로인터뷰
독서	『동의보감 쉽게 읽기』, 『동양의학의 원리』 등

사정관 관점
동양의학에 대한 철학적 이해와 실용적 관심이 균형 있음 고교 수준에서 보기 드문 '진로과목' 활용과 독서, 탐구, 멘토링의 연결이 뛰어남 학업역량, 성실성, 전공적합성 모두 상위 수준

분석코멘트
"한의예과는 단순히 의학적 역량만이 아니라 한의학에 대한 철학적 이해와 진로 연계 활동의 질을 본다. 이 학생은 일관된 활동과 학업 태도, 진로 탐색의 진정성을 모두 갖췄다."

지원 대학	학과	내신	이수과목	지원 전형	합/불
서울대	기계공학부	1.6	물리학I·II,과학탐구실험, 수학(미적, 기하, 확통 이수)	지역균형전형	불

주요세특 및 활동	
물리학II	도플러 효과와 공명 관련 실험 보고서 작성
동아리	봇 제작 동아리, 기계 설계 툴(Fusion 360) 활용
창체	과학탐구 발표대회 참가 (수상 X), 공학계열 대학 진로탐색
독서	『기계는 어떻게 움직이는가』, 『기계공학 개론』

사정관 관점

활동 다양하나 개별 활동 긴 유기성 부족, 전공탐구 깊이도 한계
로봇 관련 동아리와 실험 경험은 있으나, 결과물 수준과 성찰이 다소 단순
서류 기반의 학업 역량·전공 적합성 모두 서울대 수준엔 미흡

분석코멘트

"서울대 공대는 이론적 학업 역량과 탐구 수준, 활동의 유기성을 중시한다.
이 학생은 수학·과학 내신은 좋았지만, 탐구의 깊이와 논리적 글쓰기에서 다소 약점이 드러났고,
전공 연계 활동이 흩어져 있어 불합격으로 이어진 것으로 판단 된다."

지원 대학	학과	내신	이수과목	지원 전형	합/불
부산대	의예과	1.2	화학I·II, 생명과학I·II, 물리학I, 과학탐구실험	학생부종합 (학교생활우수자 전형)	불

주요세특 및 활동	
생명과학II	"인체 면역 반응 실험 발표 – T세포, B세포 반응 과정 정리"
화학II	생화학 반응(효소 반응) 실험 설계 보고서 작성
동아리	교내 의과학 탐구반, 약물작용 시뮬레이션 활동
창체	응급처치 자격과정 수료, 생명윤리 토론 참여
독서	『인체 탐험 보고서』, 『의학의 역사』, 『의사가 말하는 의학』

사정관 관점

학업역량은 우수, 이수 과목도 다양하고 충실
다만, 활동 전반이 표준화된 진로 탐색 수준에 그쳐 개성 부족
탐구보고서나 주도적 활동보다는 참여형 활동 중심

분석코멘트

"의예과는 성적뿐 아니라 문제 해결력, 의료적 윤리성, 탐구 깊이를 종합적으로 본다.
이 학생은 내신과 과목 선택은 매우 우수했지만, 활동 면에서 표현력 부족과 자기주도 탐색의 아쉬움이 있었다.
경쟁이 치열한 의예과에서는 차별화된 스토리가 없으면 불리할 수 있다."

지원 대학	학과	내신	이수과목	지원 전형	합/불
성균관대	글로벌경영학과	1.8	영어I·II, 경제, 정치와 법, 세계사, 제2외국어(중국어)	학종(계열모집형)	합

주요세특 및 활동	
경제	"FTA 체결에 따른 국가별 무역 변화 분석 프로젝트 리더"
제2외국어	중국어 프레젠테이션 활동 (글로벌 기업 사례 발표)
창체	글로벌경제토론동아리 소속, 다국적 기업 CSR 전략 비교
진로활동	'유엔 지속가능발전목표(SDGs)' 관련 발표
독서	『21세기 자본』, 『거대한 전환』 등

사정관 관점

국제경제, CSR, FTA 등 전공 주제를 논리적으로 탐구함
탐구 주제 선정 능력, 표현력, 다문화적 소양이 강점
특히 글로벌 이슈에 대한 관심과 실천성이 돋보였음

분석코멘트

"글로벌경영학과는 단순한 경영 지식보다 세계 경제 흐름에 대한 이해도와 통찰력을 중시한다.
이 학생은 활동 하나하나에 의미와 목표가 담겨 있고, 다문화와 국제 이슈에 대한 통합적 관점이 돋보 였다."

지원 대학	학과	내신	이수과목	지원 전형	합/불
한양대	전기·생체공학	1.9	물리학I·II, 생명과학I, 과학탐구실험, 진로선택과목 (생명공학 개론)	학생부종합(일반형)	합

주요세특 및 활동	
물리학II	"전자기 유도와 의료기기에의 응용 사례 조사"
생명과학	신경계의 전기적 전달과 생체신호 해석 프로젝트
동아리	바이오센서 제작 동아리, 센서 설계 + 프로토타입 실습
창체	의료기기 스타트업 방문, AI+의료 융합 세미나 참가
독서	『전기와 생체신호』, 『인체의 전기공학』

사정관 관점

전기·전자 기반 지식과 생체 응용을 연결한 고등학생 수준 이상의 탐구
다양한 활동이 의료공학 분야에 일관되게 수렴됨
창의성, 문제 해결력, 자기주도성 모두 우수하게 평가됨

분석코멘트

"융합공학 분야는 해당 전공 간의 연결 고리를 논리적으로 설명할 수 있는 학생이 유리하다.
이 학생은 물리-생명-공학-현장체험까지 하나의 흐름으로 구성해내면서 전공적합성과 학업역량 모두 증명해 냈다."

지원 대학	학과	내신	이수과목	지원 전형	합/불
이화여대	교육학과	2.3	교육학 개론, 사회문화, 윤리와 사상, 심화 국어	학생부종합 (미래인재전형)	불

주요세특 및 활동	
교육학 개론	"학습 동기 이론 비교 발표 – 행동주의 vs 인지주의"
동아리	'교실 밖 교사들' – 학생 맞춤형 수업자료 제작 및 실습
창체	학교폭력 예방 캠페인 주도, 또래 상담 리더 활동
독서	『왜 우리는 교육받는가』, 『교사로 산다는 것』
진로활동	공교육과 사교육의 균형 토론 및 에세이 작성

사정관 관점

교육에 대한 관심은 명확했으나, 심화된 학문 탐구는 부족
전공과 관련된 현장 체험이나 교육학 이론 적용 사례 미흡
활동 자체는 풍부하나 전공성과의 유기성 부족

분석코멘트

"교육학과는 단순히 교사가 되고 싶다는 의지를 넘어서, 교육 시스템에 대한 철학적 접근과 깊은 사고가 중요하다.
이 학생은 실천 중심 활동이 많았으나, 이론 탐구와 학문적 호기심의 깊이가 경쟁자 대비 아쉬웠다."

지원 대학	학과	내신	이수과목	지원 전형	합/불
한국외대	일본어통번역학과	1.7	일본어 I·II, 세계사, 한문, 국어 심화	학생부종합(서류형)	합

주요세특 및 활동	
일본어II	"일본문화 속 존대 표현 분석 및 발표"
동아리	일본 대중문화 토론 동아리 – 미디어 속 언어 변화 조사
창체	온라인 일본어 회화 프로젝트(원어민 메일 인터뷰 및 영상 회화)
독서	『일본어 뉘앙스 사전』, 『말의 품격(일본어판)』
진로활동	통번역사 인터뷰 및 실제 번역 실습 참여

사정관 관점

언어학적 관심과 문화·소통에 대한 이해력 뛰어남
실제 일본어 구사능력과 응용력이 높고, 통번역 직무 탐색도 깊이 있음
이론적 접근과 실천적 활동의 균형 우수

분석코멘트

"외국어 계열 전공에서는 언어 자체에 대한 관심뿐 아니라 문화·사회적 맥락에 대한 통찰력이 중요하다.
이 학생은 실제 언어 사용과 직무 체험, 문화적 이해까지 폭넓게 보여주었고, 전공 적합성과 표현력 모두 뛰어났다."

지원 대학	학과	내신	이수과목	지원 전형	합/불
건국대	환경공학과	2.2	생명과학I·II, 지구과학I, 화학I, 진로선택 (환경과 미래)	KU학교추천	합

주요세특 및 활동	
자율	'미세먼지 발생 요인과 저감 대책' 탐구보고서
동아리	교내 환경동아리에서 '플라스틱 재활용 실태조사' 진행
독서	『침묵의 봄』, 『환경이 미래다』
창체	시간에 기후 위기 관련 영상 제작 및 교내 발표

사정관 관점

실생활 속 환경문제를 학문적으로 접근하고자 한 노력이 긍정적
탐구보고서의 자료 수집 방식과 분석력이 뛰어남
성적은 다소 아쉽지만 전공 진정성과 주도성이 이를 보완함

분석코멘트

"환경 분야는 사회적 책임과 문제해결력이 중요한데,
이 학생은 전공과 사회문제를 연결하는 설득력 있는 흐름을 잘 만들어냈다."

지원 대학	학과	내신	이수과목	지원 전형	합/불
숙명여대	소비자경제학과	2.4	경제, 사회문화, 수학I, 실용경제	숙명인재I	불

주요세특 및 활동	
자율	생활 속 소비 패턴 조사 (교내 소비습관 비교 설문 진행)
진로	'합리적 소비'를 주제로 미니 수업 진행
독서	『넛지』, 『행동경제학』

사정관 관점

활동 자체는 많았으나 단편적이고 연결성이 부족함
조사 내용이 구체적이었으나, 심화된 분석이 부족
경제학 이론에 대한 탐색이 얕고, 진로 설정이 흐릿하게 보임

분석코멘트

"전공에 흥미는 있었지만, 학문적 기반과 구체적인 학업계획이 보이지 않아
다른 지원자 대비 전공에 대한 명확성, 문제의식 부족이 아쉬웠다."

지원 대학	학과	내신	이수과목	지원 전형	합/불
단국대	바이오공학과	2.5	생명과학I·II, 화학I·II, 과학탐구실험, 융합과학	DKU학생부종합	합

주요세특 및 활동	
자율	'코로나 백신의 원리와 mRNA 기술' 탐구보고서 작성
생명과학II	실험에서 DNA 전기영동 실습 경험 기술
생명공학	스타트업 인터뷰 및 체험학습
독서	『생명의 설계자들』, 『유전자, 그 놀라운 이야기』

사정관 관점
생명공학에 대한 팀구 내용이 매우 구체직이고 실험 중심 탐구보고서에서의 논리적 글쓰기와 주도성이 강점 내신 부족을 전공 관련 경험과 표현력으로 보완

분석코멘트
"단국대는 실용 융합형 인재를 선호하는데, 이 학생은 실험과 탐구 기반의 자기주도 학습을 명확히 보여주었다."

지원 대학	학과	내신	이수과목	지원 전형	합/불
서울여대	미디어커뮤니케이션학과	2.6	미디어와 사회, 국어 심화, 영어권 문화, 세계사	학생부종합	불

주요세특 및 활동	
진로	교내 신문 제작 활동 참여, 기사 2건 기획
자율	광고 캠페인 기획 프로젝트 (성희롱 방지 캠페인)
독서	『미디어는 메시지다』, 『뉴스의 시대』
동아리	유튜브 채널 기획 아이디어 제출 (미완성)

사정관 관점
활동은 흥미 있었지만 완성도와 일관성이 부족 기획 역량과 커뮤니케이션 전략적 사고력 미흡 자기소개서에도 '나만의 시선'이 결여됨

분석코멘트
"미디어 계열은 콘텐츠에 대한 관찰력, 기획력, 표현력을 보는데 이 학생은 아이디어는 있었지만 깊이와 성찰이 부족해 인상이 약하다."

지원 대학	학과	내신	이수과목	지원 전형	합/불
광운대	정보융합학부	2.8	정보과학, 수학I·II, 소프트웨어개론, 과학탐구실험	학생부종합	합

주요세특 및 활동	
자율	파이썬 활용 간단한 데이터 시각화 프로그램 구현
진로	'AI 윤리' 발표 및 토론
독서	『코딩 인터뷰 완전 분석』, 『인공지능이란 무엇인가』
동아리	교내 해커톤 예선 참가 (비주얼코딩 부문)

사정관 관점
소프트웨어·데이터 관련 탐구 경험 풍부, 수준도 높음 전공 연결 활동이 논리적으로 잘 정리되어 있음 내신은 낮았으나 강한 전공 적합성과 실전형 활동으로 보완

분석코멘트
"광운대는 실제 코딩 역량과 프로젝트 경험을 중시하며, 이 학생은 문제 해결 중심 학습 경험이 잘 드러났고 표현력도 우수했다."

지원 대학	학과	내신	이수과목	지원 전형	합/불
경희대	호텔관광학과	2.1	사회문화, 영어 회화, 진로선택(관광과 서비스), 제2외국어(중국어)	네오르네상스전형	합

주요세특 및 활동	
진로	'K-관광의 글로벌 전략' 발표 및 콘텐츠 기획
동아리	체험부스 운영:외국인 대상 모의 관광 안내
독서	『서비스는 감동이다』, 『글로벌 관광의 이해』
자율	외국인 인터뷰 후 작성한 영어 관광 가이드북 제작

사정관 관점
관광 산업에 대한 구체적인 이해와 현장 접목 능력 우수 기획력과 외국어 활용 능력, 글로벌 마인드가 강점 직업적 이해 수준이 상당히 구체적이고 실천적

분석코멘트
"서비스 산업에 대한 이해도와 체험 기반 탐구가 잘 연결되어 있었고, 실무형 마인드와 자기주도 탐색력이 눈에 띄었다."

지원 대학	학과	내신	이수과목	지원 전형	합/불
서울과기대	산업디자인학과	2.6	미술, 디자인 일반, 창의적 체험활동, 기술가정	학생부종합(서류형)	불

주요세특 및 활동	
자율	일상 속 불편함을 개선하는 '휴대용 소지품 정리함' 제작
동아라	디자인 동아리에서 제품 브랜딩 프로젝트 참여
독서	『디자인은 어떻게 세상을 바꾸는가』
	온라인 공모전 출품 경험

사정관 관점
아이디어는 있으나 결과물 완성도와 징교힘 부족 활동 간 컨셉 연결성과 디자인 사고 과정이 희박 포트폴리오형 자기소개서 미흡, 자기 성찰 부족

분석코멘트
"산업디자인은 단순히 '만드는 능력'보다도 사용자 중심 문제해결 사고력이 중요하다. 이 학생은 아이디어를 제시했으나 전공적 맥락 내에서 체계성 부족이 아쉬웠다."

지원 대학	학과	내신	이수과목	지원 전형	합/불
국민대	자동차IT융합학과	2.7	물리I, 수학II, 정보과학, 융합과학	국민프런티어	합

주요세특 및 활동	
진로	스마트카 센서 원리 탐구보고서
자율	자동차 기술 박람회 방문 후 보고서 작성
독서	『미래자동차 산업보고서』, 『전기차의 모든 것』
동아리	아두이노 활용 자율주행 시뮬레이션 실습

사정관 관점
최신 자동차 기술 트렌드에 대한 높은 관심과 학습 의욕 융합형 탐구 역량 우수 (정보+기술+자동차) 실습 기반 활동에서 논리 전개와 학문적 질문이 돋보임

분석코멘트
"융합학과에서 가장 중시하는 문제 해결력, 확장성, 융합적 접근이 돋보였다. 내신 약점을 전공 집중 탐구로 충분히 극복한 사례로 보인다."

지원 대학	학과	내신	이수과목	지원 전형	합/불
덕성여대	심리학과	2.3	심리학, 사회문화, 윤리와 사상, 국어 심화	덕성인재	불

주요세특 및 활동	
동아리	'청소년 스마트폰 중독의 심리적 기제' 보고서
자율	또래 상담반 활동, '심리검사 워크숍' 참여
독서	『프로이트 심리학 입문』, 『나는 누구인가』
진로	심리학 전공자 인터뷰

사정관 관점

진로 관련 활동은 있었으나, 심화 탐구 부족
이론 탐색 → 적용 → 반성적 성찰의 흐름이 약함
자기소개서에서도 구체적 사례의 힘이 약하고 추상적

분석코멘트

"심리학은 이론 기반의 사고 구조와 자기 성찰 능력이 중요하다.
이 학생은 주제 설정은 좋았지만 깊이와 연결성이 떨어져 경쟁력이 약했다."

지원 대학	학과	내신	이수과목	지원 전형	합/불
세종대	식품생명공학과	2.9	생명과학I·II, 화학I, 융합과학, 식품과학	학생부종합	합

주요세특 및 활동	
진로	발효 식품의 미생물 작용 비교' 실험 보고서
동아리	식품안전 동아리 활동: HACCP 개념 학습 및 마트 식품 조사
독서	『푸드 레볼루션』, 『식품첨가물의 진실』
	지역 장류 업체 방문 체험 보고서 작성

사정관 관점

실험 중심 탐구가 전공과 잘 연결됨
미생물학·화학적 지식의 응용이 뚜렷했고, 표현력도 명확
비교과 활동이 전공 적합성과 진로 설정에 설득력 제공

분석코멘트

"식품공학 전공자에게 요구되는 실험적 탐구력과 전공 이해가 뛰어났고,
자기소개서에서도 학습 동기→실천→성장의 구조가 안정적이었다."

지원 대학	학과	내신	이수과목	지원 전형	합/불
경기대	사회복지학과	3.1	사회문화, 생활과 윤리, 심리학, 진로와 직업	학생부종합(고른기회)	합

주요세특 및 활동	
	지역아동센터에서 자원봉사활동 1년
진로	'고령화 사회와 복지제도의 한계' 탐구보고서
독서	『인간의 굴레』, 『복지국가를 말하다』
동아리	학교 내 복지 관련 토론동아리 운영 참여

사정관 관점

사회 문제에 대한 감수성과 행동력이 돋보임
학문적 탐색과 실천이 연결되어 있는 구조가 좋았음
학업역량은 중간 수준이나 사회복지 전공의 인성과 태도면에서 강점

분석코멘트

"사회복지는 학문과 인성이 동시에 중요하다.
이 학생은 자신의 경험을 바탕으로 문제의식과 사명감을 논리적으로 풀어냈다."

지원 대학	학과	내신	이수과목	지원 전형	합/불
가천대	간호학과	3.3	생명과학I, 화학I, 보건, 진로선택(인간과 건강)	지역균형전형	합

주요세특 및 활동	
자율	학교 보건실 보조 활동
진로	'응급간호사의 하루' (인터뷰 기반 작성)
독서	『간호사의 길』, 『환자를 위하는 마음』
	교내 응급처치 실습 프로그램 수료

사정관 관점

직업적 이해 수준이 실제적이고 체험 기반임
인문·과학적 관점을 모두 녹여낸 균형 있는 탐구 구조
간호학의 사명감과 현장 대응 능력을 예비단계에서 성실하게 체득

분석코멘트

"성적이 다소 낮았지만, 정확한 진로 이해와 준비 과정이 입학 후 학업 수행 가능성으로 이어진다고 판단했다."

지원 대학	학과	내신	이수과목	지원 전형	합/불
서울과기대	스포츠과학과	3.5	체육, 생명과학I, 과학탐구실험, 융합과학	학생부종합	합

주요세특 및 활동	
	체력측정 및 운동처방 실습 보고서
	학교 운동부 피트니스 보조 코치 활동
독서	『운동과 영양학』, 『스포츠는 과학이다』
	생활체육 프로그램 기획 및 발표 활동

사정관 관점
실질적인 활동 중심으로 운동 과학적 접근이 좋았음 스포츠를 진로와 학문으로 연결한 관점이 구체적 실험적 접근, 수치 기반 분석 역량을 통해 학업 준비도도 확인

분석코멘트
"3등급대 학생이지만, 스포츠과학이라는 전공을 이론과 실기 모두 탐색한 점이 매우 인상 깊었다. 자기표현도 성숙하고, 학습 동기도 매우 뚜렷했다."

지원 대학	학과	내신	이수과목	지원 전형	합/불
동덕여대	미디어커뮤니케이션학과	3.2	언어와 매체, 사회문화, 미디어와 사회, 영어 회화	동덕창의인재	합

주요세특 및 활동	
동아리	교내 방송부 활동 (기획/대본/편집 담당)
진로	미디어 리터러시 탐구 보고서: '가짜 뉴스는 왜 퍼지나?'
독서	『저널리즘의 미래』, 『팩트풀니스』
자율	지역 커뮤니티 팟캐스트 운영 프로젝트

사정관 관점
콘텐츠 기획, 분석, 전달 능력이 전공과 밀접 언어 능력과 비판적 사고가 글쓰기와 연계돼 있음 방송활동 경험을 통해 실제 소통 능력 확보

분석코멘트
"언론·미디어 전공에 필요한 분석력·표현력·소통능력이 고르게 갖춰졌고, 창의적인 접근이 많아 평가자 인상도 긍정적이었다."

지원 대학	학과	내신	이수과목	지원 전형	합/불
상명대	화학에너지공학과	3.4	화학I·II, 물리학I, 과학실험, 융합과학	상명인재전형	합

주요세특 및 활동	
진로	수소연료전지 원리 실험
동아리	태양광 발전 효율에 관한 팀 프로젝트
독서	『에너지의 미래』, 『그린화학의 시대』
	환경 관련 영상 제작 및 교내 상 수상

사정관 관점
에너지 전환 기술에 대한 이해도와 실험기반 탐색 우수 비교과 활동과 과학적 탐구가 전공 목표와 잘 연결됨 자료 해석력, 논리력, 문제해결 중심 사고 좋음

분석코멘트
"내신이 높진 않지만, 명확한 진로 설정과 탐구 연결성이 경쟁력 있었고 자기소개서에서도 자기주도성과 문제의식이 잘 드러났다."

지원 대학	학과	내신	이수과목	지원 전형	합/불
한성대	IT융합디자인학부	3.6	미술, 디자인일반, 정보, 진로와 직업	한성디자인인재	합

주요세특 및 활동	
	생활 속 UX 불편 사례를 해결하는 앱 기획
	앱 UI 디자인 실습 및 프로토타입 제작
독서	『디자인 사고』, 『디지털 시대의 감성 UX』
	IT디자인 관련 워크숍 수료

사정관 관점
UX 문제 해결 접근력, 디자인+IT 융합 이해도 우수 실용적인 설계와 감성적 표현이 균형 전공 탐구 방향이 진로와 밀접하게 연계되어 있음

분석코멘트
"디자인적 사고와 기술 활용 능력을 창의적으로 융합한 사례로, 포트폴리오가 없어도 활동과 설명으로 설득력이 충분했다."

지원 대학	학과	내신	이수과목	지원 전형	합/불
명지대	문예창작학과	3.2	독서, 문학, 고전읽기, 언어와 매체	학생부종합	합

주요세특 및 활동	
	교내 백일장 및 외부 글쓰기 공모전 수상
자율	'10대의 내면 심리'를 주제로 한 단편소설 창작
독서	『어린 왕자 다시 읽기』, 『소설쓰기의 기술』
동아리	독서토론 동아리 활동 다수

사정관 관점
표현력, 창의성, 문장력 모두 평균 이상 창작물 내용에 주제의식, 인물 구성이 잘 짜여 있음 꾸준한 글쓰기와 수상 실적이 신뢰도를 높임

분석코멘트
"전공 역량은 결국 텍스트로 증명해야 한다는 점에서 이 학생은 강했고, 문예창작 전공 적합성의 전형적인 우수 사례이다."

지원 대학	학과	내신	이수과목	지원 전형	합/불
건국대	축산식품생명공학과	3.5	생명과학I·II, 화학I, 융합과학, 생명공학	KU자기추천전형	합

주요세특 및 활동	
동아리	학교 실험동아리에서 우유 내 유산균 활성 분석
진로	식품안전관리 발표 활동
독서	『세균과 바이러스』, 『식품과학 개론』
	가축 질병 예방과 백신 관련 기사 스크랩 및 정리

사정관 관점
축산과 생명공학에 대한 흥미를 체계적으로 확장 실험 기반 탐구 역량 우수 생물·화학적 개념을 응용해 실제 문제에 접근한 점을 높이 평가

분석코멘트
"식품과 생명공학의 융합 지점에서 심화된 탐구 경험이 돋보였으며, 실험활동의 구성력이 학업역량을 보완해주었다."

지원 대학	학과	내신	이수과목	지원 전형	합/불
인하대	문화콘텐츠학과	3.0	역사, 문학, 고전읽기, 사회문화	학생부종합	합

주요세특 및 활동	
진로	전통문화 소재를 활용한 웹툰 시놉시스 작성
자율	지역 박물관 연계 문화해설 기획
독서	『스토리텔링의 힘』, 『한류와 콘텐츠 산업』
	콘텐츠 제작 체험캠프 참여

사정관 관점

토리텔링 기반의 콘텐츠 기획력과 문화 이해도 우수
역사적 소재를 현대화하는 기획력이 돋보임
기획–실행–성찰의 구조가 명확

분석코멘트

"문화콘텐츠 전공은 감성과 기획의 융합이 핵심인데,
이 학생은 역사+창의성+실행력을 모두 드러낸 케이스였다."

지원 대학	학과	내신	이수과목	지원 전형	합/불
광운대	정보융합학부	3.8	수학II, 정보, 과학과제탐구, 진로 선택과목(인공지능 기초)	광운참빛인재	합

주요세특 및 활동	
자율	AI 알고리즘 모의체험 보고서
진로	파이썬 기초 프로그램 실습 경험
독서	『인공지능 시대의 윤리』, 『딥러닝 첫걸음』
동아리	정보동아리 활동에서 데이터 분석 프로젝트 수행

사정관 관점

정보기술에 대한 관심과 자기주도적 학습 경험 풍부
전공 관련 실습 경험과 학습 내용이 구체적으로 연결
수학+코딩+논리력이 고르게 드러남

분석코멘트

"내신의 한계를 구체적인 전공 탐색 경험과 문제해결형 프로젝트로 극복한 사례로
성장가능성을 높이 본 전형적 합격사례이다."

지원 대학	학과	내신	이수과목	지원 전형	합/불
대구 가톨릭대	간호학과	4.1	생명과학I, 화학I, 보건, 진로와 직업	학생부종합(DCU인재)	합

주요세특 및 활동	
	지역 보건소 체험 프로그램 참여
	감염병 대응 및 의료윤리 주제 발표
독서	『간호사의 길』, 『환자의 눈물』
	응급처치 실습 후 감상문 작성 및 반영

사정관 관점

직업에 대한 이해가 구체적이고, 행동으로 실천됨
감성적 접근과 이타적 가치 인식이 잘 드러남
학업역량은 평균 이하지만 사명감 기반 동기 강함

분석코멘트

"성적보다도 진로 이해와 태도의 진정성이 핵심 평가요소였으며
봉사적 태도와 구체적 사례 설명이 설득력 있었다."

지원 대학	학과	내신	이수과목	지원 전형	합/불
수원대	유아교육과	4.3	생활과 윤리, 사회문화, 아동발달	학생부종합 (인재우선전형)	합

주요세특 및 활동	
	'놀이 중심 교육의 중요성'에 관한 보고서 작성
	교내 아동심리 강연회 기획 참여
독서	『아이의 눈으로 본 세상』, 『유아교육의 이해』
	지역 어린이집 봉사 (6개월)

사정관 관점

유아 발달에 대한 실제적 이해 우수
아동과의 상호작용에서 책임감과 배려심 드러남
전공에 대한 장기적 관심이 활동 곳곳에 반영됨

분석코멘트

"지원학과에 대한 경험의 깊이와 반복적 실천이 강점이었고,
자기표현력과 소통력도 안정감이 있었다."

지원 대학	학과	내신	이수과목	지원 전형	합/불
한경대	식품생명공학과	4.2	생명과학I·II, 화학I, 과학탐구실험	지역인재전형	합

주요세특 및 활동	
	식품첨가물 관련 실험 보고서
	GMO식품에 대한 찬반토론 및 조사
독서	『세상에서 가장 맛있는 실험』, 『식품안전과 과학』
	농산물 저장기술에 대한 탐구글 작성

사정관 관점
실험 중심 탐구에서 식품과학적 시각이 드러남 과학에 대한 호기심과 응용력이 좋음 전공 관련 최신 이슈를 스스로 탐색하는 능력 우수

분석코멘트
"지적 호기심과 현실 적용을 연결한 실제적 탐구 사례로 인상 깊었으며 성적 약점을 활동 깊이로 보완 하였다."

지원 대학	학과	내신	이수과목	지원 전형	합/불
협성대	사회복지학과	4.5	사회문화, 윤리와 사상, 진로와 직업	학생부종합(지역인재)	합

주요세특 및 활동	
	지역 독거노인 대상 반찬배달 봉사
	사회적 고립에 대한 보고서: '당신 곁의 고독'
독서	『복지는 나의 사명입니다』, 『노인복지의 미래』
	진로박람회 참가 및 복지 공무원 인터뷰

사정관 관점
실천적 활동 중심의 문제 인식과 대안 제시 좋음 성적은 낮지만 진로에 대한 일관성과 몰입이 명확 인성 기반 활동이 돋보였고, 자기성찰도 깊었음

분석코멘트
"사람 중심 전공에서 필요한 감수성과 자기동기를 갖춘 학생으로 이수 단위보다 '경험의 깊이'가 우선한 사례로 볼 수 있다."

지원 대학	학과	내신	이수과목	지원 전형	합/불
삼육대	식품영양학과	4.0	생명과학I, 화학I, 식품영향	학생부종합	합
주요세특 및 활동					
	영양 불균형 조사 및 급식메뉴 개선안 제안				
	비만 예방 캠페인 운영				
독서	『영양학개론』, 『음식이 바꾸는 세상』				
	다문화 가정 대상 음식 문화 소개 활동				
사정관 관점					
영양과 건강에 대한 문제의식이 뚜렷 활동이 지역사회 문제와 잘 연결 식품에 대한 학문적 흥미와 실천 모두 확보됨					
분석코멘트					
"학업 성취도는 보통이나, 영양 문제 해결을 위한 주체적 활동이 매우 구체적이고 현실적이었다."					

부록1.

2026학년도 대학별 모집요강
(2025학년도와의 차이점 분석)

평가요소 및 배점에서 빨간색으로 표기된 대학은 2026시행계획에 공지한 대학이고,
검정색 대학은 2025모집요강에 명기된 내용 입니다.
최종 확인은 2026.5월 말에 발표되는 각 대학 모집요강을 확인해주시기 바랍니다.

▌수능 최저 표기 방법 : '과탐'은 과탐 2과목 반영 의미, '과탐(1)은 과탐 1과목 반영
 의미, '탐'은 사회/과학탐구 2과목, 수(미/기)는 미적분과 기하 중 택 1, '국'은 화작
 과 언매 중 택 1, '수'는 (확통/미적/기하 중 택 1)

2026대입 수시 학생부종합 전형(정원내 일반)

지역	대학명	전형명	모집인원	전형방법	면접
서울	서울대	지역균형선발 (추천, 2명)	507	1단계(3배) : 학생부 100 2단계 : 1단계 70 + 면접 30	실시
서울	서울대	일반	1,491	1단계(2배) : 학생부 100 2단계 : 1단계 100+면접 및 구술고사100	실시
서울	연세대	활동우수형	617 (52명 정원 외 계약학과 별도 모집)	1단계(4배) : 학생부 100 2단계 : 1단계 60 + 면접40	실시
서울	연세대	국제형	255 (160/95)	1단계(4배) : 학생부 100 2단계 : 1단계 60 + 면접40 * 해외/검정고시는 3배수	실시

수능최저	비고	평가요소 및 배점
* 국,수,영,탐 중 3개 합 7 * 탐구 2개 합 4이내, * 유형I : 국,수,영,한,탐, 제2외,한문 응시 * 유형II-1 : 국,수,영,한,과탐 (과탐은 I+I, I+II, II+II 세조합 중 선택. 단, 물리학I,II, 화학I,II 중 1개 과목 반드시 응시해야 함) * 유형II-2 : 국,수,영,한,과탐 (과탐은 I+I, I+II, II+II 세조합 중 선택) * 과탐 I+II 조합으로 응시할 경우 서로 다른 과목만 인정 * 유형III : 국,수,영,한,탐	* 모집인원(+1) * 의과대 -상황/제시문 기반 면접과 서류 기반 면접을 복수의 면접실에서 진행함 * 역사학부는 전공예약 선발	* 학업역량-7등급(학업능력, 지적성취)/학업태도-3등급(지적호기심, 자기주도성, 적극성, 열정)/학업외 소양-3등급 → 최종 서류평가 7등급 * 학업능력, 자기주도적 학업태도, 전공분야에 대한 관심, 지적 호기심 등 창의적 인재로 발전할 가능성을 종합적으로 평가함 · 주어진 여건에서 보인 교과 학습활동의 성취수준과 학업역량을 교과 학습 내용은 지원자가 이수한 교과목 특성, 수업 내용, 학업 수행 내용, 이수자 수 등을 고려하여 정성적으로 평가함 ※ 지원자의 교육환경을 바탕으로 고등학교 과정에서 국어, 영어, 수학, 사회, 과학 외에도 음악, 미술, 체육 등 전 교과를 충실히 이수하였는지와 서울대학교 교과이수기준 충족 여부 및 전공 연계 교과이수 과목 현황 등을 고려하여 평가함 ※ 사범대학 체육교육과는 실기능력을 평가에 반영함 · 자기주도적 학습 경험에서 나타나는 지적 호기심, 학업에 대한 열정, 적극성 및 진취성, 학업 수행 과정에서의 주도성, 논리적 사고력, 과제 수행능력 등의 학업소양을 평가함 · 개인의 품성 외에도 리더십, 공동체 의식, 책임감, 사회적 기여 가능성 등을 평가
* 미술대학 디자인과 -국, 수, 영, 탐 중 3개 합 7 * 체육교육과 - 국,수,영,탐 중 2개 합 6 * 그 외 모집단위 없음	* 모집인원(-8) * 인문대학 전 모집단위는 전공예약 선발 * 미술대학, 사범대학, 음악대학은 전형 방법 다름	
* 인문 : 국,수,탐1,탐2 중 1개 포함하여 2개 합 4 * 자연 : 국,수(미/기),과탐1,과탐2 중 수학포함 2개 합 5 * 의예/치의예/약학 : 국,수(미/기) 중 1개 포함 1등급 2개 * 공통 : 영어3, 한국사4	* 모집인원(-12) * 인문·통합 1단계 3배수 →4배수 확대 선발 * 면접 : 제시문 기반 논리적 사고력 및 의사소통 능력 면접 * 의대 면접 : 제시문 기반 인적성면접으로 변경 * 정원외 계약학과 별도 52명 모집 * 교과(추천형)과 활동우수형 간에만 중복지원 불가 * 생활과학대학과 간호대학은 인문 또는 자연계열의 수능최저학력기준 중 하나를 만족하여야 함	1. 학업역량/진로역량/공동체역량 2. 종합평가I(70%-학업역량과 진로역량을 토대로 학업적 발전 가능성 측면에 대한 평가)+종합평가II(30%-공동체역량을 바탕으로 사회적 발전 가능성 측면에 대한 평가)
* 국내고 : 국,수,탐1,탐2 중 1개 포함하여 2개 합 5, 영2, 한4 * 국제(해외고,검정)-없음	* 모집인원(-1) * 국내고 1단계 3배수 →4배수 확대 선발 * 국내고(160명), 해외고/검정고시(95명) * 제시문 기반 논리적 사고력 및 의사소통 능력 면접(제시문은 영어로 출제될 수 있음)	

지역	대학명	전형명	모집인원	전형방법	면접
서울	**고려대**	**학업우수**	**828 (30명 정원 외 계약학과 별도 모집)**	학생부 100	없음
서울	고려대	사이버국방	10	1단계(5배) : 학생부 100 2단계 : 1단계 60+면접20+기타20	실시
서울	고려대	계열적합형	528 (40명 정원 외 계약학과 별도 모집)	1단계(5배) : 학생부 100 2단계 : 1단계 60 + 면접40	실시
서울	**서강대**	**일반**	**557**	학생부 100	없음
서울	**성균관대**	**융합형**	**315**	학생부 100	없음
서울	성균관대	**탐구형**	**386**	학생부 100	없음
서울	성균관대	면접형-성균인재	266	1단계(3배) : 학생부 100 2단계 : 1단계 70 + 면접30 * 의예과는 1단계 4배수 선발 * 자유전공계열과 글로벌융합학부는 5배수 선발	실시
서울	성균관대	면접형-과학인재	150	1단계(7배) : 학생부 100 2단계 : 1단계 70 + 면접30	실시
서울	**한양대**	**추천형**	**197**	학생부 100	없음
서울	**한양대**	**서류형**	**562 (22)**	학생부 100	없음

수능최저	비고	평가요소 및 배점
* 인문/자연 : 국,수,영,탐(1) 4개 합 8, 한4 * 의대 : 국,수,영, 과탐(1) 4개 합 5, 한4	* 모집인원(-28) * 의과대 수능최저 탐구1과목 적용 * 반도체공,차세대통신,스마트모빌리티 수능최저 완화 * 탐구영역 선택과목 없음(사탐+과탐 가능) * 과탐 동일분야 응시 가능 * 학교추천과 복수지원 할 수 없음	학업역량(50%)+자기계발역량(30%)+공동체역량(20%)
* 국,수,영,과탐(1) 4개 합 7, 한4	* 모집인원(+5) * 수능최저 폐지 * 2단계 평가에 면접 추가	학업역량(50%)+자기계발역량(30%)+공동체역량(20%)
없음	* 모집인원(-1) * 2단계 면접 비중 축소 : 50→40 * 면접 : 제시문 기반 면접 * 의대 면접 : 상황·제시문 기반 면접	학업역량(40%)+자기계발역량(40%)+공동체역량(20%)
없음	* 모집인원(-1)	학업역량50(창의적 문제해결력10%+성취수준40%)+공동체역량20)+성장가능성30
없음	* 모집인원(-11)	1. 학업역량 - 학업수월성(20)+학업충실성(20) 2. 탐구역량 - 탐구확장성(20)+탐구주도성(20) 3. 잠재역량 - 미래성장성(10)+공동체의식(10)
없음	* 모집인원(-218) * 모든 모집단위 학생부 100 선발	1. 학업역량 - 학업수월성(20)+학업충실성(20) 2. 탐구역량 - 탐구확장성(20)+탐구주도성(20) 3. 잠재역량 - 미래성장성(10)+공동체의식(10)
없음	* 전형 신설 * 기존 탐구형에서 면접 실시 학과들과 글로벌융합학부 선발 * 면접 : 인적성 면접	
없음	* 모집인원(+25) * 제시문 기반 수학/과학 교과형 면접	1. 학업역량 - 학업수월성(20)+학업충실성(20) 2. 탐구역량 - 탐구확장성(20)+탐구주도성(20) 3. 잠재역량 - 미래성장성(10)+공동체의식(10)
* 국,수,영,탐(1) 중 3개 합 7등급 * 의예과 : 3개 합 4등급 * 계열별 지정 과목 없음	* 모집인원(+15) * 종합전형 간 중복지원 불가(교과와는 가능) * 재수생까지 추천 가능	종합역량평가(종합성취도)+성취역량평가(비판적 사고역량+창의적 사고역량+자기주도역량+소통협업역량)
없음	* 모집인원(-100) * 전형명 변경 : 일반 → 서류형 * 정원외 계약학과 별도 모집 : 22명	종합역량평가(종합성취도)+성취역량평가(비판적 사고역량+창의적 사고역량+자기주도역량+소통협업역량)

지역	대학명	전형명	모집인원	전형방법	면접
서울	한양대	면접형	120	1단계(7배) : 학생부 100 2단계 : 1단계 70 + 면접30	실시
서울	**이화여대**	**미래인재 -서류형**	**895**	학생부 100	없음
서울	이화여대	미래인재 -면접형	200	1단계(5배) : 학생부 100 2단계 : 1단계 70 + 면접30	실시
서울	중앙대	CAU융합형인재	452	학생부 100 * 단, 의과대학은 1단계(5배): 학생부 100 2단계 : 1단계70 + 면접30	부분 실시
서울	중앙대	CAU탐구형인재	492	1단계(4~5배) : 학생부 100 2단계 : 1단계 70 + 면접30 * 다빈치캠퍼스(3.5~5배수)	실시
서울	경희대	네오르네상스	1,089	1단계(3배) : 학생부 100 2단계 : 1단계70 + 면접30 * 의약학계열은 1단계 4배수 선발	실시
서울	한국외대	면접형	475	1단계(3배) : 학생부 100 2단계 : 1단계50 + 면접50	실시
서울	**한국외대**	**서류형**	**539**	학생부 100	없음

수능최저	비고	평가요소 및 배점
없음	* 모집인원(+91) * 1단계 선발배수(5→7)와 면접 비율 (20→30) 변경 * 사범대 : 학생부 기반 면접 * 공대/한양인터칼리지학부 : 제시문 및 학생부 기반 면접	종합역량평가(종합성취도)+성취역량평가(비판적 사고역량+창의적 사고역량+자기주도역량+소통협업역량)
* 인문 : 국,수,영,탐(1) 중 **국어포함 2개 합 5** * 자연 : 국,수,영,과탐(1) 중 수학포함 2개 합 5 * 의예과 : 국,수(미/기),영,과탐(1) 4개 합 5 * 약학전공 : 국,수,영,탐(1) **4개 합 6** * 스크랜튼학부 : 국,수,영,탐(1) 4개 중 3개 합 5 * 국제학부 : 국,수,영,탐(1) 중 **국어포함 2개 합 5이내 및 영어 2등급 이내**	* 모집인원(-115) * 전형명 변경 * 인문계열과 국제학부 수능최저기준 변경	학업역량+학교활동의 우수성+발전가능성
없음	* 전형 신설	
없음	* 모집인원(-5) * 의과대학 단계별 전형(면접 실시) * 의대 면접 : 개인별 심층면접 * 학교생활에서 학업과 교내 다양한 활동을 통하여 균형적으로 성장한 인재 선발	학업역량(50)+진로역량(30)+공동체역량(20)
없음	* 모집인원(+8) * 1단계 선발배수 확대(모집단위별 다름) * 고교 교육과정을 바탕으로 해당 전공분야에서 탐구능력을 보인 경험이 있으며 학교생활에 충실한 학생 * 교내 수업, 창체활동 등 탐구활동 과정에서 탁월한 역량을 보인 학생 선발	학업역량(40)+진로역량(50)+공동체역량(10)
* 의예과/한의예과(인문/자연)/ 치의예과/약학과 : 국,수,영,탐 중 3개 합 4, 한5	* 모집인원(+34) * 의약학계열 수능최저 신설	* **일반학과 : 학업역량(40)+진로역량(40)+공동체역량(20)** * **자율전공학부 : 학업역량(40)+자기주도역량(40)+공동체역량(20)**
없음	* 모집인원(-13) 서울캠(230) 글로벌캠(245)	학업역량(30)+진로역량(50)+공동체역량(20)
없음	* 모집인원(+14) 서울캠(266) 글로벌캠(273)	학업역량(50)+진로역량(30)+공동체역량(20)

지역	대학명	전형명	모집인원	전형방법	면접
서울	서울시립대	학생부종합I	436	1단계(3배) : 학생부 100 2단계 : 1단계50 + 면접50	실시
서울	**서울시립대**	**학생부종합II**	**80**	학생부 100	없음
서울	건국대	KU자기추천	838	1단계(3배) : 학생부 100 2단계 : 1단계70 + 면접30	실시
서울	동국대	Do Dream	600	1단계(4배) : 학생부 100 2단계 : 1단계70 + 면접30	실시
서울	**홍익대 (서울)**	**학교생활 우수자**	**466**	학생부 100	없음
서울	숙명여대	숙명인재 (면접형)	391	1단계(3배) : 학생부 100 2단계 : 1단계60 + 면접40	실시
서울	숙명여대	소프트웨어인재	44	학생부 100	없음
서울	서울교대	교직인성 우수자	100	1단계(2배) : 학생부 100 2단계 : 1단계50+면접50	실시
서울	**가톨릭대**	**잠재능력 우수자서류**	**230**	학생부 100	없음
서울	가톨릭대	잠재능력 우수자면접	250	1단계(4배) : 학생부 100 2단계 : 1단계70 + 면접30	실시
서울	가톨릭대	학교장추천	49	1단계(4배) : 학생부 100 2단계 : 1단계70 + 면접30	실시
서울	광운대	광운참빛인재I- 면접형	252	1단계(3.5배) : 학생부 100 2단계 : 1단계60 + 면접40	실시
서울	**광운대**	**광운참빛인재II- 서류형**	**219**	학생부 100	없음

수능최저	비고	평가요소 및 배점
없음	* 모집인원(+56)	학업역량(35)+잠재역량(40)+사회역량(25)
없음	* 모집인원(-105) * 수능최저 폐지	학업역량(30)+잠재역량(50)+사회역량(20)
없음	* 모집인원(+25)	*** 일반학과 : 학업역량(30)+진로역량(40)+공동체역량(30)** *** KU자유전공학부 : 학업(20)+성장역량(50)+공동체(30)**
없음	* 모집인원(+76) * 소프트웨어전형 통합 * 일부 모집단위는1단계 2.5/3.5배수 선발	학업역량(30)+전공적합성(50)+인성 및 사회성(20)
*** 국,수,영,탐(1) 중 3개 합 8, 한4**	* 모집인원(-1) * 자연계열 수능최저 지정과목 폐지	**학업역량(40)+진로역량(40)+공동체역량(20)**
없음		진로역량(45)+탐구역량(35)+공동체의식과 협업능력(20)
없음	* 모집단위 : 인공지능공학부, 컴퓨터과학전공, 데이터사이언스전공	진로역량(40)+탐구역량(45)+공동체의식과 협업능력(15)
* 국,수,영,탐 4개 영역 합 10, 한국사 4		* 교직인성 및 교직적성을 정성적으로 종합평가
없음	* 모집인원(-139) * 전형명 변경 * 평가요소 비율 조정	학업역량(40)+진로역량(40)+공동체역량(20)
없음	* 전형 신설	학업역량(40)+진로역량(40)+공동체역량(20)
* 약학 : 국,**수**,영,과탐(1) 중 3개 합5 * 의예 : 국,**수**,영,과탐 중 3개 합4, 한4 * 탐구 소수점 절사 * 간호 : 없음	* 모집인원(-10) : 특수교육과 10명 모집 폐지 * 평가요소 비율 조정 * 수능최저 수학 지정과목 폐지 * 의예과 : 고교별 추천인원 1명 * 약학/간호 : 추천 제한 없음	학업역량(40)+진로역량(40)+공동체역량(20)
없음	* 모집인원(-110) * 1단계 선발배수(3배→3.5배) 및 면접비율(30→40%) 변경	학업역량(25)+진로역량(50)+인성(25)
없음	* 모집인원(+40)	학업역량(35)+진로역량(45)+인성(20)

지역	대학명	전형명	모집인원	전형방법	면접
서울	광운대	소프트웨어 우수인재	85	1단계(3.5배) : 학생부 100 2단계 : 1단계60 + 면접40	실시
서울	국민대	국민프런티어	688	1단계(3배) : 학생부 100 2단계 : 1단계70 + 면접30	실시
서울	**덕성여대**	**덕성인재I (서류형)**	**111**	학생부 100	없음
서울	덕성여대	덕성인재II(면접형)	214	1단계(3~4배) : 학생부 100 2단계 : 1단계60 + 면접40	실시
서울	동덕여대	동덕창의리더	242	1단계(3배) : 학생부 100 2단계 : 1단계40 + 면접60	실시
서울	명지대	명지인재면접	369	1단계(4배) : 학생부 100 2단계 : 1단계70 + 면접30	실시
서울	**명지대**	**명지인재서류**	**373**	학생부 100	없음
서울	삼육대	세움인재	242	1단계(4배) : 학생부 100 2단계 : 1단계60 + 면접40	실시
서울	**상명대**	**상명인재**	**159**	학생부 100 * 단, 스포츠건강관리, 조형예술은 1단계(5배): 학생부 100 2단계 : 1단계60 + 면접40	부분 실시
서울	서울과기대	학교생활 우수자	474	1단계(3배) : 학생부 100 2단계 : 1단계70 + 면접30	실시
서울	서울과기대	창의융합인재	67	1단계(3배) : 학생부 100 2단계 : 1단계70 + 면접30	실시
서울	서울여대	바롬인재서류	184	학생부 100	없음
서울	서울여대	바롬인재면접	210	1단계(5배) : 학생부 100 2단계 : 학생부50 + 면접50	실시
서울	**성공회대**	**열린인재**	**198**	학생부60 + 면접40	실시

수능최저	비고	평가요소 및 배점
없음	* 모집인원(+47) * 1단계 선발배수(3배→3.5배) 및 면접 비율(30→40%) 변경	
없음	* 모집인원(+199) * 종합(학교생활우수자전형) 폐지 * 면접평가 3:1 → 2:1 평가로 변경	자기주도성(30)+발전가능성(20)+전공잠재력(25)+학업능력(15)+공동체의식 및 협동능력(10)
없음	* 모집인원(+19)	**발전역량(30)+학업역량(45)+덕성역량(25)**
없음	* 모집인원(+20) * 1단계 선발배수 모집단위별로 다름	**발전역량(30)+학업역량(45)+덕성역량(25)**
* 약학 : 국,수(미/기),과탐(1) 3개 합 6, 영어 제외 * 그 외 학과 없음	* 모집인원(+59)	**학업역량(35)+진로역량(40)+공동체역량(25)**
없음	* 모집인원(+12) 서울(198), 용인(171) * 문예창작학과 특기자전형→종합 선발	학업역량(20)+진로역량(50)+공동체역량(30)
없음	* 모집인원(-1) 서울(207), 용인(166)	**학업역량(30)+진로역량(50)+공동체역량(20)**
* 약학 : 국,수(미/기),영, 과탐(1) 중 3개 합 5 * 그 외 학과 없음	* 모집인원(+37)	**학업역량(30)+진로역량(50)+공동체역량(20)**
없음	* 모집인원(+4)	**학업역량(35)+진로역량(45)+공동체역량(20)**
없음	* 모집인원(+35)	학업역량(35)+진로역량(45)+공동체역량(20)
없음	* 모집인원(-4) * 인공지능응용학과, 지능형반도체공학과, 미래에너지융합학과	학업역량(35)+진로역량(45)+공동체역량(20)
없음	* 모집인원(-10)	학업역량(40)+진로역량(35)+공동체역량(25)
없음	* 모집인원(+3)	학업역량(35)+진로역량(40)+공동체역량(25)
없음	* 졸업연도에 따른 지원 제한 폐지	성실성(15)+자기주도성(25)+공동체역량(25)+학업수행능력(35)

지역	대학명	전형명	모집인원	전형방법	면접
서울	성신여대	자기주도인재	660	1단계(3배) : 학생부 100 2단계 : 1단계60 + 면접40	실시
서울	**세종대**	**세종창의인재 (서류형)**	**190**	학생부 100	없음
서울	세종대	세종창의인지 (면접형)	320	1단계(3~4배) : 학생부 100 2단계 : 1단계60 + 면접40	실시
서울	숭실대	SSU미래인재	647	1단계(3배) : 학생부 100 2단계 : 1단계50 + 면접50	실시
서울	총신대	코람데오인재	121	1단계(3배) : 학생부 100 2단계 : 1단계70 + 면접30	실시
서울	한성대	**한성인재**	**300**	학생부 100	없음
인천	인하대	인하미래인재 (면접형)	939	1단계(3.5배) : 학생부 100 2단계 : 1단계70 + 면접30	실시
인천	인하대	인하미래인재 (서류형)	248	학생부 100	없음
인천	인천대	자기추천	694	1단계(3배) : 학생부 100 2단계 : 1단계70 + 면접30	실시
인천	**경인교대**	**교직적성**	**225**	학생부 100	없음
경기	가천대	가천바람개비	483	1단계(5배) : 학생부 100 2단계 : 1단계50 + 면접50	실시
경기	가천대	가천의약학	52	1단계(5배) : 학생부 100 2단계 : 1단계50 + 면접50	실시

수능최저	비고	평가요소 및 배점
없음	* 모집인원(+305) * 학교생활우수자전형 폐지→자기주도인재 전형으로 통합 * 2단계 면접비율 확대(30→40%)	학업역량(30)+진로역량(50)+공동체역량(20)
없음	* 모집인원(+52)	학업역량(45)+진로역량(25)+창의융합역량(20)+공동체역량(10)
없음	* 모집인원(-8) * 2단계 면접비율 확대(30→40%) * 모집단위별로 1단계 3배수~4배수	학업역량(25)+진로역량(45)+창의융합역량(20)+공동체역량(10)
없음	* 모집인원(+20)	학업역량(20)+진로(활동)역량(50)+숭실(잠재)역량(30)
없음	* 모집인원(+4)	학업역량(30)+인성 및 영성(30)+전공적합성(20)+발전가능성(20)
없음	* 모집인원(+43)	학업역량(30)+진로역량(40)+공동체역량(30)
없음	* 모집인원(-81) * 전형명 변경 * 의예과는 1단계 3배수 선발	기초학업역량(30)+진로탐구역량(50)+공동체역량(20)
없음	* 전형 신설	
없음	* 모집인원(+2) * 사범대와 운동건강학부는 1단계 4배수 선발	학업역량(30)+진로역량(30)+발전역량(20)+공동체역량(20)
없음	* 모집인원(+10) * 성비 적용하지 않음 * 교직인성 평가를 위한 답변 녹화 동영상을 전형자료로 활용함	학업역량(25)+교직적합성(25)+리더십 및 자기주도성(15)+나눔과 배려(25)+공감 및 소통능력(10)
없음	* 모집인원(-35) * 가천AI.SW전형 폐지	인성(40)+계열(전공)적합성(40)+학업역량(20)
* 의예 : 국,수(미/기),영,과탐 중 3개 각 1등급, 소수점 절사 * 한의예 : 국,수(미/기),영,과탐 중 2개 각 1등급(과탐 적용시 2과목 모두 1등급) * 약학 : 국,수(미/기),영,과탐 중 3개 합 5, 소수점 절사	* 모집인원(+13)	인성(40)+계열(전공)적합성(40)+학업역량(20)

지역	대학명	전형명	모집인원	전형방법	면접
경기	**강남대**	**학교생활우수자1**	**211**	학생부 100	없음
경기	강남대	학교생활우수자2	55	1단계(3배) : 학생부 100 2단계 : 1단계70 + 면접30	실시
경기	경기대	KGU학생부종합	683	1단계(3배) : 학생부 100 2단계 : 1단계70 + 면접30	실시
경기	단국대	DKU인재 서류형	**225**	학생부 100	없음
경기	단국대	DKU인재 면접형	199	1단계(3배) : 학생부 100 2단계 : 1단계70 + 면접30	실시
경기	대진대	윈윈대진	340	1단계(3배) : 학생부 100 2단계 : 1단계70 + 면접30	실시
경기	서울신학대	H+인재	99	1단계(4배) : 학생부 100 2단계 : 1단계60 + 면접40	실시
경기	**신한대**	**신한국인전형**	**88**	학생부 100	없음
경기	아주대	ACE	617	1단계(3배) : 학생부 100 2단계 : 1단계70 + 면접30	실시
경기	아주대	첨단융합인재	92	1단계(3배) : 학생부 100 2단계 : 1단계70 + 면접30	실시
경기	안양대	아리학생부종합I	59	1단계(6배) : 학생부 100 2단계 : 1단계70 + 면접30	실시
경기	안양대	**아리학생부종합II**	**112**	학생부 100	없음
경기	을지대	EU면접형	121	1단계(4배) : 학생부 100 2단계 : 1단계70 + 면접30	실시
경기	을지대	EU서류형	104	학생부 100	없음
경기	차의과학대	CHA학생부종합	162	1단계(3배) : 학생부 100 2단계 : 1단계70 + 면접30	실시
경기	**평택대**	**PTU종합**	**76**	학생부 100	없음
경기	**한경국립대**	**잠재력우수자**	**283**	학생부 100	없음

수능최저	비고	평가요소 및 배점
없음	* 모집인원(-48) * 전형명 변경	**학업역량(45)+진로역량(30)+인성역량(25)**
없음	* 모집인원(-219) * 전형명 변경	**학업역량(30)+진로역량(25)+인성역량(45)**
없음	* 모집인원(+3) * 모든 모집단위 1단계 3배수 선발	학업성취수준(30)+계열적합성(30)+자기주도성(20)+공동체의식(20)
없음	* 모집인원(-40)	학업역량(45)+진로역량(35)+공동체역량(20)
없음	* 모집인원(+91)	학업역량(35)+진로역량(45)+공동체역량(20)
없음		기초학습능력(40)+성장잠재력(30)+인성(30)
없음	* 모집인원(+13)	기초학업능력(20)+인성(20)+전공적합성(30)+성장가능성(30)
없음	* 모집인원(-12)	기초학습능력 인성 전공적합성
* 약학 : 국,수,영,탐 중 3개 합 5 * 의학과 : 국,수,영,탐 4개 합 6 * 그 외 학과 없음	* 모집인원(+57) * 의학과 모집인원 확대(20→40명)	학업역량(37)+진로역량(35)+공동체역량(28)
없음	* 모집인원 대폭 축소(-92)	학업역량(40)+진로역량(45)+공동체역량(15)
없음	* 모집인원(+14) * 인문사회계열 모집	학업역량 + 진로역량 + 공동체역량
없음	* 모집인원(+18) * 자연과학·공학·예체능계열 모집	**학업역량 + 진로역량 + 공동체역량**
없음	* 모집인원(+2) * 전형명 변경(구 EU자기추천)	**학업역량(35) + 진로역량(35) + 공동체역량(30)**
없음	* 전형명 변경(구 EU미래인재)	**학업역량(40) + 진로역량(30) + 공동체역량(30)**
* 약학대학 : 국,수,영,탐 중 수학 포함 3개 합 6. 소수점 절사	* 약학과 모집 부활(3명)	학업역량(40)+진로역량(40)+공동체역량(20)
없음	* 모집인원(+2)	전공적합성(40)+인성(30)+발전가능성(30)
없음	* 모집인원(-12)	**학업역량(30)+진로역량(40)+인성(30)**

지역	대학명	전형명	모집인원	전형방법	면접
경기	한국공학대	창의인재-면접	210	1단계(4배) : 학생부 100 2단계 : 1단계60 + 면접40	실시
경기	한국항공대	미래인재	146	1단계(3배) : 학생부 100 2단계 : 1단계70 + 면접30	실시
경기	**한양대에 리카**	**일반**	**516**	학생부 100	없음
경기	협성대	협성창의인재	130	1단계(4배) : 학생부 100 2단계 : 1단계40+면접60	실시

각 대학 2026시행계획을 근거로 제작했습니다.

모집인원 증감은 2025수시 모집요강과 비교한 내용입니다.

수능최저	비고	평가요소 및 배점
없음	* 모집인원(+58)	학업역량(30) + 진로역량(40) + 공동체역량(30)
없음	* 모집인원(+5)	**학업역량(30) + 진로역량(50) + 공동체역량(20)**
없음	* 모집인원(+129)	**학업역량(50) + 진로역량(30) + 공동체역량(20)**
없음	* 모집인원(-10) * 2단계 면접비중 축소(70→60%)	

지역	대학명	전형명	모집 인원	전형방법	일괄/ 단계	면접
전북	전북대	큰사람	502	1단계(3배) : 학생부 100 2단계 : 1단계80 + 면접20	단계	실시
전북	전주교대	교직적성우수자	48	1단계(3배) : 학생부 100 2단계 : 1단계70 + 면접30	단계	실시
전북	전주교대	지역인재선발	114	1단계(3배) : 학생부 100 2단계 : 1단계70 + 면접30	단계	실시
전북	군산대	일반학생	346	학생부 100	일괄	없음
전북	전주대	일반학생	804	학생부 100	일괄	없음
전북	원광대	학생부종합	733	학생부 100 * 의약학계열은 1단계(5배) : 학생부 100 2단계 : 1단계70 + 면접30	일괄	부분 실시

수능최저	비고	평가요소 및 배점
* 의예 : 국,수(미/기),영,과탐 4개 합 6, 소수점 절사 * 치의예 : 국,수(미/기),영,과탐(1) 중 수학포함 3개 합 6 * 약학 : 국,수(미/기),영,과탐(1) 중 수학포함 3개 합 7 * 수의예 : 국,수(미/기),영,과탐(1) 중 수학포함 3개 합 7 * 간호 - 국,수,영,탐(1) 중 2개 합 6 * 그 외 학과 없음	* 모집인원(-2) * 2단계 면접비율 축소(30→20%)	학업역량(40)+진로역량(40)+공동체역량(20)
폐지	* 모집인원(+13) * 2단계 면접비율 축소(40→30%) * 수능최저 폐지	지성영역+인성영역+창의영역
폐지	* 모집인원(+13) * 1단계 2배수 → 3배수 선발 * 2단계 면접비율 축소(40→30%) * 수능최저 폐지 * 전북 소재 고교 졸업(예정자)만 지원 가능	지성영역+인성영역+창의영역
없음	* 모집인원(+27)	인성(30)+전공적합성(35)+잠재능력(35)
없음	* 모집인원(+8)	학업과 진로50+인성과 공동체25+발전가능성25
* 의예,치의예(자연),한의예(자연) : 국,수,영,과탐 중 수학 포함 3개 합 6 * 치의예(인문),한의예(인문) : 국,수,영,사탐 중 수학 포함 3개 합 6 * 약학 : 국,수,영,과탐 중 수학 포함 3개 합 7 * 한약학과 : 국,수,영,탐 중 3개 합 9 * 간호 : 국,수,영,탐 중 3개 합 12 * 그 외 학과 없음	* 모집인원(+16)	학교생활충실도(38)+진로연계성(32)+인성 및 사회성(30)

지역	대학명	전형명	모집 인원	전형방법	일괄/ 단계	면접
전북	원광대	지역인재종합	384 전북-143 호남-241	학생부 100 * 의약학계열은 1단계(4배) : 학생부 100 2단계 : 1단계70 + 면접30	일괄	부분 실시
전북	원광대	지역인재 기회균형	12	1단계(5배) : 학생부 100 2단계 : 1단계70 + 면접30 * 간호학과는 학생부100	단계	실시
광주	전남대	고교생활 우수자I (광주)	866	1단계(3배) : 학생부 100 2단계 : 1단계70 + 면접30 *의학계열 6배수 선발	단계	실시
전남	전남대	고교생활우수 자II (여수)	163	학생부 100	일괄	없음
광주	광주교대	교직적성우 수자II	42	학생부70+면접(비대면)30	일괄	실시
광주	광주교대	전남교육감 추천	60	1단계(2.5배) : 학생부 100 2단계 : 1단계70 + 면접30	단계	실시
광주	광주교대	광주인재	50	1단계(2.5배) : 학생부 100 2단계 : 1단계70 + 면접30	단계	실시
광주	GIST	학교장추천	40명 내외	1단계(5~6배) : 서류 100(학, 자,추) 2단계 : 면접(1단계 서류전형 합 격자) 최종 : 서류 60 + 면접 40	단계	실시

수능최저	비고	평가요소 및 배점
* 의예,치의예(자연),한의예(자연) : 국,수,영,과탐(1) 중 수학 포함 3개 합 6 * 한의예(인문) : 국,수,영,사탐(1) 중 수학 포함 3개 합 6 * 약학 : 국,수,영,과탐(1) 중 수학 포함 3개 합 7 * 한약학과 : 국,수,영,탐(1) 중 3개 9 * 간호 : 국,수,영,탐(1) 중 3개 합 12 * 그 외 학과 없음	* 모집인원(+73) * 전형명 변경(구 지역인재1) * 1단계 5배→4배수 선발 * 전북권과 호남권으로 구분 모집	학교생활충실도(38)+진로연계성(32)+인성 및 사회성(30)
* 의예,치의예(자연),한의예(자연) : 국,수,영,과탐(1) 중 수학 포함 3개 합 6 * 약학 : 국,수,영,과탐(1) 중 수학 포함 3개 합 7 * 한약학과 : 국,수,영,탐(1) 중 3개 9 * 간호 : 국,수,영,탐(1) 중 3개 합 12	* 전형명 변경(구 지역인재2) * 호남권으로 모집 * 의,치,약,한의,한약,간호학과 모집	학교생활충실도(38)+진로연계성(32)+인성 및 사회성(30)
* 의예 : 국,수(미/기),영,과탐 중 수학포함 3개 합 5 * 치의학 : 국,수(미/기), 영,과탐 중 수학 포함 3개 합 6 * 약학,수의예 : 국,수(미/기),영,과탐(1) 중 3개 합 7 * 과탐 2과목 필수 응시 * 그 외 학과 없음	* 모집인원(+154) * 1단계 4배→3배수 선발	학업역량(30)+진로역량(40)+공동체역량(30)
없음		학업역량(30)+진로역량(40)+공동체역량(30)
없음	* 모집인원(+2) * 전형명 변경 * 일괄전형으로 변경	학업역량(50)+교직적합성(30)+교직인성(20)
없음	* 광주교대 교과전형 신설함 * 1단계 2배→2.5배 선발	학업역량(50)+교직적합성(30)+교직인성(20)
없음	* 모집인원(+10) * 1단계 2배→2.5배 선발 * 전남인재전형은 폐지 →교과로 모집	학업역량(50)+교직적합성(30)+교직인성(20)
없음	* 일반/자율/특성화고 재학생-고교별 2명 추천	지원자가 제출한 모든 서류를 바탕으로 학업역량, 이공계 분야의 교과·비교과 경험과 성취수준, 내적성향, 창의성, 잠재력, 진학의지, 리더십 및 협동심 등을 확인하며, 과학기술인으로의 성장 가능성을 종합적으로 평가함

지역	대학명	전형명	모집 인원	전형방법	일괄/단계	면접
광주	GIST	일반	125명 내외 +정원외 25명 내외	1단계(5~6배) : 서류 100(학, 자, 추) 2단계 : 면접(1단계 서류전형 합격자) 최종 : 서류 60 + 면접 40	단계	실시
광주	조선대	학생부종합 (면접)	250	1단계(5배) : 학생부 100 2단계 : 1단계70 + 면접30	단계	실시
광주	조선대	학생부종합 (서류)	1,105	학생부 100	일괄	없음
전남	KENTECH (한국에너지공과대학)	일반	90	1단계(5배) : 학생부 100 2단계 : 1단계50 + 면접50	단계	실시
전남	순천대	일반학생	309	1단계(5배) : 학생부 100 2단계 : 1단계70 + 면접30	단계	실시
전남	목포대	종합일반	275	학생부 100	일괄	없음
전남	목포대	지역인재	42	1단계(6배) : 학생부 100 2단계 : 1단계80 + 면접20	단계	실시

각 대학 2026시행계획을 근거로 제작했습니다.
모집인원 증감은 2025수시 모집요강과 비교한 내용입니다.

수능최저	비고	평가요소 및 배점
없음	* 정원내는 기초교육학부, 정원외는 반도체공학과 모집인원임 * 반도체공학과는 학석사통합과정임(일반전형-25명, 정시-5명 모집)	지원자가 제출한 모든 서류를 바탕으로 학업역량, 이공계 분야의 교과·비교과 경험과 성취수준, 내적성향, 창의성, 잠재력, 진학의지, 리더십 및 협동심 등을 확인하며, 과학기술인으로의 성장 가능성을 종합적으로 평가함
* 의예 : 국,수(미/기), 영,과탐(1) 중 수학 포함 3개 합 5 * 치의예 : 국,수(미/기), 영,과탐(1) 중 수학포함 3개 합 5 * 약학 : 국,수(미/기),영,과탐(1) 중 수학 포함 3개 합 6 * 그 외 학과 없음	* 모집인원(+13)	교과활동(40)+진로역량(40)+비교과활동(20)
* 면접 전형과 동일함	* 모집인원(+31) * 의예, 치의예, 약학과 모집 신설	교과활동(40)+진로역량(40)+비교과활동(20)
없음	* 면접 : 창의성 면접(수학, 과학 등의 교과 지식을 묻거나 정답을 맞히는 문항이 아닌 다양한 답변이 가능한 열린 문항을 제시하여 학생의 역량 발현 도모)(발산적 사고력, 문제해결력, 인문적 통찰 역량 등을 평가)	가치평가+역량평가+지원적합성
* 약학 : 수(미/기)와 과탐 필수+국/영 중 1, 3개 합 7, 소수점 절사 * 그 외 학과 없음	* 모집인원(-9) * 수능최저 과탐 소수점절사 조건 신설 * 자유전공학부, 식품영양학과, 융합바이오시스템기계공학과는 면접 미실시(학생부 100)	학업역량(35)+진로역량(30)+공동체역량(35)
없음	* 모집인원(-27)	학업역량(30)+발전가능성(30)+계열(전공)적합성(20)+인성(20_
* 약학 : 수(미/기)와 과탐 필수+국/영 중 1, 3개 합 6 * 그 외 학과 없음	* 모집인원(-1) * 약학과에 전북 학생도 지원 가능 * 과탐은 '화학' 또는 '생명' 필수 응시	학업역량(30)+발전가능성(30)+계열(전공)적합성(20)+인성(20_

2026대입 수시 학생부종합 전형(정원내 일반/지역인재)

지역	대학명	전형명	모집 인원	전형방법	일괄/단계	면접	
대전	충남대	학생부종합I (일반)	556	1단계(2~3배) : 학생부 100 2단계 : 학생부66.7 + 면접 33.3	단계	실시	
대전	충남대	학생부종합I (서류)	315	학생부 100	일괄	없음	
대전	KAIST	창의도전	200+ 20(반도체)	서류 100(학,자,추)	일괄	없음	
대전	KAIST	학교장추천 (일반/자율/특성화, 재학생-고교별 2명)	85+ 10(반도체)	서류 100(학,자,추)	일괄	없음	
대전	KAIST	일반	350+ 60(반도체)	1단계 : 서류 100(학,자,추) 2단계 : 면접 최종 : 1단계 40+면접 60	단계	실시	
대전	한밭대	학석사	119	학생부 100	일괄	없음	
대전	한밭대	일반	245	학생부 100	일괄	없음	
대전	한밭대	지역인재	144	1단계(5배) : 학생부 100 2단계 : 1단계70 + 면접30	단계	실시	
대전	한남대	한남인재I (서류)	534	학생부 100	일괄	없음	
대전	한남대	한남인재II(서류+면접)	70	1단계(4배) : 학생부 100 2단계 : 1단계70 + 면접30	단계	실시	
대전	목원대	학생부종합	19	학생부 100	일괄	없음	

수능최저	비고	평가요소 및 배점
* 의대/수의대/사범대/간호대 적용 * 그 외 학과 없음 * 충남대 238p 참조	* 모집인원 대폭 확대(+176) * 수능최저 계열별 지정과목 반영 → 전체 영역 중 3개 합으로 변경 * 약학과 모집 폐지 * 모집인원 10명 미만과 의예,수의예,사범대는 1단계 3배수	학업적역량(75.5)+사회적역량(24.5)
* 약대/의대/수의대/간호대 적용 * 그 외 학과 없음 * 충남대 238p 참조	* 모집인원(+40)	학업적역량(75.5)+사회적역량(24.5)
없음	* 창의도전전형과 일반전형 간의 중복지원만 가능함 * 창의도전전형과 학교장추천전형은 10월 중에 합격자 조기 발표 * 일반, 고른기회, 특기자전형은 12월 중에 합격자 발표 * 고른기회 면접에 영어과목 추가 * 무학과, 1학년 말에 학과를 자유롭게 선택함(학과별 정원 제한 없음) * 반도체시스템공학과는 삼성전자와의 계약학과로 무학과 모집을 하지 않음	지원자가 제출한 모든 서류를 바탕으로 학업성취도, 학교생활충실도 및 인성, 도전·창의·배려, 발전가능성 등을 고려하여 종합평가
없음		지원자가 제출한 모든 서류를 바탕으로 학업성취도, 학교생활충실도 및 인성, 도전·창의·배려, 발전가능성 등을 고려하여 종합평가
없음		지원자가 제출한 모든 서류를 바탕으로 학업성취도, 학교생활충실도 및 인성, 도전·창의·배려, 발전가능성 등을 고려하여 종합평가
없음	* 모집인원(+27)	진로역량(210)+학업역량(90)+공동체역량(200)
없음		진로역량(150)+학업역량(150)+공동체역량(200)
없음	* 모집인원(+4)	진로역량(180)+학업역량(120)+공동체역량(200)
없음	* 모집인원(+32)	진로역량(40)+학업역량(30)+공동체역량(30)
없음	* 모집인원(-5)	진로역량(40)+학업역량(30)+공동체역량(30)
없음	* 모집인원(-5) * 역사학과, 사회복지학과, 경영학부, 광고홍보커뮤니케이션학부 만 모집	기초역량(80)+계열적합성(10)+인성(10)

지역	대학명	전형명	모집 인원	전형방법	일괄/단계	면접
대전	배재대	서류100	78	학생부 100	일괄	없음
대전	대전대	혜화인재	44	1단계(5배) : 학생부 100 2단계 : 1단계70 + 면접30	단계	실시
대전	우송대	서류형	149	학생부 100	일괄	없음
대전	우송대	면접형	122	1단계(5배) : 학생부 100 2단계 : 1단계70 + 면접30	단계	실시
세종	고려대 (세종)	크림슨인재	365	학생부 100	일괄	없음
세종	고려대 (세종)	지역인재	37	학생부 100	일괄	없음
세종	홍익대 (세종)	학교생활우수자	235	학생부 100	일괄	없음
충남	공주대	일반	861	학생부 100 단, 사범대, 예술대는 1단계(4배) : 학생부 100 2단계 : 1단계70 + 면접30	일괄	부분 실시
충남	공주교대	교직적성인재	53	학생부 100	일괄	없음
충남	공주교대	지역인재선발	123	학생부 100	일괄	없음
충남	한국기술 교육대	창의인재(서류형)	100	학생부 100	일괄	없음
충남	한국기술 교육대	창의인재(면접형)	134	1단계(5배) : 학생부 100 2단계 : 1단계60 + 면접40	단계	실시
충남	건양대	학생부종합	207	학생부 100	일괄	없음
충남	나사렛대	창의융합인재	137	1단계(4배) : 학생부 100 2단계 : 1단계60 + 면접40	단계	실시

수능최저	비고	평가요소 및 배점
없음	* 모집인원(+23) * 배영영재전형 폐지 * 유아교육과, 외식조리, 간호학과만 모집	학업역량(40)+전공/계열 탐구역량(40)+공동체역량(20)
* 한의예 : 국,수,영,탐 중 3개 합 6. **(단, 국,영,수 각각 4등급 이내)** * 그 외 학과 없음	* 모집인원(+3) * 식품영양학과 모집 폐지 * 한의예와 보건계열만 모집	학업역량(26)+전공적합성(26)+인성(24)+발전가능성(24)
없음	* 모집인원(+10)	학업역량(33)+전공적합성(40)+인성(27)
없음	* 모집인원(-38)	학업역량(33)+전공적합성(40)+인성(27)
* 약학 : 국,수(미/기),영,과탐 중 3개 합 5 * 그 외 학과 없음	* 모집인원(-72) * 전형명 변경(구 학생부종합) * 약학과 일괄전형으로 변경(면접 폐지)	학업역량 진로역량 공동체역량
	* 모집인원(-11) * 약학과 일괄전형으로 변경(면접 폐지)	학업역량 진로역량 공동체역량
없음	* 모집인원(-1)	학업역량(40)+진로역량(40)+공동체역량(20)
없음	* 모집인원(+27)	진로역량 탐구역량 공동체역량
없음	* 일괄전형으로 변경(면접 폐지)	지적역량(36)+인성역량(32)+교직역량(32)
없음	* 일괄전형으로 변경(면접 폐지)	지적역량(36)+인성역량(32)+교직역량(32)
없음		학업역량(35)+전공적합성(35)+나우리역량(30)
없음	* 1단계 4배수→5배수 선발	학업역량(35)+전공적합성(35)+나우리역량(30)
없음	* 모집인원(+11)	기초학업능력+인성+발전가능성+전공적합성
없음	* 모집인원(-23)	인성(30)+전공적합성(30)+자기계발의지(40)

지역	대학명	전형명	모집 인원	전형방법	일괄/ 단계	면접
충남	나사렛대	글로컬지역인재Ⅱ	16	1단계(4배) : 학생부 100 2단계 : 1단계60 + 면접40	단계	실시
충남	남서울대	서류형	103	학생부 100	일괄	없음
충남	남서울대	면접형	54	1단계(6배) : 학생부 2단계 : 1단계70 + 면접30	단계	실시
충남	단국대 천안캠	DKU인재(서류형)	418	학생부 100	일괄	없음
충남	단국대 천안캠	DKU인재(면접형)	73	1단계(3배) : 학생부 100 2단계 : 1단계70 + 면접30 * 치의예, 약학과는 5배수	단계	실시
충남	백석대	창의인재	221	학생부 100	일괄	없음
충남	상명대 천안캠	상명인재	181	학생부 100 * 예체능계는 단계별 전형	일괄	부분 실시
충남	선문대	학생부종합(서류)	320	학생부 100	일괄	없음
충남	순천향대	일반학생	567	학생부 100	일괄	없음
충남	순천향대	충남형지역인재	10	학생부 100	일괄	없음
충남	순천향대	충청형지역인재	48	학생부 100	일괄	없음
충남	한국전통 문화대	전통문화인재	14	서류40+교과20+심층면접40	일괄	실시
충남	한서대	융합인재	29	학생부 100	일괄	없음
충남	호서대	호서인재	402	학생부 100	일괄	없음
충북	충북대	학생부종합Ⅰ	529	학생부 100	일괄	없음

수능최저	비고	평가요소 및 배점
없음	* 모집인원(-2) * 간호학과만 모집	인성(30)+전공적합성(30)+자기계발의지(40)
없음	* 모집인원(-24)	인성(30)+리더십(30)+전공적합성(40)
없음	* 모집인원(+25) * 보건,예체능 계열만 모집	인성(30)+리더십(30)+전공적합성(40)
없음	* 모집인원(-10) * 의예, 치의예, 약학과 모집 안함	학업역량(45)+진로역량(35)+공동체역량(20)
* 의학계열 : 국,수(미/기),영,과탐 중 수학 포함 3개 합 5 * 약학과 : 국,수(미/기),영,과탐 중 수학 포함 3개 합 6 * 문예창작학과 없음	* 모집인원(-10) * 의예, 치의예, 약학, 문예창작과, 해병대군사학과 모집 * 군사학과는 학생부83.33%+면접 1042%+체력평가6.25%(P/F 인성/신체검사, 신원조회)	학업역량(35)+진로역량(45)+공동체역량(20)
없음	* 모집인원(+35)	인성적 자질(40)+학문적 역량(30)+발전가능성(30)
없음	* 모집인원(+25)	학업역량(35)+진로역량(45)+공동체역량(20)
없음	* 모집인원(+1)	진로역량(40)+공동체역량(40)+학업역량(20)
없음	* 모집인원(-6)	학업역량(40)+진로역량(40)+공동체역량(20)
없음	* 전형신설 * 의예과만 모집	학업역량(40)+진로역량(40)+공동체역량(20)
없음	* 모집인원(-18) * 의예과, 간호학과만 모집	학업역량 진로역량 공동체역량
없음	* 모집인원(-8)	
없음	* 모집인원(-1)	전공적합성+잠재력+인성 및 사회성
없음	* 모집인원 대폭 축소(-175) * 일괄전형으로 변경(면접 폐지)	학업역량(30)+진로역량(40)+공동체역량(30)
없음	* 모집인원(+41)	전문성(46)+사회성(20)+적극성(14)

지역	대학명	전형명	모집 인원	전형방법	일괄/단계	면접	
충북	충북대	학생부종합II	376	학생부 100	일괄	없음	
충북	청주교대	배움나눔인재	42	1단계(4배) : 학생부 100 2단계 : 1단계60 + 면접40	단계	실시	
충북	청주교대	지역인재	112	1단계(2배) : 학생부 100 2단계 : 1단계60 + 면접40	단계	실시	
충북	건국대 글로컬	Cogito자기추천	521	1단계(3배) : 학생부 100 2단계 : 1단계70 + 면접30	단계	실시	
충북	건국대 글로컬	지역인재	42	* 간호학과 : 학생부 100 * 의예과 - 1단계(3배) : 학생부 100 2단계 : 1단계70 + 면접30	일괄	부분 실시	
충북	한국교원대	학생부종합우수자	317	1단계(3배) : 학생부 100 2단계 : 1단계80 + 면접20	단계	실시	
충북	한국교통대	학생부종합I	21	1단계(7배) : 학생부 100 2단계 : 1단계60 + 면접40	단계	실시	
충북	한국교통대	학생부종합II	546	학생부 100	일괄	없음	
충북	세명대	SMU의료인재	31	학생부 100	일괄	없음	

각 대학 2026시행계획을 근거로 제작했습니다.
모집인원 증감은 2025수시 모집요강과 비교한 내용입니다.

수능최저	비고	평가요소 및 배점
* 적용 * 모집단위별로 다름(충북대 238p 참조)	* 모집인원(+41) * 수능최저기준 완화(3개 합→2개 합, 의약 학계열 제외) * 수의예과 수능최저 수학 지정과목 폐지	전문성(46)+사회성(20)+적극성(14)
없음		교직 인·적성/창의적 탐구역량/변화리더십을 균등 비율로 반영
없음		교직 인·적성/창의적 탐구역량/변화리더십을 균등 비율로 반영
* 의예과 : 국,수,영,과탐 중 3개 합 5, 한국사 4, 소수점 절사 * 그 외 학과 없음	* 모집인원(+28) * 의예과 수능최저 완화 및 수학 지정과목 폐지	학업역량(30)+진로역량(30)+공동체역량(40)
* 의예과 : 국,수,영,과탐(1) 중 3개 합 5, 한국사 4, 소수점 절사 * 간호 : 없음	* 모집인원(+6) * 의예과 단계별전형으로 변경 * 의예과 수능최저 완화 및 수학 지정과목 폐지 * 의예과와 간호학과만 모집	학업역량(30)+진로역량(30)+공동체역량(40)
* 국,수,영,탐 4개 합 14 * 초등, 불어교육과는 수능최저 없음	* 모집인원(+3) * 모집단위에 따라 수학과 과탐 선택에 1등급 상향 조정	학업역량+전공적합성+교직적합성 및 잠재력+교직인성
없음	* 전형명 변경(구 나비인재I) * 항공서비스학과만 모집	학업적 역량, 사회적 역량
없음	* 모집인원(-6) * 전형명 변경(구 나비인재II)	학업적 역량, 사회적 역량
* 한의예 : 국,수(미/기),영 합 6(탐구 미반영) 단, 영역별 3등급 이내 * 그 외 학과 없음	* 모집인원(-7) * 한의예과 수능최저기준 변경 * 한의예, 간호, 작업치료, 임상병리학과만 모집	학업역량(30)+진로역량(40)+공동체량(30)

2026대입 수시 학생부종합 전형(정원내 일반/지역인재)

지역	대학명	전형명	모집인원	전형방법	일괄/단계	면접
부산	부산대	학생부종합	625	1단계(3배) : 학생부 100 2단계 : 1단계80 + 면접20	단계	실시
부산	부산대	지역인재	179	1단계(3~4배) : 학생부 100 2단계 : 1단계80 + 면접20	단계	실시
부산	부산교대	초등교직적성자	65	1단계(3배) : 학생부100 2단계 : 1단계60(71.4)+면접 40(28.6)	단계	실시
부산	부산교대	지역인재	125	1단계(3배) : 학생부100 2단계 : 1단계60(71.4)+면접 40(28.6)	단계	실시
부산	국립부경대	학교생활우수인재	392	학생부 100	일괄	없음
부산	한국해양대	아치해양인재I	99	교과60 + 학생부40	일괄	없음
부산	한국해양대	아치해양인재II	38	학생부 100	일괄	없음
부산	경성대	학교생활우수자	298	학생부 100	일괄	없음
부산	경성대	지역인재II	231	학생부 100	일괄	없음
부산	고신대	고신희망	113	학생부 100	일괄	없음
부산	고신대	자기추천	37	학생부80 + 면접20	일괄	실시
부산	동명대	창의인재	169	학생부 100	일괄	없음

수능최저	비고	평가요소 및 배점
없음	* 모집인원(+57) * (핵심)권장과목 상세 안내	학업역량(40)+진로역량(40)+사회역량(20)
* 간호 : 국,**수**,영,과탐(1) 중 수학포함 2개 합 6 * 의예 : 국,**수**,영,**탐** 중 수학포함 3개 합 4 * 치의학,약학 : 국,**수**,영,**탐(1)** 중 수학포함 3개 합 4 * 공통 : 한국사 4 * 그 외 학과 없음	* 모집인원(+51) * 약학,의예,치의학은 1단계 4배수 선발, 나머지 모집단위는 3배수 선발 * 의예,치의학, 약학 수능최저 수학과 탐구영역 지정과목 폐지	학업역량(40)+진로역량(40)+사회역량(20)
없음	* 모집인원(-9)	공동체리더십역량+다문화/글로벌역량+공감정서조절역량+자기관리역량
없음	* 모집인원(-6)	공동체리더십역량+다문화/글로벌역량+공감정서조절역량+자기관리역량
없음		학업역량(40)+전공적합성(40)+인성(10)+발전가능성(10)
* 해사대학 : 수,영,탐 중 2개 합 9 * 해양과학기술융합대학 : 수,영,탐 중 1개 5등급 * 해양인문사회과학대학 : 국,영,탐 중 2개 합 9 * 그 외 없음, 탐구 소수점 절사	* 모집인원(-1)	공동체역량, 진로역량 학업역량
上同		공동체역량, 진로역량 학업역량
없음	* 모집인원 대폭 축소(-115)	학업역량 및 진로(전공)역량+공동체역량
없음	* 모집인원 대폭 확대(+115)	학업역량 및 진로(전공)역량+공동체역량
없음	* 모집인원(+20) * 전형명 변경(구 자기추천100)	인성 및 공동체역량(30)+학업역량(30)+진로역량(40)
* 의예 : 국,수,영,과탐(1) 중 수학포함 3개 합5 (확통 선택시 3개 합 4) * 그 외 없음	* 모집인원(-13) * 전형명 변경(구 자기추천2080) * 의예과 모집 신설	인성 및 공동체역량(30)+학업역량(30)+진로역량(40)
없음	* 모집인원(+32)	**학업역량 진로역량 공동체역량**

지역	대학명	전형명	모집인원	전형방법	일괄/단계	면접
부산	동서대	학생부종합	150	학생부 100	일괄	없음
부산	동아대	잠재능력 우수자	605	1단계(4배) : 학생부100 2단계 : 1단계60+면접40 * 의예과는 1단계 10배수	단계	실시
부산	동아대	학교생활 우수자	779	학생부 100	일괄	없음
부산	동아대	지역인재종합	20	1단계(**6배**) : 학생부100 2단계 : 1단계60+**면접40**	단계	실시
부산	동의대	학교생활 우수자(면접)	423	1단계(6배) : 학생부100 2단계 : 1단계70+면접30	단계	실시
부산	동의대	지역인재종합	442	학생부 100	일괄	없음
부산	부산가톨릭대	고교학생부	172	학생부 100	일괄	없음
부산	부산가톨릭대	자기추천	71	1단계(**5배**) : 학생부100 2단계 : 1단계70+면접30	단계	실시
부산	부산가톨릭대	지역인재	127	학생부 100	일괄	없음
부산	부산외국어대	학생부서류	163	학생부 100	일괄	없음
부산	신라대	학생부종합I	148	학생부 100	일괄	없음
부산	신라대	학생부종합II	37	학생부70 + 면접30	일괄	실시
울산	울산대	잠재역량	450	1단계(4배) : 학생부100 2단계 : 1단계50+면접50 * 의예과는 5배수 선발	단계	실시

수능최저	비고	평가요소 및 배점
없음	* 모집인원(+5)	인성 및 공동체역량(20)+학업역량(30)+진로역량(50)
* 의예 : 국,수,영,탐(1) 4개 합 6 * 그 외 없음	* 모집인원(+2) * 의예과 모집 신설 * 수능최저 지정과목 폐지	학업역량(35)+진로역량(45)+공동체역량(20)
없음	* 모집인원(+1)	학업역량(45)+진로역량(35)+공동체역량(20)
* 국,수,영,탐(1) 4개 합 6	* 모집인원(+10) * 1단계 10배수 → 6배수 * 면접비율 확대 : 20→40% * 수능최저 지정과목 폐지 * 의예과만 모집	학업역량(35)+진로역량(45)+공동체역량(20)
없음	* 모집인원(+27) * 모집인원 10명 초과 학과는 1단계 4배수	공동체역량(20)+학업역량(40)+전공적합성(40)
없음	* 모집인원(-5)	공동체역량(20)+학업역량(40)+전공적합성(40)
없음	* 모집인원(+8)	학업역량(30)+진로역량(30)+공동체역량(40)
없음	* 모집인원(+6) * 1단계 10배수 → 5배수	학업역량(30)+진로역량(30)+공동체역량(40)
없음	* 모집인원(+7)	학업역량(30)+진로역량(30)+공동체역량(40)
없음	* 모집인원(+13) * 모집단위 광역화 : 통합모집(자유전공) * 사회체육, 스포츠재활,항공서비스는 전공별 모집	인성(30)+학업역량(30)+발전가능성(40)
없음	* 모집인원(+22)	학업역량+진로역량+공동체역량
없음	* 모집인원(-13) * 사범대와 항공운항과만 모집	**학업역량+진로역량+공동체역량**
* 의예과 : 국,수(미/기),영,과탐 중 3개 **합 4,** 한4 탐은 서로 다른과목, 탐구 소수점 올림 반영 * 그 외 학과 없음	* 모집인원(+7)	학업성취+전공적합성+잠재역량+인성

지역	대학명	전형명	모집 인원	전형방법	일괄/ 단계	면접
울산	울산대	지역인재	454	학생부 100 * 의예과는 잠재역량 전형방법 적용	일괄	부분 실시
울산	UNIST	일반	310	서류100	일괄	없음
울산	UNIST	지역인재	65	서류100	일괄	없음

경남	경상국립대	일반	731	* 사회대,사범대,수의대,의과대,
				  간호대,약학대 = 1단계(3배) :
				  학생부 100
				  2단계 : 1단계80+면접20
				* 의과대와 약학대는 5배수 선발
				* 그 외 모집단위 = 학생부 100
					단계	실시

경남	경상국립대	지역인재	335	학생부 100 * 의예, 간호는 일반전형 단계별 방식	일괄	부분 실시
경남	진주교대	21세기형 교직 적성자	50	1단계(2.5배) : 학생부 100 2단계 : 1단계70+면접30	단계	실시
경남	진주교대	지역인재	123	1단계(2.5배) : 학생부 100 2단계 : 1단계70+면접30	단계	실시
경남	창원대	계열적합인재	208	1단계(4배) : 학생부 100 2단계 : 1단계60+면접40 * 일문학,법학,국제관계학,중국학,국제무역학,컴공학과는 3배수 선발	단계	실시
경남	창원대	지역인재	308	학생부 100	일괄	없음
대구	경북대	일반학생	919	학생부 100	일괄	없음

수능최저	비고	평가요소 및 배점
* 의예과 : 국,수(미/기),영,과탐 중 3개 **합 4**, 한4 과탐은 서로 다른과목, 탐구 소수점 올림 반영 * 그 외 학과 없음	* 모집인원(+14)	학업성취+전공적합성+잠재역량+인성
없음	* 모집인원(-20) * 이공계열(무학과-250명), 이공(반도체-35), 경영계열(25명)	학업역량+지원계열에 대한 관심+학교생활 충실도 및 인성
없음	* 이공계열(60명), 경영계열(5명) * 울산 지역만 지원 가능	학업역량+지원계열에 대한 관심+학교생활 충실도 및 인성
* 의예과 : 국,수(미/기),영,과탐 중 수학 포함 3개 합 6, 탐구 소수점 절사 * 약학과 : 국,수(미/기),영,**과탐** 중 수학 포함 3개 합 6 * 수의예 : 국,수,영,과탐 중 수학포함 3개 합 7 * 그 외 학과 없음	* 모집인원(+5) * 수의예과 수능최저기준 신설 적용 * 모집단위별로 전형방법 다름	전공적합성(50)+전공연계 진로역량(20)+발전가능성(20)+인성(10)
* 의예과 : 국,수(미/기),영,과탐 중 수학 포함 3개 합 6, 탐구 소수점 절사 * 약학과 : 국,수(미/기),영,과탐 중 수학 포함 3개 합 6 * 수의예 : 국,수,영,과탐 중 수학포함 3개 합 7 * 그 외 학과 없음	* 모집인원(+2) * 수의예과 수능최저기준 신설 적용	전공적합성(50)+전공연계 진로역량(20)+발전가능성(20)+인성(10)
폐지	*** 단계별 전형으로 변경(면접 실시)** *** 수능최저기준 폐지**	학업수행역량(245)+자기주도역량(140)+공감 및 소통역량(140)+교직에 대한 가치와 태도(175)
폐지		학업수행역량(245)+자기주도역량(140)+공감 및 소통역량(140)+교직에 대한 가치와 태도(175)
없음	* 모집인원(+52)	학업역량(30)+진로역량(50)+공동체역량(20)
* 간호 : 국,수,영,탐(1) 중 2개 합 8 * 그 외 학과 없음	* 모집인원(-7)	**학업역량(50)+진로역량(35)+공동체역량(15)**
* 적용 *탐구 1과목 적용(의예 2과목,소수점 절사) * 모집단위별로 다름(240p 참조)	* 모집인원(+25) * 학폭 기재시 감점처리	학업역량(30)+진로역량(50)+공동체역량(20)

지역	대학명	전형명	모집 인원	전형방법	일괄/ 단계	면접
대구	경북대	지역인재	355	1단계(4~5배) : 학생부 100 2단계 : 1단계70+면접30	단계	실시
대구	DGIST	일반	135	서류100	일괄	없음
대구	DGIST	학교장추천 (고교별 2명)	50	서류100	일괄	없음
대구	대구교대	참스승	50	1단계(5배) : 학생부 100 2단계 : 1단계70+면접30	단계	실시
대구	대구교대	대구지역인재	100	1단계(2배) : 학생부 100 2단계 : 1단계70+면접30	단계	실시
대구	대구교대	경북지역인재	120		단계	실시
대구	계명대	일반	862	학생부 100 단, 의예과 = 1단계(7배) : 학생부 100 2단계 : 1단계80 + 면접20	일괄	부분 실시
대구	계명대	지역	582		일괄	부분 실시
경북	POSTECH	일반전형I	220	1단계(3배) : 서류 100 2단계 : 1단계 50+**면접50**	단계	실시
경북	POSTECH	일반전형II	70	1단계(3배) : 서류 100 2단계 : 1단계 67+면접33	단계	실시
경북	POSTECH	반도체공학인재	40	1단계(3배) : 서류 100 2단계 : 1단계 50+**면접50**	단계	실시
경북	안동대	ANU인재	212	학생부 100 단, 간호학과는 1단계(4배) : 학생부 100 2단계 : 1단계70+면접30	일괄	부분 실시

수능최저	비고	평가요소 및 배점
* 의예, 치의예, 약학과만 적용(240p 참조) * 그 외 학과 없음	* 모집인원(-46) * 의예, 치의예, 약학과는 1단계 5배수 선발	**학업역량(45)+진로역량(40)+공동체역량(15)** *** 일반학생 의학계열도 적용**
없음	* 모집인원(+25) * 기초학부(110), 반도체공학과(학석사 통합 25)	학업 및 탐구역량+사회적 역량
없음	* 고교 유형 구분 없음	학업 및 탐구역량+사회적 역량
없음		창의적 지식활용 역량+교직 소양+교직 수행 역량+개인•사회적 역량
없음	* 모집인원(+20) * 대구/경북 분리 모집	창의적 지식활용 역량+교직 소양+교직 수행 역량+개인•사회적 역량
없음	* 모집인원(+20) * 대구/경북 분리 모집	창의적 지식활용 역량+교직 소양+교직 수행 역량+개인•사회적 역량
* 의예과 : 국,수(미/기),영,과탐(1) 중 **수학포함** 3개 합 4. 과탐 2개 필수 응시 * 그 외 학과 없음	* 모집인원 대폭 확대(+163) * 의예과 수능최저 부활	**학업역량(35)+진로역량(40)+공동체역량(25)**
* 의예과 : 국,수(미/기),영,과탐(1) 중 **수학포함** 3개 합 4. * 약학부 : 국,수(미/기),영,과탐(1) 중 3개 합 6. * 과탐 2개 필수 응시 * 그 외 학과 없음	* 모집인원 대폭 확대(+130) * 의예과 수능최저 변경	학업역량(35)+진로역량(40)+공동체역량(25)
없음	* 2단계 면접 비중 확대 : 33→50%	학업능력(국,영,수,과)+이공계소양•재능/학업열정태도/대인관계품성/인재상적합도
*** 국,수(미/기),영,과탐 중 수학포함 2개 합 4**	* 수능최저기준 변경	학업능력(국,영,수,과)+이공계소양•재능/학업열정태도/대인관계품성/인재상적합도
없음	* 전형 신설 * 반도체 공학인재I,II전형 폐지	
없음	* 모집인원(+3)	학엽역량(40)+전공적합성(40)+공동체역량(20)

지역	대학명	전형명	모집인원	전형방법	일괄/단계	면접
경북	경운대	창의인재	65	학생부 100	일괄	없음
경북	경운대	지역인재종합	128	학생부 100	일괄	없음
경북	경일대	학생부종합	97	학생부 100	일괄	없음
경북	금오공대	KIT인재	257	학생부 100	일괄	없음
경북	대구대	서류	737	학생부 100	일괄	없음
경북	대구가톨릭대	종합	366	학생부 100 단, 글로벌항공서비스학과는 1단계(5배) : 학생부 100 2단계 : 1단계80+면접20	일괄	부분 실시
경북	대구가톨릭대	지역종합	77	1단계(5배) : 학생부 100 2단계 : 1단계80+면접20 * 약학부는 7배수	단계	실시
경북	대구한의대	일반	76	학생부 100	일괄	없음
경북	대구한의대	지역인재	40	학생부 100	일괄	없음
경북	동국대(경주)	참사람	181	학생부 100 단, 간호,의예,한의예는 지역인재 전형방법 적용	일괄	부분 실시
경북	동국대(경주)	지역인재(종합)	45	1단계(5배) : 학생부 100 2단계 : 1단계70+면접30	단계	실시

수능최저	비고	평가요소 및 배점
없음	* 모집인원(-11)	학업역량(150)+창체활동(150)+인성(150)+전공관심도(150)
없음	* 전형 신설	
없음	* 모집인원(-4)	**학업역량 진로역량 공동체역량**
없음	* 모집인원 대폭 확대(+69)	학업역량(20)+진로역량(60)+공동체역량(20)
없음	* 모집인원 대폭 확대(+115)	**학업역량(30)+진로역량(30)+공동체역량(40)**
* 간호 : 국,수,영,탐(1) 중 2개 합 8 * 그 외 학과 없음	* 모집인원(+7)	학업역량(40)+진로역량(30)+공동체역량(30)
* 의예 : 국,수(미/기),영,과탐 중 3개 합 5 * 약학 : 국,수(미/기),영,과탐 중 3개 합 6 * 과탐 소수점 절사 * 그 외 학과 없음	* 모집인원(+28) * 의예과 1단계 7배→5배수	학업역량(40)+진로역량(30)+공동체역량(30)
* 한의예(자연): 국,수(미/기),영.,과탐(1) 중 3개 합 5 * 한의예(인문): 국,수(확통),영,사탐(1) 중 3개 합4 * 간호: 국,수,영,탐(1) 중 2개 합 8 * 그 외 학과 없음	* 모집인원(-13)	학업역량(30)+전공역량(40)+공동체역량(30)
* 한의예(자연): 국,수(미/기),영.,과탐(1) 중 3개 합 5 * 한의예(인문): 국,수(확통),영,사탐(1) 중 3개 합4 * 간호: 국,수,영,탐(1) 중 2개 합 8	* 모집인원(+2) * 한의예(인문,자연), 간호학과만 모집	학업역량(30)+전공역량(40)+공동체역량(30)
* 의예 : 국,수(미/기),영,과탐(1) 중 3개 합 4 * 한의예 : 국,수(미/기),영,과탐(1) 중 3개 합 5 * 간호 : 국,수,영,탐(1) 중 2개 합 6 * 그 외 학과 없음	* 모집인원 대폭 축소(-73)	학업역량(30)+성장가능성(20)+전공적합성(30)+인성 및 사회성(20)
* 의예 : 국,수(미/기),영,과탐(1) 중 3개 합 4 * 한의예 : 국,수(미/기),영,과탐(1) 중 3개 **합 6** * 간호 : 국,수,영,탐(1) 중 2개 합 6	* 전형명 변경 * 한의예과 수능최저 완화 * 의예, 한의예, 간호학과만 모집	학업역량(30)+성장가능성(20)+전공적합성(30)+인성 및 사회성(20)

지역	대학명	전형명	모집 인원	전형방법	일괄/ 단계	면접
경북	동국대(경주)	지역인재(경북-종합)	17	1단계(5배) : 학생부 100 2단계 : 1단계70+면접30	단계	실시
경북	영남대	잠재능력우수자	899	학생부 100	일괄	없음
경북	영남대	지역인재(의약)	15	* 약학부 : 학생부 100 * 의예과는 1단계(10배) : 학생부 100 2단계 : 1단계70+면접30	일괄	부분 실시
경북	한동대	G-IMPACT 인재	220	1단계(2.5배) : 학생부 100 2단계 : 1단계70+면접30	단계	실시
경북	한동대	글로벌인재	75		단계	실시
경북	한동대	대안학교	90		단계	실시

각 대학 2026시행계획을 근거로 제작했습니다.

모집인원 증감은 2025수시 모집요강과 비교한 내용입니다.

수능최저	비고	평가요소 및 배점
* 의예 : 국,수(미/기),영,과탐(1) 중 3개 합 4 * 한의예 : 국,수(미/기),영,과탐(1) 중 3개 합 5 * 간호 : 국,수,영,탐(1) 중 2개 합 6	* 전형 신설 * 의예, 한의예, 간호학과만 모집	부록
없음	* 모집인원(-14)	잠재역량(50)+학업역량(30)+공동체역량(20)
* 의예과 : 국,수,영,과탐(1) 중 3개 합 4 * 약학부 : 국,수,영,과탐(1) 중 3개 합 5 * 과탐 2과목 응시 필수	* 전형명 변경 * 모집인원(+10) * 의예과, 약학과만 모집 * 한국사 4등급 이내 조건 폐지	잠재역량(50)+학업역량(30)+공동체역량(20)
없음	* 모집인원(+8) * 전형명 변경(구 일반학생)	**학업역량(50)+진로역량(25)+공동체역량(25)**
없음	* 모집인원(-30)	**학업역량(50)+진로역량(25)+공동체역량(25)**
없음	* 모집인원(-5)	**학업역량(50)+진로역량(25)+공동체역량(25)**

2026대입 수시 학생부종합 전형 (정원내 일반/지역인재)

지역	대학명	전형명	모집인원	전형방법	일괄/단계	면접
강원	강원대 (춘천)	미래인재I	490	학생부 100	일괄	없음
강원	강원대 (춘천)	미래인재II	345	1단계(4배) : 학생부 100 2단계 : 1단계60 + 면접40	단계	실시
강원	강원대 (춘천)	지역인재	30	1단계(3배) : 학생부 100 2단계 : 1단계60 + 면접40	단계	실시
강원	강원대 (삼척)	미래인재I	204	학생부 100	일괄	없음
강원	강원대 (삼척)	미래인재II	50	1단계(4배) : 학생부 100 2단계 : 1단계60 + 면접40	단계	실시
강원	춘천교대	교직적·인성 인재	96	학생부 100	일괄	없음
강원	춘천교대	강원교육인재	60	학생부 100	일괄	없음
강원	국립강릉원 주대	해람인재	435	학생부 100 *치의예과는 1단계(5배수) : 학생부100, 2단계 : 1단계80+면접20	일괄	부분 실시
강원	국립강릉원 주대	지역인재	126	학생부 100	일괄	없음
강원	연세대(미 래)	학교생활우 수자	308	1단계(3.5배) : 학생부 100 2단계 : 1단계70 + 면접30 *의예과 1단계 6배수 선발	단계	실시
강원	연세대(미 래)	강원인재(일반)	82	학생부 100 *의예과 : 학생부80+의학적인성면접20	일괄	부분 실시
강원	연세대(미 래)	글로벌인재	51	1단계(3.5배) : 학생부 100 2단계 : 1단계70 + 면접30	단계	실시
강원	한림대	학교생활우 수자	549	1단계(4배) : 학생부 100 2단계 : 1단계70 + 면접30 *의예과는 1단계 5배수	단계	실시

수능최저	비고	평가요소 및 배점
* 간호 : 국,수,영,탐(1) 중 3개 합 11 * 수의예 : 국,수,영,과탐(1) 중 3개 합 8 * 그 외 학과 없음	* 모집인원(+5)	학업역량(40)+진로역량(30)+공동체역량(30)
없음	* 모집인원(+25) * 모집모집인원 6명 이상일 경우 3배수 선발	학업역량(30)+진로역량(50)+공동체역량(20)
* 국,수,영,과탐(1) 중 3개 합 7	* 전형 신설 * 의예과만 모집	학업역량(30)+진로역량(50)+공동체역량(20)
없음	* 모집인원(+10)	학업역량(40)+진로역량(30)+공동체역량(30)
없음	* 모집인원(+6)	학업역량(30)+진로역량(50)+공동체역량(20)
* 국,수,영,탐(1) 중 3개 합 9, 한 4,	* 모집인원(-5) * 수능최저기준 3개 합으로 변경	학업역량(38)+진로역량(28)+공동체역량(34)
* 국,수,영,탐(1) 중 3개 합 9, 한 4,	* 수능최저기준 3개 합으로 변경	학업역량(38)+진로역량(28)+공동체역량(34)
* 치의예과 : 국,수,영,과탐(1) 중 수학 포함 3개 합 6 * 그 외 학과 없음	* 모집인원(-13)	진로역량(40)+학업역량(35)+공동체역량(25)
없음	* 모집인원(+6) * 치의예과 모집 폐지	진로역량(40)+학업역량(35)+공동체역량(25)
* 의예 : 국,수,영,과탐 중 수학포함 3개 합 5 *그 외 학과는 없음	* 의예과 수능최저기준 3개 합으로 변경	학업역량(40)+발전역량(30)+공동체역량(30)
* 의예 : 국,수,영,과탐 중 수학포함 3개 합 5 *그 외 학과는 없음	* 모집인원(+2) * 의예과 수능최저기준 3개 합으로 변경	학업역량(40)+발전역량(30)+공동체역량(30)
없음	* 동아시아국제학부와 글로벌엘리트학부만 모집	학업역량(40)+발전역량(30)+공동체역량(30)
* 의예 : 국,수(미/기),영,과탐 중 3개 합 4. 단, 영어 포함시 영어는 1등급 * 그 외 학과는 없음	* 모집인원(-7)	학업역량(40)+진로역량(40)+공동체역량(20)

지역	대학명	전형명	모집 인원	전형방법	일괄/ 단계	면접	
강원	한림대	지역인재	22	1단계(5배) : 학생부 100 2단계 : 1단계70 + 면접30 * 광고홍보학과는 1단계 4배수	단계	실시	
강원	가톨릭관 동대	일반	51	학생부 100	일괄	없음	
강원	가톨릭관 동대	지역인재	30	학생부 100	일괄	없음	
강원	상지대	종합일반	179	학생부 100 (교과성적30+서류평가70)	일괄	없음	
강원	상지대	종합강원인재	32	학생부 100 (교과성적30+서류평가70)	일괄	없음	
강원	한라대	운곡인재	100	학생부 100	일괄	없음	
제주	제주대	일반학생1 (서류형)	322	학생부 100	일괄	없음	
제주	제주대	일반학생2 (면접형)	54	1단계(3배) : 학생부 100 2단계 : 1단계70 + 면접30	단계	실시	
제주	제주대	지역인재	108	1단계(3배) : 학생부 100 2단계 : 1단계70 + 면접30 * 의대,약대는 1단계 5배수 * 자유전공학부는 학생부 100	단계	실시	

각 대학 2026시행계획을 근거로 제작했습니다.

모집인원 증감은 2025수시 모집요강과 비교한 내용입니다.

수능최저	비고	평가요소 및 배점
* 의예 : 국,수(미/기),영,과탐 중 3개 합 4. 단, 영어 포함시 영어는 1등급	* 모집인원(+3) * 의예과와 광고홍보학과만 모집	학업역량(40)+진로역량(40)+공동체역량(20)
* 의예 : 국,수(미/기),영,과탐(1) 중 3개 합 6 * 간호 : 국,수,영,탐 중 2개 합 9 * 소수점 절사 * 그 외 학과는 없음	* 모집인원(-7) * 의예과 모집 부활 * 간호학과 수능최저 2개 합으로 변경	학업역량(30)+진로역량(30)+공동체역량(30)+종합평가(10) * 의예과 : 인성(20)+전공적합성(40)+장래성(20)+종합평가(10)
* 일반전형과 동일	* 전형 신설	
* 간호 : 국,수,탐(1) 중 2개 합 8 * 한의예과 : 국,수,영,탐 중 3개 합 4, 수학(미/기)와 과탐 반영 시 합 5, 탐구 소수점 절사 *그 외 학과는 없음	* 모집인원(+19) * 교과성적 비율 축소(40→30%)	진로역량(250)+학업역량(200)+공동체역량(150)
* 간호 : 국,수,영,탐(1) 중 2개 합 8 * 한의예과 : 국,수,영,탐 중 3개 합 5, 수학(미/기)와 과탐 반영 시 합 6, 탐구 소수점 절사 *그 외 학과는 없음	* 교과성적 비율 축소(40→30%)	진로역량(250)+학업역량(200)+공동체역량(150)
없음	* 모집인원(-34)	학업역량+진로역량+공동체역량
없음	* 전형신설	학업역량(40)+진로역량(30)+공동체역량(30)
없음	* 모집인원(-169) * 전형명 변경(구 일반학생)	학업역량(40)+진로역량(30)+공동체역량(30)
없음	* 전형신설	학업역량(40)+진로역량(30)+공동체역량(30)

2026 충남대학교 수능최저학력기준

모집단위	최저학력
사범대학(국어교육/영어교육/교육학과)	국,수,영,탐(1) 중 3개 합 9등급 이내
사범대학(건설공학교육/기계공학교육 /화학공학교육/기술교육과), 간호대학	국,수,영,탐(1) 중 3개 합 12등급 이내 * 사회탐구 응시자 11등급 이내 * 직업탐구 응시자 10등급 이내
사범대학(수학교육)	국,수(미/기),영,탐(1) 중 수학포함 3개 합 10
약학대학	국,수(미/기),영,과탐 중 수학포함 3개 합 6
의과대학	국,수(미/기),영,과탐 중 수학포함 3개 합 5
수의과대학	국,수(미/기),영,과탐 중 수학포함 3개 합 7

＊ 약학과, 의예과, 수의예과의 경우 과학탐구 2과목 평균 등급을 반영(소수점 포함)

2026 충북대 수능최저기준(학생부종합II전형)

* 국,수,영,탐(1) 중 상위 2개 영역 등급 합 충족
* 수의예, 약학, 의예과는 상위 3개 영역 합 충족
* 수능 반영영역 : 인문(국,수,영,탐/직), 자연(국,수(미적/기하),영,과탐
   단, 자연계 중 수학과,정보통계학과,약학과, 제약학과, 의예과를 제외한 학과는 수학(확통) 인정
* 농업생명환경대학, 생활과학대학, 간호학과는 수학(확통)과 사탐도 인정(직탐은 불인정)

계열	단과대학	모집단위	수능최저학력기준
인문	인문대학	전 모집단위	8등급 이내
	사회과학대학	전 모집단위	7등급 이내
	경영대학	전 모집단위	8등급 이내
	농업생명환경대학	농업경제학과	
	생활과학대학	전 모집단위	
자연	자연과학대학	전 모집단위	8등급 이내
	공과대학	전 모집단위	
	전자정보대학	전 모집단위	
	농업생명환경대학	전 모집단위	
	생활과학대학	전 모집단위	
	수의과대학	전 모집단위	8등급 이내
	약학대학	전 모집단위	7등급 이내
	의과대학	의예과	5등급 이내
		간호학과	6등급 이내
	본부직할	바이오헬스학부	8등급 이내

※ 자연계 모집단위는 수학 필수 반영(농업생명환경대학, 생활과학대학, 수의과대학, 간호학과는 수학 필수 미반영)

2026 경북대 수능최저기준

탐구 1과목 반영(한국사 응시 필수)

전형명	모집단위	국,수,영,탐(1)	
*학생부교과 -교과우수자 -지역인재 *논술(AAT)	IT대학	수학 + 국, 영, 탐(1) 중 1개 합	5
	경상대학, 사범대학, 간호대학, 행정학부, 자율전공부	국,수,영,탐(1) 중 2개 합	
	공과대학, 첨단기술융합대학	수학 + 국, 영, 탐(1) 중 1개 합	6
	인문대학, 사회과학대학, 자연과학대학,생활과학대학, 농업생명과학대학	국,수,영,탐(1) 중 2개 합	
* 학생부교과 - 지역인재(기초생활수급자등 대상자) **학생부종합** **- 일반학생**	해당 모집단위		위의 수능최저기준에서 1등급 하향 적용
모든전형	생태환경대학, 과학기술대학		미적용
* 학생부교과 - 교과우수자 - 지역인재 **학생부종합** **- 일반학생** **- 지역인재** **- 지역인재 학교장추천** * 논술(AAT)	의예과, 치의예과	탐구 + 국,수,영 중 2개 3개 합	4
	수의예, 약학	탐구 + 국,수,영 중 2개 3개 합	5
* 학생부교과 - 지역인재 기초생활수급자등대상자 * 학생부종합 - 농어촌학생	해당 모집단위		위의 수능최저기준에서 1등급 하향 적용

※ 의예과 : 탐구 2과목의 평균(소수점 반올림)을 반영함
※ 치의예과, 수의예과, 약학과 : 탐구 2과목의 평균(소수점 절사)을 반영함

부록2

2026학년도 대학별 학생부 종합전형 정리

1. 대입전형의 기본 이해 및 2026 대입 일정 및 개요
2. 2026 학생부교과전형
3. 2026 학생부종합전형
4. 2028 대입전형의 이해

대입 전형의 기본 이해

1) 4가지 기본 전형

- 학생부 교과 전형 : 내신(석차등급)
- 학생부 종합전형 : 내신, 출결, 창체, 세특, 종합
- 논술 위주 전형 : 논술
- 실기/특기 위주 전형 : 실기 우수자, 특기자 전형
- 수능 위주 전형 : 수능, 교과(내신)

2) 대입 지원의 원칙

- 수시에 합격하면 정시 지원 불가
- 수시6회 지원 제한
- 수시 지원 조건 미적용 대학 : 전문대, 특별법 대학
  → 수시 원칙 : 정시 합격 가능 대학 보다 상향 지원

2026 대입 일정 및 개요

1) 2026 대입 주요 일정(수시)

내용	일정
수시요강 발표일	2025. 5. 31. (토)
원서접수	2025. 9. 8.(월) ~ 12.(금) 중 3일 이상
전형기간	2025. 9. 13.(토) ~ 12. 11.(목)(90일)
합격자 발표	2025. 12. 12.(금)까지
합격자 등록	2025. 12. 15.(월) ~ 17.(수)(3일)
수시 미등록 충원 합격 통보 마감	2025. 12. 23.(화) (합격자 발표 18시까지) ※ 홈페이지 발표는 14시까지, 14 ~ 18시까지는 개별 통보만 가능함
수시 미등록 충원 등록 마감	2025. 12. 24.(수) 22시까지
수시 학생부 작성 기준일	2025. 8. 31.(일)
수능시행일	2025. 11. 13.(목)
수능성적 통지일	2025. 12. 5.(금)

2) 2026 대입 주요 일정(정시, 추가모집)

내용	일정
정시 요강 발표일	2025. 9. 1. (월)
원서접수	2025. 12. 29.(월) ~ 31.(수) 3일
합격자 발표	2026. 2. 2.(월)까지
합격자 등록	2026. 2. 3.(화) ~ 5.(목)(3일)
정시 미등록 충원 합격 통보 마감	2026. 2. 12.(목) (합격자 발표 18시까지) ※ 홈페이지 발표는 14시까지, 14 ~ 18시까지는 개별 통보만 가능함
정시 미등록 충원 등록 마감	2026. 2. 13.(금) 22시까지
정시 학생부 작성 기준일	2025. 11. 30.(일)
추가모집 원서접수, 전형, 발표	2026. 2. 20.(금) ~ 27.(금) 18시까지
추가모집 등록	2026. 2. 27.(금) 22시까지

3) 2026 대입 특징(대입전형시행계획 기준 2024.05.02./2024.07.30.)

- 전체 모집인원 소폭 감소 및 수시 모집인원 증가
- 수시모집 학생부위주, 정시모집 수능위주 선발 기조 유지
- 사회통합전형(기회균형, 지역균형) 모집인원 감소
- 학교폭력조치사항 대입전형 의무 반영
- 전공자율선택제 및 의대정원 등 전형 변동가능성

4) 2026 대입 모집인원

	인원(명)			전년 대비 증감			비율(%)		
	수시모집	정시모집	합계	수시	정시	합계	수시모집	정시모집	합계
2026	275,864	69,330	345,194	30	-1,417	-1,387	79.9	20.1	100
2025	275,834	70,747	346,581	3,802	-1,517	2,285	79.6	20.4	100
2024	272,032	72,264	344,296	-410	-4,418	-4,828	79.0	21.0	100
2023	272,442	76,682	349,124	10,064	-7,493	2,571	78.0	22.0	100
2022	262,378	84,175	346,553	-4,996	4,102	-894	75.7	24.3	100

5) 2026 대입 모집인원 비율(권역별, 전형별)

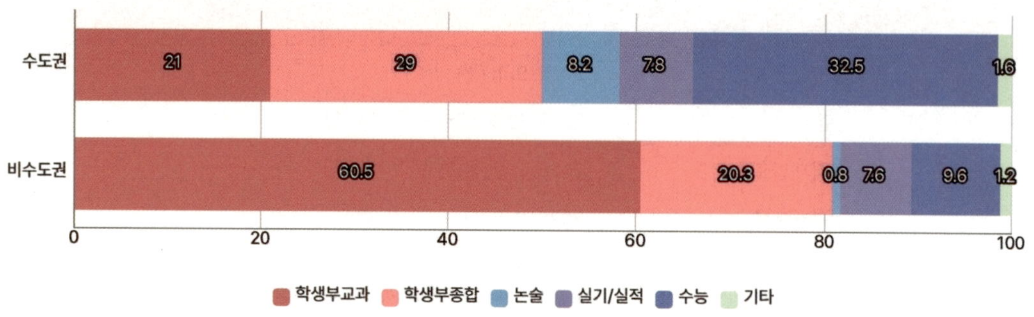

6) 2026 대입 모집인원(주요 15개대 전형별 모집인원)

대학명	모집인원 및 비율(명, %)					
	수시				정시	합계
	학생부교과	학생부종합	논술	소계	수능	
건국대	428(13.1)	1,102(33.7)	311(9.5)	1,841(56.3)	1,431(43.7)	3,272(100)
경희대	562(11.7)	1,567(32.6)	476(9.9)	2,605(54.1)	2,208(45.9)	4,813(100)
고려대	653(14.5)	1,630(36.2)	342(7.6)	2,625(58.3)	1,875(41.7)	4,500(100)
동국대	403(13.6)	997(33.6)	287(9.7)	1,687(56.8)	1,281(43.2)	2,968(100)
서강대	178(10.2)	684(39.2)	172(9.9)	1,034(59.2)	712(40.8)	1,746(100)
서울대	-	2,112(58.4)	-	2,112(58.4)	1,503(41.6)	3,615(100)
서울시립대	236(13.4)	690(39.3)	76(4.3)	1,002(57.1)	753(42.9)	1,755(100)
성균관대	416(10.5)	1,507(37.9)	391(9.8)	2,314(58.2)	1,663(41.8)	3,977(100)
숙명여대	248(11.4)	727(33.3)	214(9.8)	1,189(54.5)	991(45.5)	2,180(100)
연세대	509(14.3)	1,128(31.7)	355(10.0)	1,992(55.9)	1,571(44.1)	3,563(100)
이화여대	360(11.5)	1,273(40.8)	290(9.3)	1,923(61.6)	1,200(38.4)	3,123(100)
중앙대	500(11.4)	1,421(32.4)	477(10.9)	2,398(54.7)	1,986(45.3)	4,384(100)
한국외대	380(10.4)	1,240(33.8)	468(12.8)	2,088(57.0)	1,578(43.0)	3,666(100)
한양대	333(10.8)	1,173(38.1)	232(7.5)	1,738(56.5)	1,337(43.5)	3,075(100)
홍익대	344(14.7)	706(30.2)	384(16.5)	1,434(61.4)	900(38.6)	2,334(100)
소계	5,550(11.3)	17,957(36.7)	4,475(9.1)	27,982(57.1)	20,989(42.9)	48,971(100)

7) 학교폭력 조치사항 대입전형 반영 방법

(단위: 개교, 2024.04.30. 18시 기준)

구분	학생부(교과)	학생부(종합)	논술	수능	실기/성적
정량평가	112	36	25	109	91
정성평가	7	49	-	5	10
지원자격제한 및 부적격처리	26	9	-	9	13
혼합평가	58	47	19	61	51

※ 평가방법 및 위주구분에 따라 대학 중복 집계

8) 2026 의약학계열 모집인원 과연 어떻게 결정될까?

(명,%)

구분	2026			2025		
	모집인원(명)	수시 인원(비율)	정시 인원(비율)	모집인원(명)	수시 인원(비율)	정시 인원(비율)
의대	4,948	3,376(68.23)	1,572(31.77)	4,485	3,010(67.11)	1,475(32.89)
치의대	630	432(68.57)	198(31.43)	630	373(59.21)	257(40.79)
한의대	727	531(73.04)	196(26.96)	725	491(67.7)	234(32.3)
약학대	1,744	1,058(60.67)	686(39.33)	1,750	1,026(58.63)	724(41.37)
수의대	479	329(68.68)	150(31.32)	496	343(69.15)	153(30.85)
합계	8,528	5,726(67.14)	2,802(32.86)	8,086	5,243(64.36)	2,843(35.64)

9) 의대 수시전형 경쟁률(2025-2024)

대학			2025			2024		
			모집인원	지원인원	경쟁률	모집인원	지원인원	경쟁률
수도권	교과		106	1,321	12.46	78	993	12.73
	종합		536	11,710	21.85	405	9,125	22.53
비수도권	일반	교과	378	6,107	16.16	259	4,485	17.32
		종합	309	5,075	16.42	217	4,650	21.43
	지역	교과	1,008	12,710	12.61	547	4,628	8.46
		종합	436	5,245	12.03	223	2,516	11.28

10) 전공자율선택제

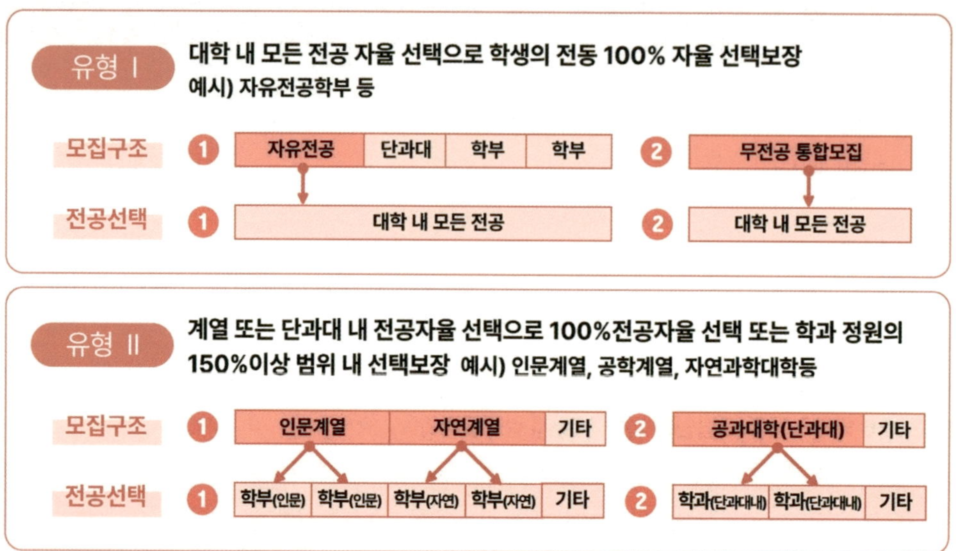

11) 전공자율선택제

예시 : 경희대

	학생부종합전형			
	일반학과(학부)		자율전공학부	
전형요소	1단계 : 서류평가 100% 2단계 : 1단계 성적 70% + 면접평가 30%			
평가요소	학교생활기록부 전체			

		서류평가		
	평가요소	평가항목	평가요소	평가항목
	학업역량 40%	학업성취도	학업역량 40%	학업성취도
		학업태도		학업태도
평가요소 및 평가항목		탐구력		탐구력
	진로역량 40%	전공(계열) 련 교과 이수 노력	진로역량 40%	자기주도 교과 이수노력
		전공(계열) 관련 교과 성취도		자기주도 관련 교과 성취도
		진로 탐색 활동과 경험		자기주도 진로 탐색 활동과 경험

평가요소 및 평가항목	공동체역량 20%	협업과 소통 능력	공동체역량 20%	협업과 소통 능력
		나눔과 배려		나눔과 배려
		성실성과 규칙준수		성실성과 규칙준수
		리더십		리더십
평가척도	탁월(S) / 우수(A) / 양호(B) / 보통(C) / 미흡(D) / 미달(F)　　※ 가감점 활용			
수능 최저 기준	없음			

	학생부교과전형	
	일반학과(학부)	자율전공학부/자유전공학부
전형요소	일괄합산 : 학교생활기록부 성적 70% + 교과종합평가 30%	
평가요소	학교생활기록부 중, <교과학습발달상황> 영역	

교과종합평가

평가요소 및 평가항목	평가요소	평가항목	평가요소	평가항목
	학업역량 50%	학업성취도	학업역량 100%	학업성취도
		학업태도		학업태도
		탐구력		탐구력
	진로역량 50%	전공(계열) 관련 교과 이수 노력	자율전공학부/자유전공학부에서는 종합적 학업능력, 추세적 발전정도, 학습부담이나 석차등급의 유불리로 인한 과목 선택의 기피 등 종합적 학업성취도를 평가합니다. 일반선택과목을 기피하고 진로선택과목을 주로 이수함으로써 등급성적에 왜곡이 발생할 수 있기 때문입니다. 교과 성취수준 이외에 자기주도적으로 학업을 수행하고 학습해 나가려는 의지와 노력, 적극적인 수업 참여도, 다양한 탐구 활동에서 학문적 열의와 지적 관심도를 평가합니다.	
		전공(계열) 관련 교과 성취도		
평가척도	우수(A) / 보통(B) / 미흡(C) ※ 가감점 활용			
수능 최저 기준	있음			

- 모집단위변경 多 ≒ 입결검토시 주의 필요
- KU자유전공학부, 단과대학광역모집실시
- KU자유전공학부 : KU자기추천(학종), 나머지는 교과로 모집

학과(부)별 모집			KU자유전공학부		
평가요소	배점	평가항목	평가요소	배점	평가항목
학업역량	300점	- 학업성취도 - 학업태도 - 탐구력	학업역량	200점	- 학업성취도 - 학업태도 - 탐구력
진로역량	400점	- 전공(계열) 관련 교과 이수 노력 - 전공(계열) 관련 교과 성취도 - 진로 탐색 활동과 경험	진로역량	500점	- 자기주도성 - 창의적 문제해결력 - 경험의 다양성
공동체역량	300점	- 협업과 소통능력 - 나눔과 배려 - 리더쉽	공동체역량	300점	- 협업과 소통능력 - 나눔과 배려 - 리더쉽
합계	1000점			1000점	

2026 학생부교과전형

1) 학생부교과전형의 특징

- 학생부 교과 반영 50%이상, 면접을 실시하는 대학도 있음
- 수도권 대학에서는 대부분 지역균형(학교장추천)전형으로 선발
- 수능 최저 학력 기준 설정 대학 다수
- 대학별로 교과 반영 방법이 다름
- 교과 정량평가에 서류정성평가를 반영하는 대학도 있음
- 타 전형에 비해 경쟁률이 낮고 중복 합격으로 인해 충원율이 높은 편

2) 학생부교과전형 전형방법

• 수도권 대학 예시

단계	전형방법	대학	수능최저 학력기준
일괄 합산	교과100	가천대(교과우수), 가톨릭대, 국민대, 단국대, 덕성여대, 동덕여대, 서강대, 서울과기대, 서울여대, 세종대, 숙명여대, 숭실대, 아주대, 연세대, 이화여대, 인천대(교과우수), 인하대, 한국외대, 한국항공대(교과우수), 한성대(교과우수), 홍익대	O
		광운대, 명지대(학교추천), 인천대(지역균형), 한국항공대(학교장 추천), 한성대(학교 추천)	X
	교과+비교과	경기대(교과우수), 성신여대, 중앙대	O
		경기대(학교장 추천), 중앙대(다빈치)	X
	교과+서류	경희대, 고려대, 서울시립대, 성균관대, 한양대	O
		건국대, 동국대	X
단계별	2단계 교과+면접	서울교대	O
		가천대(지역균형), 명지대(교과면접)	X

3) 학생부교과전형 교과 반영 방법

반영교과	대학	학년별반영비율
전교과	고려대, 상명대, 서강대, 서울교대, 서울시립대, 성균관대, 연세대 등	전학년100
국,수,영,사,과	건국대, 경희대, 광운대, 덕성여대, 서울여대,숙명여대, 이화여대, 중앙대, 한국외대, 한양대 등	전학년100
국,수,영,사/과	국민대, 동덕여대, 명지대, 서울과기대, 성신여대, 세종대, 숭실대, 홍익대 등	전학년100
상위10과목	동국대 등	전학년100

4) 학생부교과전형 진로선택과목 반영

구분		2과목	3과목	전과목(반영 교과)
성취도	가산점	대전대, 한서대	한경국립대, 한국기술교대, 한국항공대, 호남대	강서대
	석차등급	경남대, 경성대, 국립안동대, 대구대, 동의대, 동서대, 신라대	국민대, 서울과기대, 성신여대, 숙명여대, 인하대	가톨릭대, 경기대, 광운대, 단국대, 명지대, 세종대, 한국외대
	환산점수	동국대(WISE), 협성대	경희대, 덕성여대, 상명대, 서울여대, 전남대, 제주대	경인교대, 서울교대, 서울시립대, 연세대, 이화여대, 중앙대, 홍익대
	성취도분포			고려대, 서강대, 충남대, 충북대
정성평가				건국대, 동국대, 성균관대, 한양대
미반영		동덕여대, 서경대, 을지대 등		

5) 학생부교과전형 교과 반영 예시

대학명	전형명	공통과목 /일반선택과목	진로선택과목	
			반영교과	성취도 반영 방법
건국대	KU지역균형	국,수,영,사,과,한국사	전과목	정성평가
동국대	학교장추천 인재	(인문) 국,수,영,사,한국사 (자연) 국,수,영,과,한국사 중 상위 10 과목	전과목	미반영 (서류종합30에 정성평가)
서강대	지역균형	전 교과목	전과목	* 환산 성취비율= 취득성취비율/2+성취 도 하단 성취비율 합계 *최종점수= ∑(반영과목환산성취비 율)/2 *최종점수100일 경우모두100점처리
숭실대	학생부 우수자	(인문)국(35),수(15),영(35),사(한국 사)(15) (융합/자유)국(15),수(35),영(25), 사(한국사)/과(25) (경상)국(20),수(30),영(35),사(한국 사)(15) (자연)국(15),수(35),영,(25),과(25)	반영교과 전과목 (3과목 이상 20%,2과목 18%,1 과목 16%)	A=1등급, B=2등급, C=3등급

6) 학생부교과전형의 수능최저학력기준(서울지역 주요대학)

대학	전형명	수능최저학력기준
건국대	지역균형	없음
경희대	지역균형	국,수,영,탐 중 2개 합 5등급, 한국사 5 * 의예, 한의예, 치의예, 약학: 국,수,영,탐 중 3개 합 4등급, 한국사5
고려대	학교추천	국,수,영,탐(1) 중 3개 합 7등급, 한국사 4 * 의대: 국,수,영,탐(1) 4개 합 5등급, 한국사4
광운대	지역균형	없음
국민대	교과성적 우수자	*인문: 국,수,영,탐(1) 중 2개 합 6등급 * 자연: 국,수,영,과(1) 중 2개 합 6등급
덕성여대	고교추천	국,수,영,탐(1) 중 2개 합 7등급 * 약학: 국,수,영,과(1) 중 3개 합 5등급(수 포함)
동국대	학교장 추천인재	없음
동덕여대	학생부교과 우수자	국, 수, 영, 탐(1) 중 2개 합 7등급 * 약학 : 국, 수(미/기), 과(1) 3개 합 6등급

명지대	학교장 추천	없음
	교과면접	없음
서강대	지역균형	국, 수, 영, 탐(1) 중 3개 각 3등급, 한국사 4
서울과기대	고교추천	국, 수, 영, 탐/직(1) 중 2개 합 7등급
서울교대	학교장 추천	국, 수, 영, 탐 4개 합 10등급, 한국사 4
서울시립대	지역균형 선발	국, 수, 영, 탐(1) 중 3개 합 8등급, 한국사 4
서울여대	교과 우수자	국, 수, 영, 탐(1) 중 2개 합 7등급
성균관대	학교장 추천	* 인문, 자연 ,글로벌융합 : 국, 수, 영, 탐1, 탐2 중 3개 합 7등급 * 자유, 글로벌(리더,경제,경영,바이오), 소프트웨어, 반도체, 에너지 : 국, 수, 영, 탐1, 탐2 중 3개 합 6등급 * 제2외/한문으로 탐 1과목 대체 가능 * 의예 : 국, 수, 영, 탐(2) 중 3개 합 4등급(수 포함)
성신여대	지역균형	국, 수, 영, 탐(1) 중 2개 합 7등급
세종대	지역균형	국, 수, 영, 탐(1) 중 2개 합 6등급
	항공시스템 공학	국, 수, 영, 탐(1) 중 3개 합 10등급

대학	전형명	수능 최저 학력 기준
숙명여대	지역균형 선발	국, 수, 영, 탐(1) 중 2개 합 6등급 * 약학 : 국, 수, 영, 탐(1) 중 3개 합 5등급(수 포함)
숭실대	학생부 우수자	* 자유전공, 인문 : 국, 수, 영, 탐(1) 중 2개 합 6등급 * 자연 : 국, 수(미/기), 영, 과(1) 중 2개 합 6등
연세대	추천형	* 인문 : 국, 수, 탐(1) 중 2개 합 4등급, 영 3, 한국사4 (국/수 1개 포함) * 자연 : 국, 수(미/기), 과(1) 중 2개 합 5등급, 영3, 한국사4(수 포함) * 의예, 치의예, 약학 : 국,수(미/기), 과(1) 중 1등급 2개, 영3,한국사4(국/수1개 포함) * 생활과학대, 간호대 : 인문 또는 자연 기준 중 하나 만족
이화여대	고교추천	국, 수, 영, 탐(1) 중 2개 합 5등급 * 인문은 국, 자연은 수 응시 필수
중앙대	지역균형	국, 수, 영, 탐(1) 중 3개 합 7등급, 한국사 4 * 약학 : 국, 수, 영, 탐(1) 4개 합 5 등급, 한국사4 영2등급은 1등급으로 인정
한국외대	학교장 추천	국, 수, 영, 탐(1) 중 2개 합 4등급, 한국사 4
한성대	지역균형	없음
	교과우수	국, 수, 영, 탐(1) 중 2개 합 7등급 (야간 8등급) 제2외/한문으로 탐(1) 대체 가능
한양대	추천형	국, 수, 영, 탐(1) 중 3개 합 7등급
홍익대	학교장 추천자	국, 수, 영, 탐(1) 중 3개 합 8등급, 한국사 4

7) 학생부교과전형의 대비전략

- 교과전형도 수능전형처럼 합격선 근처에 많이 몰립니다.
- 일단 모든 교과목에 최선을 다해 시험을 보시고 유불리를 체크하세요.
- 수도권 주요대의 교과전형은 대부분 학교장추천 전형입니다.
- 수능 최저 학력 기준 충족이 만만하지는 않습니다.
- 학생부종합전형과 병행하여 준비하는 것이 좋습니다.

1) 학생부종합전형의 특징

- 학교생활기록부를 중심으로 정성적으로 평가하는 전형
- 서류평가만 하는 대학이 감소하고 면접까지 실시하는 대학 증가
- 수능 최저 학력 기준 설정 대학이 일부 있음
- 학생의 학업동기, 자기주도직인 의지와 노력, 발전가능성 등을 평가
- 주요대학에서는 수시에서 가장 선발을 많이 하는 전형
- 경쟁률이 상승하고 있고 충원율을 대학과 학과에 따라 천차만별

2) 학생부종합전형 전형방법의 이원화(서류형, 면접형)

▷ **동일 대학 내에서 학생부종합전형을 서류형, 면접형으로 구분하여 선발**

지역	2026	2025
서울	고려대, 광운대, 덕성여대, 명지대,서울시립대, 서울여대, 성균관대, 세종대,이화여대, 중앙대, 한국외대, 한양대	고려대, 광운대, 국민대, 덕성여대, 명지대, 서울시립대, 서울여대, 성균관대, 세종대, 중앙대, 총신대, 한국외대, 한양대
경기 인천	가톨릭대, 강남대, 단국대, 명지대, 안양대, 을지대, 인하대, 중앙대(다빈치),	가톨릭대, 강남대, 단국대, 명지대, 안양대, 을지대, 중앙대(다빈치), 한국외대(글로벌)

전형방법	2026	2025
서류형	강남대: 학교생활우수자전형I 명칭 변경	강남대: 학생부전형
	국민대: 학교생활우수자전형 폐지	
	을지대: EU서류형 명칭 변경	을지대: EU미래인재
	인하대: 인하미래인재 서류형 신설	
면접형	강남대 : 학교생활우수자전형II 명칭 변경	강남대 : 서류면접전형
	동국대 : Do Dream 소프트웨어전형 폐지 (Do Dream 전형으로 통합)	
	성균관대 : 성균인재전형 면접형 전형 정비	
	을지대 : EU면접형 명칭 변경	을지대 : EU자기추천전형
	성신여대 : 학교생활우수자전형 폐지	
	이화여대 : 미래인재전형 면접형 신설	

3) 2026 학생부종합전형 서류형

단계	전형방법	서울 소재 대학	수능최저 학력기준
일괄 합산	서류100	광운대(참빛인재전형II-서류형), 덕성여대(덕성인재I-서류형), 명지대(명지인재서류), 상명대(상명인재), 서강대(학생부종합일반), 서울시립대(학생부종합II-서류형), 서울여대(바롬인재서류), 성균관대(융합형, 탐구형), 세종대(창의인재서류형), 중앙대(CAU융합형), 한국외대(학생부종합-서류형), 한성대(한성인재), 한양대(학생부종합-서류형)	X
		고려대(학업우수), 이화여대(미래인재), 한양대(학생부종합-추천형), 홍익대(학교생활우수자)	O

4) 2026 학생부종합전형 면접형

단계	전형방법	서울 소재 대학	수능최저 학력기준
단계	1단계 : 서류100 2단계 : 서류+면접	건국대(KU자기추천), 경희대(네오르네상스), 고려대(일반-계열적합), 광운대(참빛인재I면접), 국민대(국민프런티어), 덕성여대(덕성인재II-면접), 동국대(Do Dream), 동덕여대(동덕창의리더), 명지대(명지인재면접, 크리스천리더), 서울과학기술대(학교생활우수자), 서울대(일반전형), 서울시립대(학생부종합I면접), 서울여대(바롬인재면접), 성균관대(과학인재), 성신여대(자기주도인재), 세종대(창의인재면접),숙명여대(숙명인재 면접형, 소프트웨어인재), 숭실대(SSU미래인재), 중앙대(CAU탐구형), 한국외대(학생부종합-면접형/SW인재), 한양대(학생부종합-면접형)	X
		서울대(지역균형), 연세대(활동우수형, 국제형), 중앙대(CAU융합형-의과대학)	O

5) 수능최저학력기준 적용(수도권)

대학	전형명	수능최저학력기준
가천대	가천의약학	[의예] 국,수(미/기),영,과(2) 중 3개 각 1 (탐구 소수점 절사) [한의예] 국,수(미/기),영,과(2) 중 2개 각 1 (과탐 적용시 2과목 모두 2등급) [약학] 국,수(미/기),영,과(2) 중 3개 합 5 이내 (탐구 소수점 절사)
가톨릭대	학교장추천	[의예] 국,수,영,과(2) 중 3개 합 4 이내, 한국사 4 이내 (탐구 소수점 절사) [약학] 국,수,영,과(1) 중 3개 합 5 이내
고려대	학업우수	국,수,영,탐(1) 중 4개 합 8 이내, 한국사 4 이내 [의예] 국,수,영,과(1) 중 4개 합 5 이내, 한국사 4 이내
동덕여대	동덕창의리더	[약학] 국,수(미/기),영,과(1) 중 3개 합 6 이내
서울교대	교직인성우수자	국,수,영,탐(2) 중 4개 합 10 이내, 한국사 4 이내
서울대	일반	[체육교육] 국,수,영,탐(2) 중 2개 합 6 이내 [디자인] 국,수,영,탐(2) 중 3개 합 7 이내
	지역균형	국,수,영,탐(2) 중 3개 합 7 이내
아주대	ACE	[의학] 국,수,영,탐(2) 중 4개 합 6 이내 [약학] 국,수,영,탐(2) 중 3개 합 5 이내
연세대	활동우수형	[인문] 국,수,탐1,탐2 중 2개 합 4 이내 (국/수 1개 포함, 영어3, 한국사 4) [자연] 국,수(미/기),과1,과2 중 2개 합 5 이내 (수학 포함, 영어3, 한국사 4) [의예/치의예/약학] 국,수(미/기),과1,과2 중 2개 각 1 (국/수 1개 포함, 영어3, 한국사 4 이내)
	국제형-국내고	국,수,탐(2) 중 2개 합 5 이내 (국/수 1개 포함, 영어2, 한국사 4 이내)
이화여대	미래인재 (서류형)	[스크랜튼학부] 국,수,영,탐(1) 중 3개 합 5 이내 [스크랜튼_국제] 국,수,영,탐(1) 중 2개 합 5 이내 (국어 포함, 영어2) [인문] 국,수,영,탐(1) 중 2개 합 5 이내 (국어 포함) [자연] 국,수,영,탐(1) 중 2개 합 5 이내 (수학 포함) [의예] 국,수,영,탐(1) 중 4개 합 5 이내 [약학] 국,수,영,탐(1) 중 4개 합 6 이내
한양대	추천형	국,수,영,탐(1) 중 3개 합 7 이내 [의예] 국,수,영,탐(2) 중 3개 합 4 이내
홍익대	학교생활우수자	국,수,영,탐(1) 중 3개 합 8 이내, 한국사 4 이내

6) 평가요소 기준 : 경기대, 광운대, 덕성여대, 서울과기대, 숭실대 공동연구(2023)

▷ **평가요소 : 학업역량**

평가항목	정의
학업성취도	고교 교육과정에서 이수한 교과의 성취 수준이나 학업의 발전 정도
학업태도	학업을 수행하고 학습해 나가려는 의지와 노력
탐구력	지적 호기심을 바탕으로 사물과 현상에 대해 탐구하고, 문제를 해결하려는 노력

[학업성취도]

- 평균적인 학업성취도에 비해 학업성취도가 떨어지는 과목이 있는가?
- 교과 학습을 통한 경험이 심화, 확장되고 있는가?
- 대학에서 수학하기 위한 기초적인 학습 능력을 갖추고 있는가?
- 대학에서 수학하는 데 필요한 교과목을 고르게 선택하여 학습하였는가?
- 주요 교과별 기본지식을 정확하게 이해하고 활동할 수 있는가?

7) 평가요소 기준 : 경기대, 광운대, 덕성여대, 서울과기대, 숭실대 공동연구(2023)

▷ **평가요소 : 진로역량**

평가항목	정의
전공(계열) 관련 교과 이수 노력	고교 교육과정에서 전공(계열)에 필요한 과목을 선택하여 이수한 정도
전공(계열) 관련 교과 성취도	고교 교육과정에서 전공(계열)에 필요한 과목을 수강하고 취득한 학업성취 수준
진로 탐색 활동과 경험	자신의 진로를 탐색하는 과정에서 이루어진 활동이나 경험 및 노력 정도

[전공(계열)관련 교과 이수 노력]

- (일반/진로) 선택 과목은 위계에 맞게 이수하였는가?
- 희망 전공에 필요한 교과목을 위계에 맞게 선택하고 학습하였는가?
- 희망 전공 관련 심화 과목, 선택 과목을 얼마나 도전적으로 선택하여 진로를 탐색하였는가?
- 고교 교육과정의 전공(계열)에 필요한 과목을 이해하고 탐색하여 이수한 경험이 있는가?
- 희망 전공 관련 수업 활동(예: 토론, 질문, 발표, 조별 활동)에 적극적으로 참여하였는가?

8) 평가요소 기준 : 경기대, 광운대, 덕성여대, 서울과기대, 숭실대 공동연구(2023)

▷ 평가요소 : 공동체역량

평가항목	정의
협업과 소통 능력노력	공동체의 목표를 위해 협력하며, 구성원들과 합리적인 의사 소통을 할 수 있는 능력
나눔과 배려	상대방을 존중하고 이해하며 원만한 관계를 형성하며, 타인을 위하여 기꺼이 나누어 주고자 하는 태도와 행동
성실성과 규칙준수	책임감을 바탕으로 자신의 의무를 다하고, 공동체의 기본 윤리와 원칙을 준수하는 태도
리더십	공동체의 목표 달성을 위해 구성원들의 상호작용을 이끌어가는 능력

9) 평가항목 및 배점

대학	전형	학업역량	진로역량	공동체역량
고려대	학업우수형	50	자기계발 역량 30	20
	계열적합형	40	자기계발 역량 40	20
중앙대	CAU융합형	50	30	20
	CAU탐구형	40	50	10
한국외대	서류형	50	30	20
	면접형	30	50	20
숙명여대	숙명인재 면접형/소프트웨어인재	탐구역량 350	450	공동체의식과 협업능력 200
숭실대	SSU미래인재	20	50	숭실역량 30
가톨릭대	잠재능력우수자/잠재능력우수자면접	35	45	20

10) 학생부종합전형의 대비전략

- 3학년1학기에도 학교활동은 꾸준히 이루어져야 합니다.
- 진로선택과목이 더 중요할 수 있습니다.
- 학교생활기록부는 학생이 활동한 것을 관찰한 교사가 쓰는 것입니다.
- 어렵고 심화된 내용이 쓰여진 학생부가 무조건 좋은 학생부가 아닙니다.
- 지원하려는 전공에 대한 이해와 정보탐색이 반드시 필요합니다.

1) 수능의 변화

- 전반적으로 학습 부담이 커질 수 있음
- 학기당 과목 이수, 통합사회, 통합과학 내용과 분량 확인 필요
- 상위권대 목표 : 적극적인 과목 이수 노력 + 수능
- 평상시 공부하는 습관이 매우 중요함

영역		현행(~2027 수증)	개편안(2028 수능~)
국어		공통+2과목 중 택1 • 공통 : 독서, 문학 • 선택 : 화법과 작문, 언어와 매체	공통 (화법과 언어, 독서와 작문, 문학)
수학		공통+3과목중 택1 • 공통 : 수학I, 수학II • 선택 : 확률과 통계, 미적분, 기하	공통 (대수, 미적분I, 확률과 통계)
영어		공통 (영어I, 영어II)	공통 (영어I, 영어II)
한국사		공통 (한국사)	공통 (한국사1, 한국사2)
탐구	사회·과학	선택(17과목 중 택2) 사회 9과목, 과학 8과목	사회 : 공통 (통합사회1, 통합사회2) 과학 : 공통 (통합과학1, 통합과학2)
	직업	1과목 : 선택(5과목 중 택1) 2과목: 공통+1과목	공통 (성공적인 직업생활)
제2외국어/한문		9개과목 중 택1	9개과목 중 택1

1) 과목별 성적 산출 및 대학 제공 방식

구분	대입전형자료								추가 자료
	학교생활기록부							비고 (교육 과정 운영상 특이 사항)	
	절대평가		상대 평가	통계정보					
	원점수	성취도	석차 등급	성취 도별 분포 비율	과목 평균	수강 자수			
보통교과	○	A·B·C·D·E	5등급	○	○	○	○		
사회·과학 융합 선택	○	A·B·C·D·E	-	○	○	○	○		
체육·예술/과학탐 구실험	-	A·B·C	-	-	-	-	○		
교양	-	P	-	-	-	-	○		
전문교과	○	A·B·C·D·E	5등급	○	○	○	○		

△교육과정 편성 현황
△과목별 평가 정보

2) 교과전형 배치표(합격 가능성 80% 기준)

※ 1.0~2.3 →1~1.1 등급 / 2.4~3.5 →1.2~1.7등급

구분	수능 상위 (의치약 1등급3개, 일반 2등급 3개)	수능 중상위 (2~3등급 2개)	수능 부족 (4등급 이하)
1.0 ~ 1.5	의대, 약대, 치대, 한의대, 수의대, 연세대, 고려대, 성균관대, 한양대, 중앙대	서강대	이화여대(면접 우수) 건국대, 동국대 (서류 우수)
1.6 ~ 1.9		경희대(서류 우수)	
2.0 ~ 2.3	서울시립대	국민대, 숭실대, 세종대	
2.4 ~ 2.6	홍익대	인하대, 아주대	광운대, 경기대(서울), 명지대
2.7 ~ 2.9	수시 미지원	가천대, 가톨릭대, 경기대(서울), 상명대, 성신여대, 서울여대	덕성여대(추천), 경기대, 인하대
3.0 ~ 3.2		덕성여대, 동덕여대	가천대, 한성대(추천)
3.2 ~ 3.5		한성대, 서경대, 삼육대	

3) 학생부교과 전형 현재와 미래

- **현재** : 내신성적 전형, 내신성적 + 수능 최저 전형
- **미래** : 내신+면접, 내신+서류, 내신+최저, 내신+면접+최저, 내신+서류+면접+최저

↓

건국대, 경희대, 고려대, 동국대, 부산대, 성균관대 교과 전형 참고

학생부 종합전형

1) 학생부종합 전형 배치표

1.0~2.3 →1등급 / 2.4~3.3~ →2등급

구분	수능 최저 있음		수능 최저 없음	
	서류 우수	서류 부족	서류 우수	서류 부족
1.0 ~ 1.5	서울대	고려대(추), 연세대(추) 성균관대(추), 서강대(추) 한양대(추), 중앙대(추)	서울대	이화여대(추)
1.6 ~ 1.9	서울대, 연세대, 고려대		서울대, 서강대, 성균관대, 한양대, 중앙대	
2.0 ~ 2.3	정시지원	시립대(추) 홍익대(추)	서연고서성 한중경외시건동홍숙	
2.4 ~ 2.6		정시지원	건동홍숙 국숭세 인아단가 (학종)	광운대(추), 명지대(추)
2.7 ~ 2.9				
3.0 ~ 3.3				한성, 삼육, 서경
3.3 ~				

2) 학생부종합 전형 평가요소 해석

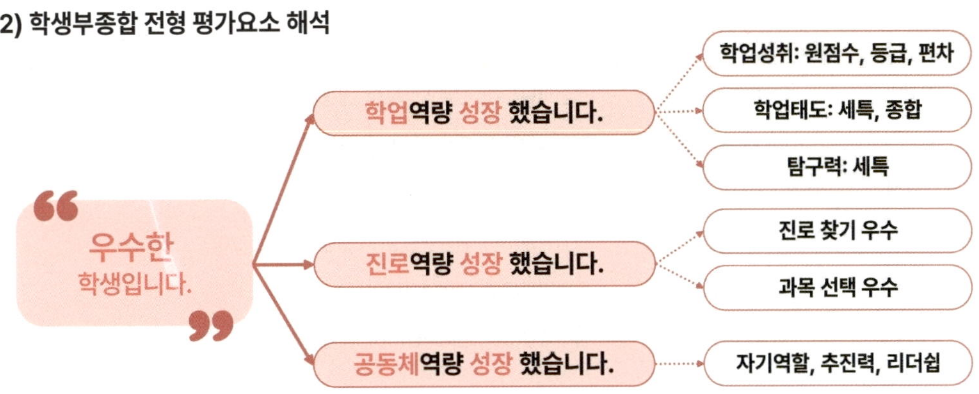

3) 학업역량과 수업

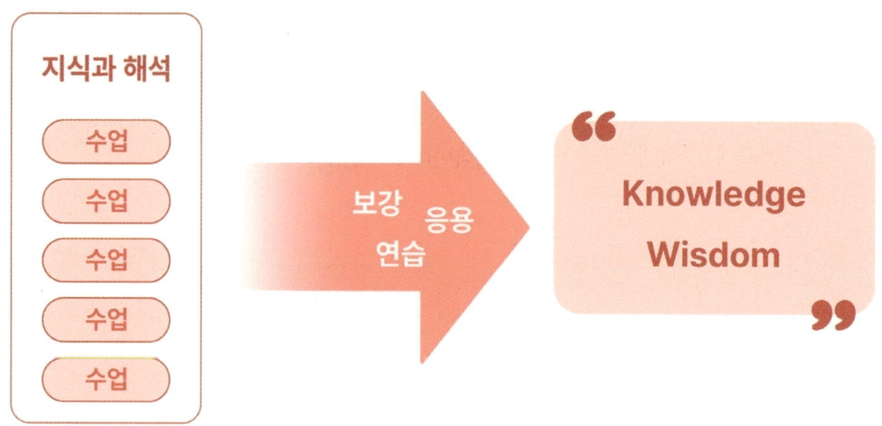

4) 진로역량에 대한 이해

- 진로를 찾기 위해서는 우리 사회에 대한 이해도가 높은 학생 → 통찰력
- 진로를 찾을 때는 남의 이야기보다 지피지기가 되는 학생 → 자기주도

5) 공동체 역량에 대한 이해

- "사회계약" 중에 자신의 현재의 역할, 미래의 역할을 이해하는 학생
- 긍정적인 에너지가 넘치는 학생
- 솔선수범하는 모습이 자주 관찰되는 학생
- 근면 성실한 학생 (약속)

6) 학생부종합전형 평가요소 반영비율

대학	전형명	평가요소(비율)
건국대	KU자기추천	학업역량(30), 진로역량(40), 공동체역량(30)
경희대	네오르네상스	학업역량(30), 진로역량(50), 공동체역량(20)
동국대	DoDream	학업역량(30), 전공적합성(50), 인성및 사회성(20)
서강대	일반	학업역량(50), 성장가능성(30), 공동체역량(20)
성균관대	융합형	학업역량(50), 개인역량(30), 잠재역량(20)
숙명여대	숙명인재(면접형)	탐구역량(30), 진로역량(50), 공동체역량(20)

숭실대	SSU미래인재	학업역량(20), 진로역량(50), 공동체역량(30)
연세대	활동우수형	종합평가I : (학업역량+진로역량)(70), 종합평가II 공동체역량(30)
홍익대	학교생활우수자	학업역량(25), 전공역량(30), 발전가능성(30), 인성(15)

7) 학폭 반영 대학

전형유형	대학	개교
학생부종합	가천대, 가톨릭대, 건국대, 경기대, 경인교대, 경희대, 고려대, 광운대, 국민대, 단국대, 덕성여대, 동국대, 동덕여대, 명지대, 상명대, 서강대, 서울교대, 서울과기대, 서울대, 서울시립대, 서울여대, 성균관대, 성신여대, 세종대, 숙명여대, 숭실대, 아주대, 연세대, 이화여대, 인천대,인하대, 중앙대, 한국외대, 한국항공대, 한양대, 한양대(ERICA), 홍익대	112
학생부교과	가천대, 가톨릭대, 건국대, 경기대, 고려대, 덕성여대, 동국대, 서울시립대, 세종대, 숙명여대, 연세대, 이화여대, 중앙대, 한양대, 홍익대 등	27
수능위주	가톨릭대, 건국대, 경기대, 고려대, 국민대, 서울대, 서울시립대, 세종대, 한양대, 홍익대 등	21
논술	가톨릭대, 건국대, 경기대, 서울시립대, 세종대, 한양대, 홍익대등	9

8) 3개 영역에서의 활동

수업 안	수업 밖	개인
교과 선택	**동아리**	**개인 활동**
교과 수업	**프로젝트**	**자습**
문제해결	자기주도 설계	문제풀이
수행평가		독서

9) 서류 평가를 정리하면

- 무엇을 배웠나요?
- 그 호기심을 해결하기 위해 어떤 활동을 했나요?
- 미래에 무엇을 하고 싶나요?
- 그 부족한 것을 채울 수 있는 사람이 될 수 있나요?

- 배운것을 통해 어떤 호기심이 생겼나요?
- 무엇을 배웠나요?
- 우리나라 사회에 무엇이 부족한가요?
- 그 이유를 말할 수 있나요?

학생부 종합전형 HELPER

초판 발행 2025년 8월 22일

지 은 이 김기복, 류승찬, 심규진, 지현우
감　　수 김기복
펴 낸 곳 주식회사 와투비에듀
출판등록 2021년 9월 9월, 제 2021-000009호
이 메 일 onlyedu@onlyedu.co.kr
문　　의 055-331-0779
I S B N 979-11-91607-48-2